Tilmann Schott-Mehrings

Fälle zum Ausländerrecht für die Polizei

Fälle zum Ausländerrecht für die Polizei

von

Tilmann Schott-Mehrings

VERLAG DEUTSCHE POLIZEILITERATUR GMBH
Buchvertrieb

Bibliografische Information der Deutschen Nationalbibliothek

Die Deutsche Nationalbibliothek verzeichnet diese Publikation in der Deutschen Nationalbibliografie; detaillierte bibliografische Daten sind im Internet über http://dnb.de abrufbar.

www.VDPolizei.de

1. Auflage 2019

Satz: VDP GMBH Buchvertrieb, Hilden
Druck und Bindung: Griebsch & Rochol, Hamm
Printed in Germany
ISBN 978-3-8011-0863-2

Vorwort

Das Ausländerrecht gehört zu den schnelllebigsten und komplexesten Rechtsgebieten. An den Universitäten und den meisten Hochschulen wird dieses Sachgebiet aus der Perspektive verwaltungsgerichtlicher Entscheidungen oder rechtsanwaltschaftlicher Vertretung behandelt. Nicht weniger wichtig ist die Unterrichtung der Polizeibehörden, um Rechtssicherheit und Handlungssicherheit in der Alltagspraxis von Polizeivollzugsbeamtinnen und Polizeivollzugsbeamten zu unterstützen. Das vorliegende Werk soll einen Beitrag für die polizeiliche Ausbildung des mittleren und gehobenen Dienstes an den polizeilichen Fachbereichen der Fachhochschulen für öffentliche Verwaltung leisten. Dafür werden praxisrelevante Fallkonstellationen nach Art von Übungs- und Prüfungsfällen dargestellt sowie Lösungs- und Entscheidungsvorschläge je nach Eignung des Falls im hochschultypischen Gutachtenstil oder im Feststellungsstil aufbereitet. Der Autor, selbst ehemaliger Richter beim Amtsgericht Berlin-Tiergarten, vormals stellvertretender Anstaltsleiter und derzeit Dozent an der Hochschule des Bundes für öffentliche Verwaltung, Fachbereich Bundespolizei, hat aus seinen Praxiserfahrungen und Unterrichtsfällen insgesamt 35 prüfungs- und praxisrelevante Sachverhalte ausgesucht, ein Drittel davon aus der Rechtsprechung. Ein Teil der Fälle wurde umgeschrieben, um diese aus dem Blickwinkel einer grenzpolizeilichen oder landespolizeilichen Aufgriffslage zu schildern, dieses wurde dann entsprechend kenntlich gemacht.

Der Autor dankt allen Mitarbeiterinnen und Mitarbeitern aus Hochschule und Praxis, die durch Anregungen und Erfahrungsberichte zum Entstehen dieses Werkes beigetragen haben, allen voran Erster Hauptkommissar im Ruhestand Volker Westphal, Erster Hauptkommissar Edgar Stoppa, Oberregierungsrätin Sabine Brakemeier, Professor Dr. Joachim Beimowski und Hauptkommissarin Michaela Edel. Der Autor dankt dem Bayerischen Landeskriminalamt für die Genehmigung zur Verwendung von Pass-, Visa- und Aufenthaltstitelmustern aus dem Dokumenteninformationssystem, um einen Teil der Fälle praxisnäher gestalten zu können.

Lübeck-Travemünde, Mai 2019

Tilmann Schott-Mehrings

Inhaltsverzeichnis

Abkürzungsverzeichnis

AAH-SDÜ	Allgemeine Anwendungshinweise zum SDÜ
ABl.-EU	Amtsblatt der Europäischen Union
AEUV	Vertrag über die Arbeitsweise der Europäischen Union
AG	Amtsgericht
Art.	Artikel
AsylG	Asylgesetz
AsylZBV	Asylzuständigkeitsbestimmungsverordnung
AufenthG	Aufenthaltsgesetz
AufenthV	Aufenthaltsverordnung
Aufl.	Auflage
AVwV-AufenthG	Allgemeine Verwaltungsvorschriften zum AufenthG
AVwV-FreizügG/EU	Allgemeine Verwaltungsvorschriften zum FreizügG/EU
AZR	Ausländerzentralregister
BAMF	Bundesamt für Migration und Flüchtlinge
BayVGH	Bayerischer Verwaltungsgerichtshof
BeschV	Beschäftigungsverordnung
BGH	Bundesgerichtshof
BMI	Bundesministerium des Innern
BKA	Bundeskriminalamt
BPolG	Gesetz über die Bundespolizei
BtMG	Betäubungsmittelgesetz
bzw.	beziehungsweise
Dublin-III-VO	Verordnung (EU) Nr. 604/2013 des Europäischen Parlaments und des Rates vom 26.06.2013 zur Festlegung der Kriterien und Verfahren zur Bestimmung des Mitgliedstaates, der für die Prüfung eines in einem Mitgliedstaat gestellten Antrags auf internationalen Schutz zuständig ist, ABl.-EU L 180/31 vom 29.06.2013
EES	Entry-/Exit-System (Einreise-/Ausreisesystem)
EG	Europäische Gemeinschaften
ETIAS	Europäisches Reiseinformations- und -genehmigungssystem
EU	Europäische Union
EuGH	Gerichtshof der Europäischen Union
Eurodac-VO	Verordnung (EU) Nr. 603/2013 des Europäischen Parlaments und des Rates (Eurodac-Verordnung), ABl.-EU L 180/1 vom 29.06.2013
EUVisaVO	Verordnung (EU) 2018/1806 des Europäischen Parlaments und des Rates vom 14.11.2018 zur Aufstellung der Liste der Drittländer, deren Staatsangehörige beim Überschreiten der Außengrenzen im Besitz eines Visums sein müssen, sowie der Liste der Drittländer, deren Staatsangehörige von dieser Visumpflicht befreit sind, ABl.-EU L 303/39 vom 28.11.2018
EWR	Europäischer Wirtschaftsraum
f., ff.	folgende, fortfolgende

FamFG	Gesetz über das Verfahren in Familiensachen und in den Angelegenheiten der freiwilligen Gerichtsbarkeit
FreizügG/EU	Gesetz über die allgemeine Freizügigkeit von Unionsbürgern (Freizügigkeitsgesetz/EU)
FreizügGÜbk EU/Schweiz	Freizügigkeitsübereinkommen zwischen der Europäischen Union und der Schweiz
GEAS	Gemeinsames Europäisches Asylsystem
gem.	gemäß
GFK	Genfer Flüchtlingskonvention
HessVGH	Hessischer Verwaltungsgerichtshof
i. S. v.	im Sinne von
LG	Landgericht
NJW	Neue Juristische Wochenschrift
NStZ	Neue Zeitschrift für Strafrecht
NVwZ	Neue Zeitschrift für Verwaltungsrecht
OVG	Oberverwaltungsgericht
PassG	Passgesetz
PAuswG	Gesetz über Personalausweise und den Elektronischen Identitätsnachweis
RL	Richtlinie
SchwArbG	Gesetz zur Bekämpfung der Schwarzarbeit und illegalen Beschäftigung (Schwarzarbeitsbekämpfungsgesetz)
SDÜ	Schengener Durchführungsübereinkommen
SGK	Verordnung (EU) 2016/399 des Europäischen Parlaments und des Rates vom 09.03.2016 über einen Unionskodex für das Überschreiten der Grenzen durch Personen (Schengener Grenzkodex), ABl.-EU L 77/1 vom 23.03.2016, umbenannt von Gemeinschaftskodex in Grenzkodex, ABl.-EU L 272/69 vom 31.10.2018
SIS	Schengener Informationssystem
s. o.	siehe oben
StGB	Strafgesetzbuch
StPO	Strafprozessordnung
s. u.	siehe unten
TV	Tatverdächtiger
UA	Unterabschnitt (im WaffG)
VAB Berlin	Verfahrenshinweise der Ausländerbehörde Berlin
VG	Verwaltungsgericht
VGH	Verwaltungsgerichtshof
VIS	Visa-Informationssystem
VK	Verordnung (EG) Nr. 810/2009 des Europäischen Parlaments und des Rates vom 13.07.2009 über einen Visakodex der Gemeinschaft (Visakodex), ABl.-EU L 243/1 vom 15.09.2009
VO	Verordnung
WaffG	Waffengesetz
WÜD	Wiener Übereinkommen über diplomatische Beziehungen
WÜK	Wiener Übereinkommen über konsularische Beziehungen

Literaturverzeichnis

Aurnhammer, Katharina.	Spezielles Ausländerstrafrecht. Baden-Baden 1996.
Bergmann, Jan/Dienelt, Klaus.	Ausländerrecht. Kommentar. 12. Auflage, München 2018.
Filzwieser, Christian/Sprung, Andrea.	Dublin III-Verordnung. Kommentar. Wien, Graz, Berlin 2014.
Gericke, Jan.	Aufenthaltsgesetz. Kommentierung. In: Joecks, Wolfgang/Miebasch, Klaus (Hrsg.), Münchener Kommentar zum Strafgesetzbuch, Band 8, Nebenstrafrecht III. 3. Auflage, München 2018.
Huber, Bertold.	Aufenthaltsgesetz. 2. Auflage, München 2016.
Kretschmer, Joachim.	Anmerkung zu einer Entscheidung des BGH, Urteil vom 22.07.2015 (2 StR 389/13) – Zur Strafbarkeit bei Gründung einer Scheinfirma und kollusivem Amtsträgerhandeln zum Erschleichen von Aufenthaltstiteln. NJW 2016, 423.
Kretschmer, Joachim.	Anmerkung zu einer Entscheidung des BGH, Beschluss vom 24.10.2018 (1 StR 212/18) – Zum gewerbsmäßigen Einschleusen von Ausländern (Kinder und Jugendliche). NJW 2018, 3660.
Kudlich, Hans.	Anmerkung zu einer Entscheidung des BGH, Urteil vom 04.05.2017 (3 StR 69/17) – Zur Beihilfe bei unerlaubter Einreise bei Straflosigkeit der Haupttat. NStZ 2018, 288.
Schmidt-Räntsch, Jürgen.	Freiheitsentziehungsverfahren gemäß §§ 415ff. FamFG. NVwZ 2014, 110.
Schott-Mehrings, Tilmann.	Visaerschleichung und Schleuserkriminalität. Das Schengener Visa-System und der Schleuserfall „Minh Koa Vo". Kriminalistik 2013, 86.
Schott-Mehrings, Tilmann.	Ausländerrecht für die Polizei. Hilden 2019.
Westphal, Volker/Brakemeier, Sabine.	Der Visakodex. NVwZ 2010, 621.
Westphal, Volker/Stoppa, Edgar.	Ausländerrecht für die Polizei. 3. Auflage, 2007.

Hinweise zur Handhabung

Die zur Vorbereitung auf Prüfung und Praxis gerichteten Sachverhalte wurden aus Sicht der Aufgriffslage geordnet. Alternativ wäre die in der Hochschulausbildung ebenfalls gebräuchliche Ordnung unter dem Aspekt der Frage zur Rechtmäßigkeit der behördlichen Maßnahme (also z. B. geordnet nach Einreiseverweigerung, Zurückschiebung und Abschiebung) denkbar gewesen. Der Autor hat sich jedoch dafür entschieden, die Sortierung der Fälle nach der in der Aufgriffslage vorgefundenen Dokumentensituation vorzunehmen. Die Fälle sind daher geordnet nach der Vorlagesituation in der Reihenfolge der üblicherweise zu prüfenden Einreisevoraussetzungen: Pass, Passersatz, Visum, Pass ohne Visum, nationales Aufenthaltsdokument, Asylgesuch mit und ohne Eurodac-Treffer oder Aufgriffslage mit Eurodac-Treffer, Schleusungsverdacht.

Die nachfolgende Tabelle fasst die laufende Nummer, den Titel und die angesprochenen Sachgebiete jedes einzelnen Sachverhaltes zusammen. Mit dieser Hilfestellung können Leserinnen und Leser gezielt nach bestimmten Sachgebieten suchen. Wer sich z. B. mit Freiheitsentziehung, also Gewahrsam und Haft, befasst, wird anhand der Tabelle die Fälle 22, 31 und 32 als relevant heraussuchen, wer Hinweise zur Fallbearbeitung im Sachgebiet Visa-Erschleichung sucht, wird die Fälle 14 bis 17 aussuchen.

Die abgedruckten Dokumente sind dem vom Bayerischen Landeskriminalamt betriebenen, betreuten und gepflegten Dokumenteninformationssystem von Landespolizeibehörden, Bundeskriminalamt und Bundespolizei entnommen. Obwohl diese Dokumente auch in der Datenbank PRADO (Public register of authority documents) der Europäischen Union über das World Wide Web zugänglich und zahlreiche Namen erkennbar frei erfunden und Lichtbilder computeranimiert sind, wurden aus Datenschutzgründen Gesichtsfelder in Lichtbildern und Nachnamen unkenntlich gemacht. Einige Dokumente sind Blankodokumente, andere mit dem Aufdruck „Muster“ oder „Specimen“ gekennzeichnet, in wiederum anderen ist die Dokumentennummer auf „0“ gesetzt. Diese Einschränkungen beeinträchtigen zwar den Versuch, die Darstellung der Sachverhalte so eng wie möglich an eine reale polizeipraktische Aufgriffslage anzugleichen, sind jedoch unvermeidbar. Der Rückgriff auf Echtdokumente verbietet sich aus Datenschutzgründen.

Obwohl gerade junge, in der Ausbildung befindliche Polizeibeamtinnen und Polizeibeamte an einer eindeutigen Handlungsanweisung interessiert sind, wurden die rechtlichen Darstellungen nicht mit dem Begriff „Fall-Lösung“, sondern zurückhaltend mit den Worten „Lösungsvorschlag und Entscheidungsvorschlag“ überschrieben. Denn niemand wird im Sachgebiet Ausländerrecht für sich in Anspruch nehmen können, die einzig „richtige“ Fall-Lösung finden und die Entscheidung treffen zu können. Dennoch sind selbstverständlich alle Lösungs- und Entscheidungsvorschläge eng an dem Autor bekannten behördlichen Weisungslagen und der Rechtsprechung orientiert. Trotzdem muss zur Sicherheit darauf hingewiesen werden, dass es sich um nach bestem Wissen und Gewissen des Autors recherchierte reine Vorschläge zum Umgang mit den Sachverhalten handelt. Dem Autor etwa nicht bekannte anderslautende Weisungslagen haben stets im Rahmen der Vorschriften des Rechts des öffentlichen Dienstes beamtenrechtliche Verbindlichkeit und damit Vorrang.

Fall	Titel	Sachgebiete Gefahrenabwehr
1	Festivalbesuch aus Bucureşti und Chişinău	Außengrenze, Einreisekontrolle, Einreisevoraussetzungen nach Art. 6 I SGK, Pass, ePass, ID-Card, Staatsangehörigkeit und Grenzübertrittsberechtigung, Differenzierung EU- und Drittstaatsangehörige, Passbesitzpflicht, Anhang II EUVisaVO, Kurzaufenthalt
2	Georgische Dienstreisende	Außengrenze, Einreisekontrolle, Einreisevoraussetzungen nach Art. 6 I SGK, Reisepass, ePass, Diplomatenpass, Visabefreiung, Anhang II EUVisaVO
3	Passverlust im Inland	Ausreisekontrolle, Passverlust, Rückkehrdokument
4	Zollkontrolle im Fährhafen	Binnengrenze, Pass- und Ausweismitführungspflicht, Schwarzarbeitsbekämpfungsgesetz Ordnungswidrigkeiten: Verstoß gegen Pass- und Ausweismitführungspflichten nach § 95 III Nr. 3 AufenthG und § 8 II Nr. 1 SchwArbG
5	Vorgetäuschte Visabefreiung	Außengrenze, Einreisekontrolle, Einreisevoraussetzungen nach Art. 6 I SGK, Passpflicht, Pass- und Ausweismissbrauch, Visapflicht, versuchte unerlaubte Einreise, Einreiseverweigerung nach Art. 14 I Satz 1 SGK Straftaten: Versuchte unerlaubte Einreise nach § 95 I Nr. 3, III AufenthG Ausweismissbrauch nach § 281 I StGB
6	Mit „Jeanspass" aus Kopenhagen	Binnengrenze, Seehafen, Reiseausweis für Flüchtlinge, § 16, Anlage A Nr. 3 und § 18 AufenthV, Straßburger Abkommen
7	Vermeintlicher „Jeanspass"	Inlandsaufgriff, Reiseausweis für Flüchtlinge, Reiseausweis für Ausländer, passrechtliche Anerkennungslage
8	Osteuropäische Seeleute	Außengrenze, Seehafen, Seefahrtbuch, Notreiseausweis für Schiffspersonal nach § 13 V AufenthV
9	Spontanes Dänemark-Wochenende	Binnengrenze, Seehafen, Notreiseausweis nach § 13 I AufenthV
10	Geschäftsreisende aus Priştina	Außengrenze, Einreisekontrolle, Visakodex, Schengen-Visum Typ C, räumliche Beschränkung, zeitlicher Berechtigungsinhalt

Fall	Titel	Sachgebiete Gefahrenabwehr
11	Ungeplante Reiseverzögerung	Außengrenze, Einreisekontrolle, Visakodex, Schengen-Visum Typ C, zeitlicher Berechtigungsinhalt, Visa-Verlängerung
12	Vielfachreisender	Inlandsaufgriff, Visakodex, Schengen-Visum Typ C, zeitlicher Berechtigungsinhalt, Mehrjahresvisum
13	Mehrere Reiseziele	Binnengrenze, Seehafen, Visakodex, Schengen-Visum Typ C, zuständiges Konsulat
14	Änderung des Reiseverlaufs	Außengrenze, Einreisekontrolle, Visakodex, Schengen-Visum Typ C, zuständiges Konsulat, Zweck-Mittel-Nachweis Originalfall: VG München, Beschluss vom 18.11.2010 – M 12 K 10.2089
15	„Visa-Shopping"	Außengrenze, Einreisekontrolle, Visakodex, Schengen-Visum Typ C, zuständiges Konsulat, Zweck-Mittel-Nachweis, Rückbeförderungspflicht des Beförderungsunternehmers Originalfall: VG München, Beschluss vom 04.12.2013 – M 23 K 13.520
16	Vorgetäuschter touristischer Aufenthalt	Außengrenze, Einreisekontrolle, Visakodex, Schengen-Visum Typ C, zuständiges Konsulat, Falschangaben im Visumantrag, Zweck-Mittel-Nachweis, Visa-Erschleichung, Visa-Annullierung, Einreiseverweigerung, Rückbeförderungspflicht des Beförderungsunternehmers Straftaten: Versuchte Einreise nach § 95 VI i. V. m. § 95 I Nr. 3, III AufenthG, Erschleichen eines Aufenthaltstitels nach § 95 II Nr. 2 AufenthG
17	Scheintourismus und Scheinsaisonarbeit	Binnengrenze, Inlandsaufgriff, Visakodex, Schengen-Visum Typ C, zuständiges Konsulat, Falschangaben im Visumantrag, Zweck-Mittel-Nachweis, Visa-Erschleichung, Visa-Annullierung Straftaten: Versuchte Einreise nach § 95 VI i. V. m. § 95 I Nr. 3, III AufenthG, Erschleichen eines Aufenthaltstitels nach § 95 II Nr. 2 AufenthG, gewerbs- und bandenmäßiges Einschleusen von Drittstaatsangehörigen nach §§ 96 I, 97 II AufenthG Originalfall: EuGH, Urteil vom 10.04.2012 – Rs. C-83/12, „Minh Koa Vo"; BGH, Beschluss vom 10.01.2012 und Beschluss vom 24.05.2012 – 5 StR 567/11

Fall	Titel	Sachgebiete Gefahrenabwehr
18	Flughafenfall	Außengrenze, Ausreisekontrolle, Schengen-Visum Typ C, freiwillige Ausreise Originalfall: VG Frankfurt, Urteil vom 02.03.2011 – 11 K 445/10.F
19	Flugplanänderung	Außengrenze, Visakodex, Schengen-Visum Typ C, Ausnahme-Visum, Visagebühr
20	Seemänische Ummusterung	Außengrenze, Visakodex, Schengen-Visum Typ C, Ausnahme-Visum, Konsultationspflicht
21	Tango Argentino	Außengrenze, Einreisekontrolle, Anhang II EUVisaVO, Erwerbstätigkeit
22	Chişinău-Transfer	Inlandsaufgriff, Einreisekontrolle, Anhang II EUVisaVO, Erwerbstätigkeit, Abschiebung, Haft Originalfall: NDR-Berichterstattung vom 11.04.2018 „Großeinsatz gegen illegale Beschäftigung auf Bau“
23	Vortouristische visumfreie Einreise	Außengrenze, Einreisekontrolle, EUVisaVO, Kombination Kurzaufenthalt und langfristiger Aufenthalt
24	Veranstaltung vom Europarat	Außengrenze, Einreisekontrolle, EUVisaVO, Diplomatenpass, EU-Laissez-Passer, §§ 19, 20 AufenthV, Visaerleichterungs-Abkommen zwischen EU und Drittstaaten
25	Gerichtstermin ausländischer Zeuginnen	Inlandsaufenthalt, nationale Aufenthaltstitel, Aufenthaltskarte, Aufenthaltsgestattung, Duldung
26	Fährpassage aus Schweden	Binnengrenze, nationale Aufenthaltstitel, Reiserecht nach Art. 21 I SDÜ, Aufenthaltskarte, Asylkarte, Ausreiseaufforderung, Intra-Schengen-Zurückschiebung, Dublin III Straftaten: Unerlaubte Einreise nach § 95 I Nr. 3 AufenthG Ordnungswidrigkeit: Verstoß gegen Passmitführungspflicht nach § 95 III Nr. 3 AufenthG
27	Sekundärmigration aus Italien	Binnengrenze, nationaler Aufenthaltstitel, Reiserecht nach Art. 21 I SDÜ, Erlaubnisfiktion, Duldungsfiktion, Ausreisepflicht Originalfall: VG München, Beschluss vom 08.02.2018 – M 12 S 18.476

Fall	Titel	Sachgebiete Gefahrenabwehr
28	Passfreie Rückkehr	Binnengrenze, Reiseausweis für Flüchtlinge, Anerkennungslage bei Pässen, nationaler Aufenthaltstitel, Durchreiserecht nach Art. 6 V a) SGK
29	Dänemark-Ehe	Binnengrenze, nationaler Aufenthaltstitel, Rückkehrfall, abgeleitetes Freizügigkeitsrecht, Nachhaltigkeit der Ausübung des Freizügigkeitsrechts Originalfall: BayVGH, Beschluss vom 26.01.2016 – 10 Cs 16.64
30	Asylantrag nach Identitätstäuschung	Außengrenze, Einreise, Asylgesuch, Flughafenverfahren, Sichere-Herkunftsstaaten-Regelung, Identitätstäuschung, Sichere-Drittstaaten-Regelung, Eurodac-Treffer, Dublin III Originalfall: HessVGH, Beschluss vom 22.01.2019 – 5 A 1223/18.Z
31	Dublin-III-Nichtrückkehrer	Asylgesuch, Einreise, Binnengrenze, Aufgriffsfall, Eurodac-Treffer, Dublin III, Gewahrsam bei Dublin-Nichtrückkehrern Originalfall: BGH, Beschluss vom 16.02.2017 – V ZB 115/16
32	Wiedereinreise nach abgelehntem Asylantrag	Asylgesuch, Einreise, Binnengrenze unter Wiedereinführung von Grenzkontrollen, Einreiseverweigerungshaft Originalfall: BGH, Beschluss vom 12.04.2018 – V ZB 162/17
33	Transportschleusung und Behältnisschleusung	Unerlaubte Einreise, Einschleusen von Drittstaatsangehörigen, Vorteilsverschaffung, gewerbsmäßige Schleusung, gefährliche Schleusung Originalfall: BGH, Urteil vom 24.10.2018 – 1 StR 212/18
34	Durchschleusung und Ausschleusung	Unerlaubte Einreise, unerlaubter Aufenthalt, Einschleusen von Drittstaatsangehörigen, Vorteilsverschaffung, gewerbsmäßige Schleusung, gefährliche Schleusung, unmenschliche oder erniedrigende Schleusung. Originalfall: BGH, Beschluss vom 12.12.2017 – 3 StR 303/17
35	Vermittlung von Schein-Ehen	Erschleichen eines Aufenthaltstitels, Täterschaft und Beihilfe zu Falschangaben, Einschleusen von Drittstaatsangehörigen, gewerbs- und bandenmäßiges Einschleusen Originalfall: BGH, Beschluss vom 30.05.2013 – 5 StR 130/13

1. Pass- und Ausweispflichten und Grenzübertrittsberechtigung

Der Pass oder Passersatz – im Europäischen Recht: das Reisedokument – ist Grundlage für die Feststellung der Grenzübertrittsberechtigung und die Berechtigung für den Aufenthalt im Inland.

1.1 Nationalpass, ID-Card und Kontrolle der Grenzübertrittsdokumente

Staaten stellen für eigene Staatsangehörige Nationalpässe, die meisten Staaten zusätzlich Personalausweise bzw. ID-Karten aus. Die erste Sichtung eines solchen Reisedokuments ist auf die ausländerrechtliche Statusfeststellung gerichtet.

Fall 1 – Festivalbesuch aus Bucureşti und Chişinău

Sachgebiete

Außengrenze, Einreisekontrolle, Pass, ePass, ID-Card, Differenzierung EU- und Drittstaatsangehörige, Passbesitzpflicht, EUVisaVO, Kurzaufenthalt

Sachverhalt

Bundespolizeiinspektion Flughafen Frankfurt (FRA), 06.10.2017. Mit einem Flug der Air Moldova (MLD) vom Aeroportul International Chişinău (KIV), Republik Moldau, erscheinen zwei Reisende und legen in der Einreisekontrolle folgende Dokumente vor. Die Reisenden sprechen dieselbe Sprache und sind Freundinnen, die gemeinsam ein Kulturfestival in Frankfurt besuchen wollen. Sie legen ungefragt eine Airbnb-Buchung mit Überweisungsbeleg und Rückflugtickets für den 12.10.2017 vor. Auf Nachfrage legt die Reisende mit dem Reisedokument unter Abbildung 2 eine ec-Karte und Bargeld in Höhe von 5.000 Moldauischen Leu (umgerechnet etwa 255 Euro) und 250 Rumänischen Leu (umgerechnet etwa 55 Euro) vor. Prüfen Sie im Gutachtenstil, ob die Einreise gewährt werden kann oder zu verweigern ist.

Abbildung 1: Einreisekontrolle Flug Chişinău – Frankfurt, Dokument 1

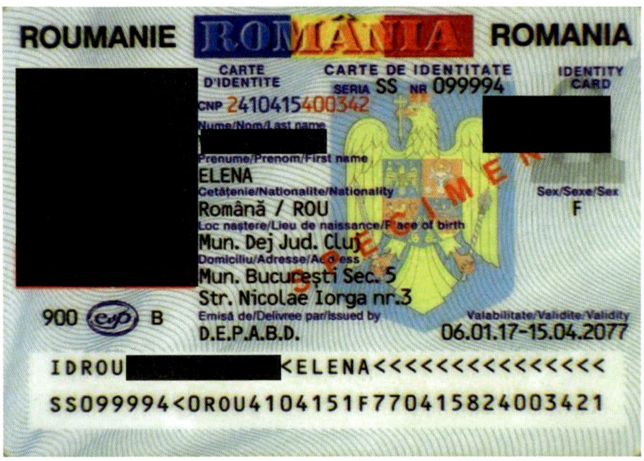

Bild: © Bayerisches Landeskriminalamt, Dokumenteninformationssystem

Abbildung 2: Einreisekontrolle Flug Chişinău – Frankfurt, Dokument 2

Bilder: © Bayerisches Landeskriminalamt, Dokumenteninformationssystem

Lösungsvorschlag und Entscheidungsvorschlag

1.) Einreisekontrolle

Der Flug Chişinău – Frankfurt stellt nach Art. 2 Nr. 2 VO (EU) 2016/399, ABl.-EU L 77/1 vom 23.03.2016 (Schengener Grenzkodex/SGK) eine Schengen-Außengrenze dar und unterliegt daher der Vollkontrolle des grenzüberschreitenden Verkehrs nach § 23 I Nr. 2 BPolG.

Im Rahmen der Einreisekontrolle sind zunächst die Reisedokumente beider Reisender zu kontrollieren, auf Echtheit zu überprüfen und einem Datenabgleich mit den Datenbanken SLTD (Stolen and lost travel documents) von Interpol, SIS II (Schengener Informationssystem der zweiten Generation) der EU und den nationalen Datenbanken zu unterziehen (Art. 8 SGK). Weiterhin wird der ausländerrechtliche Status festgestellt.

2.) Reisedokument 1

Dokument 1 ist eine ID-Karte – vergleichbar dem deutschen Personalausweis – von Rumänien. Da Rumänien Mitgliedstaat der Europäischen Union ist, unterliegt die Reisende der allgemeinen Reisefreizügigkeit nach Unionsrecht. Sie gehört daher zu dem Personenkreis, der nach Unionsrecht Anspruch auf freien Personenverkehr hat, nach Art. 2 Nr. 5 a) SGK. Damit ist sie nach § 1 II Nr. 1 AufenthG aus dem Anwendungsbereich des AufenthG ausgenommen und darf gem. § 2 FreizügG/EU genehmigungsfrei und ohne Einreisebefragung nach Aufenthaltszweck oder finanziellen Mitteln einreisen. Die im Sachverhalt genannten Auskünfte hätte sie also gar nicht zu geben brauchen. Der Besitz der ID-Karte reicht gem. § 8 I Nr. 1a) FreizügG/EU aus, ein Reisepass ist nicht erforderlich. Einreiseverweigerungsgründe gegenüber Unionsstaatsangehörigen sind nach § 6 I FreizügG/EU auf schwere Gefahren für Grundinteressen der Gesellschaft beschränkt. Derartige Gründe liegen nicht vor. Die Einreise ist daher zu gewähren.

3.) Reisedokument 2

a) Statusfeststellung

Bei Dokument 2 handelt es sich um einen Pass der Republik Moldau. Beide Freundinnen sprechen eine identische Sprache, denn Rumänisch ist Amtssprache in Moldau in der Unterart „Moldovenesc". Dennoch eröffnet der moldauische Pass einen anderen Status. Im Gegensatz zu Rumänien ist Moldau ein Drittstaat und die Reisende eine Drittstaatsangehörige i. S. v. Art. 2 Nr. 6 SGK. Damit unterliegt die Moldauerin als Drittstaatsangehörige einer grundlegend anderen Rechtsstellung als ihre rumänische Freundin. Sie unterfällt dem AufenthG und den Einreisevoraussetzungen für Drittstaatsangehörige nach Art. 6 I a) bis e) SGK. Da der Rückflug für den 12.10.2017 geplant und damit nur ein einwöchiger Aufenthalt beabsichtigt ist, unterfällt die moldauische Staatsangehörige den Einreisevoraussetzungen für einen Kurzaufenthalt. Unter einem Kurzaufenthalt ist nach Art. 6 I Satz 1 SGK (entsprechend § 1 II AufenthV) der Aufenthalt von bis zu 90 Tagen innerhalb eines Bezugszeitraumes von 180 Tagen im Hoheitsgebiet der Schengen-Vollanwenderstaaten zu verstehen.

b) Passpflicht

Gemäß Art. 6 I a) SGK ist eine der Einreisevoraussetzungen für einen Drittstaatsangehörigen zum Zweck eines Kurzaufenthaltes der Besitz eines gültigen, zum Grenzübertritt berechtigenden Reisedokuments. Auf nationaler Ebene verlangt § 3 I AufenthG den Besitz eines gültigen und anerkannten Passes oder Passersatzes. Die Reisende kann einen gültigen Pass der Republik Moldau vorlegen. Dieser ist sowohl in Deutschland als auch schengen-weit als Grenzübertrittsdokument anerkannt. Gemäß Art. 6 I a) i), ii) SGK muss ein Pass seit 2013 der Aktualität wegen in den letzten zehn Jahren ausgestellt und – für den Fall, dass es zu Verzögerungen bei der Ausreise kommt – drei Monate über den geplanten Ausreisezeitpunkt hinaus gültig sein. Das ist hier der Fall. Der Pass wurde neun Jahre zuvor ausgestellt und ist bis 08.02.2018 gültig gewesen, also mehr als drei Monate über die geplante Ausreise hinaus.

Bei dem Pass handelt es sich um einen ePass, also einen Pass mit Speichermedium für biometrische Daten („Bio-Pass"). Die neu eingefügte Ermächtigungsgrundlage in § 49 I Satz 1 AufenthG ermöglicht die Erhebung der Daten aus dem Pass, der Daten der reisenden Person und den Datenabgleich zwischen diesen erhobenen Daten.

c) Visumpflicht

Gemäß Art. 6 I b) SGK ist für die Einreise ein Visum erforderlich, falls dieses nach der Verordnung (EU) 2018/1806, ABl.-EU L 303/39 vom 28.11.2018 (EUVisaVO) vorgeschrieben ist. Nach Art. 4 I EUVisaVO sind die Staatsangehörigen der in Anhang II gelisteten Staaten für die Einreise über die Außengrenze zum Zweck eines Kurzaufenthaltes von der Visapflicht befreit. Die Republik Moldau wurde 2014 in Anhang II aufgenommen. Voraussetzung ist der Besitz eines ePasses, also eines Passes mit elektronischem Speichermedium für biometrische Daten. Da hier ein ePass vorgelegt wird, ist diese Voraussetzung erfüllt. Zu einem identischen Ergebnis gelangt man über die Prüfung des innerstaatlichen Rechts: Gemäß § 1 II Nr. 1 AufenthG gilt das nationale AufenthG für Ausländer, die nicht dem FreizügG/EU unterliegen, also prinzipiell für Drittstaatsangehörige. Gemäß § 4 I Satz 1 AufenthG braucht ein Drittstaatsangehöriger einen Aufenthaltstitel, soweit nicht durch Recht der Europäischen Union oder Rechtsverordnung etwas anderes bestimmt ist. Nach Art. 4 I EUVisaVO ist für ePass-Inhaber der Republik Moldau infolge der Listung in Anhang II EUVisaVO die Befreiung von der Visapflicht für einen Kurzaufenthalt vorgesehen.

d) Zweck-Mittel-Nachweis

Nach Art. 6 I c) SGK sind Aufenthaltszweck und das Vorhandensein ausreichender finanzieller Mittel nachzuweisen. Den beim Vorstellen in der Einreisekontrolle noch vor Beginn einer Einreisebefragung vorgelegten Dokumenten zufolge ist der Aufenthaltszweck eines kulturellen Anlasses ebenso wie die Ausreisebereitschaft glaubwürdig dargelegt. Für die finanziellen Mittel verlangt Deutschland je nach Umständen des Aufenthaltes einen angemessenen Tagessatz, im Zweifel 45 Euro je Tag. Dabei sind jedoch die Umstände des Einzelfalles (Einladung, Hotelbuchung oder Airbnb, Rechnungsbegleichung im Voraus) zu berücksichtigen. Insoweit sind ausreichende Mittel nachgewiesen und durch Vorlage der ec-Karte glaubhaft gemacht worden.

e) Sonstige Einreisevoraussetzungen

Gemäß Art. 6 I d) und e) SGK darf eine SIS-Abfrage keine Ausschreibung zur Einreiseverweigerung ergeben, und es darf weder ein Gefahrenverdacht noch eine Ausschreibung in den nationalen Datenbanken vorliegen. Liegen insoweit keine Ergebnisse vor, besteht bei der Moldauerin kein Anlass zur Einreiseverweigerung.

f) Ergebnis

Der moldauischen Staatsangehörigen ist daher die Einreise zu gewähren.

Ergänzende Hinweise:

Zum Verhältnis zwischen Rumänien und Moldau: Zwischen Rumänien und der Republik Moldau besteht eine ethnische Verwandtschaft beider Staaten. Zum Teil werden moldauischen Staatsangehörigen durch das rumänische Konsulat in Chişinău rumänische Pässe ausgestellt. Damit tritt Unionsstaatsangehörigkeit ein. Wer nicht in den Genuss dieser Praxis des rumänischen Konsulats kommt, bleibt moldauischer Staatsangehöriger und damit Drittstaatsangehöriger.

Zur Visabefreiung mit ePass: In Anhang II EUVisaVO sind für eine visafreie Einreise nur mit ePass die Staatsangehörigen der Drittstaaten Albanien, Bosnien und Herzegowina, Georgien, Moldau, Montenegro, Nordmazedonien (bis 11.02.2019 Ehemalige Jugoslawische Republik Mazedonien), Serbien und Ukraine gelistet. Insoweit kommt es für die Befreiung von der Visumpflicht nicht nur auf die Staatsangehörigkeit, sondern auch auf die Qualität des Passes an. Zur Auslesung der Daten aus dem ePass und zum Datenabgleich gibt es dem § 49 I Satz 1 AufenthG vergleichbare Ermächtigungsgrundlagen in § 8 II FreizügG/EU, § 16 Ia AsylG und § 16a PassG.

Fall 2 – Georgische Dienstreisende

Sachgebiete

Außengrenze, Einreisekontrolle, Reisepass, ePass, Diplomatenpass, Visabefreiung, EUVisaVO

Sachverhalt

Flughafen Berlin-Tegel (TXL), 02.02.2019. In der Einreisekontrolle eines Fluges der Georgian Airways aus Tiflis (Tbilissi, TBS), Georgien, werden nachfolgend abgebildete Reisedokumente, zwei Einladungen zu einem Geschäftstermin am 05.02.2019 in Berlin, Hotelbuchungen mit Zahlungsbeleg und ec-Karten sowie Rückflugtickets für den 08.02.2019 vorgelegt. Stellen Sie fest, ob die Einreise gewährt werden kann oder zu verweigern ist.

Abbildung 3: Einreisekontrolle Flug Tiflis – Berlin, Dokument 1

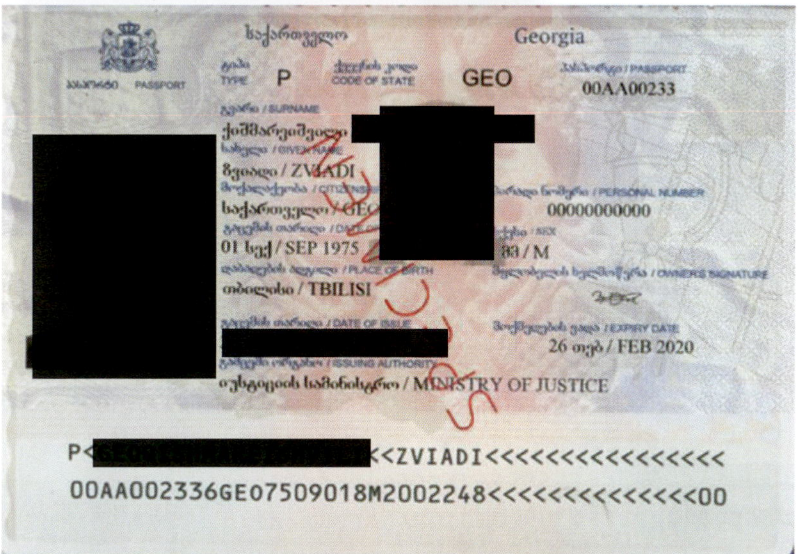

Bilder: © Bayerisches Landeskriminalamt, Dokumenteninformationssystem

Abbildung 4: Einreisekontrolle Flug Tiflis – Berlin, Dokument 2

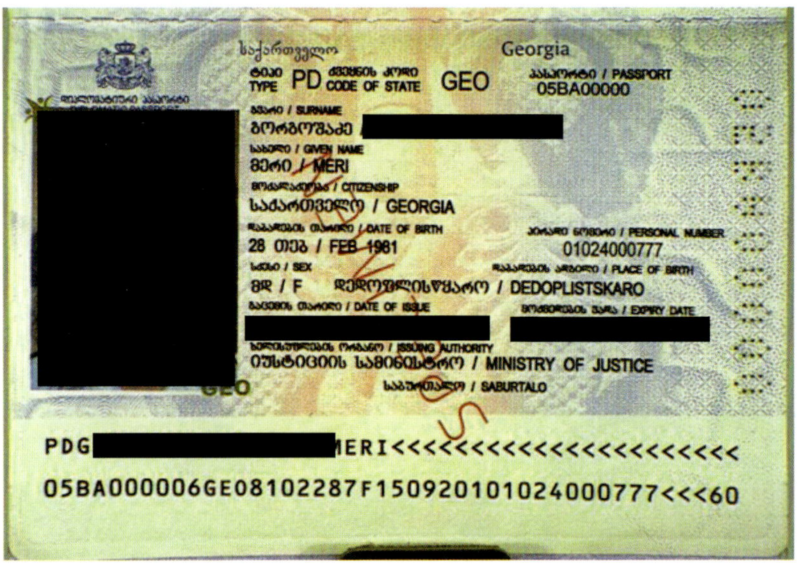

Bilder: © Bayerisches Landeskriminalamt, Dokumenteninformationssystem

Lösungsvorschlag und Entscheidungsvorschlag

1.) Statusfeststellung

Beide Dokumente sind Reisedokumente von Georgien, daher gelten die Einreisevoraussetzungen für Drittstaatsangehörige. Beabsichtigt ist ein Kurzaufenthalt nach Art. 6 I Satz 1 SGK.

2.) Dokument 1

a) Passpflicht

Art. 6 I a) SGK verlangt als Einreisevoraussetzung für einen Drittstaatsangehörigen zum Zweck eines Kurzaufenthaltes den Besitz eines gültigen, zum Grenzübertritt berechtigenden Reisedokuments. Entsprechend erfordert § 3 I AufenthG im nationalen Recht den Besitz eines gültigen und anerkannten Passes oder Passersatzes. Bei Dokument 1 handelt es sich um einen Nationalpass von Georgien. Mit der Vorlage des Nationalpasses von Georgien in Form eines Reisepasses ist diese Voraussetzung erfüllt. Bei dem Pass handelt es sich um einen ePass, also einen Pass mit Speichermedium für biometrische Daten.

b) Visumpflicht

Gemäß Art. 6 I b) SGK ist für die Einreise ein Visum erforderlich, falls nach der EUVisaVO vorgeschrieben. Nach Art. 4 I EUVisaVO sind die Staatsangehörigen der in Anhang II gelisteten Staaten für die Einreise über die Außengrenze zum Zweck eines Kurzaufenthaltes von der Visapflicht befreit. Georgien wurde 2017 in Anhang II aufgenommen. Voraussetzung ist der Besitz eines ePasses, also eines Passes mit elektronischem Speichermedium für biometrische Daten. Da hier ein ePass vorgelegt wird, ist diese Voraussetzung erfüllt. Zu demselben Ergebnis gelangt man über den Weg des innerstaatlichen Rechts: § 4 I Satz 1 AufenthG verlangt für Einreise und Aufenthalt eines Drittstaatsangehörigen einen Aufenthaltstitel, soweit nicht durch Recht der Europäischen Union – hier also Anhang II EUVisaVO – etwas anderes bestimmt ist.

c) Zweck-Mittel-Nachweis

Art. 6 I c) SGK verlangt den Nachweis des Aufenthaltszwecks und ausreichender finanzieller Mittel. Der Aufenthaltszweck wird durch die Einladungen und das Rückflugticket belegt. Nach dem Ergebnis der Einreisebefragung bestehen keine ernsthaften Zweifel am Vorliegen ausreichender finanzieller Mittel.

d) Weitere Einreisevoraussetzungen

Die weiteren Voraussetzungen nach Art. 6 I d) und e) SGK (SIS-Abfrage Einreiseverweigerung negativ, nationale Datenabfrage und Gefahrenprognose negativ) sind dem Sachverhalt zufolge offensichtlich erfüllt bzw. es sind dem Einreisevorgang keine Anhaltspunkte für Zweifel zu entnehmen.

3.) Dokument 2

a) Passpflicht

Das zweite vorgelegte Reisedokument ist ein von Georgien ausgestellter Diplomatenpass. Ein Diplomatenpass ist ein Unterfall eines Nationalpasses und wird als dienstlicher Pass für Reisen im diplomatischen Verkehr (nicht zu verwechseln mit dem Auftreten als akkreditierter Vertreter einer diplomatischen oder konsularischen Mission nach dem WÜD oder WÜK) ausgestellt, in der Regel für Repräsentanten der Regierung oder hochrangige Behördenvertreter. Die Passpflicht nach Art. 6 I a) SGK – entsprechend § 3 I AufenthG – wird mit einem Diplomatenpass erfüllt.

b) Visumpflicht

Art. 6 I b) SGK verlangt für die Einreise ein Visum, falls nach der EUVisaVO vorgeschrieben. Eine Visabefreiung nach Art. 4 I EUVisaVO tritt insoweit nicht ein, da nur ein ePass von Georgien nach Anhang II zur Visabefreiung führt. Während Reisedokument 1 ein ePass ist, handelt es sich bei Reisedokument 2 um einen konventionellen Pass. Insoweit tritt jedoch mit unmittelbarer Wirkung eine Visabefreiung nach Art. 10 I, II des Abkommens zwischen der Europäischen Union und Georgien zur Erleichterung der Visa-Erteilung (ABl.-EU L 52/34 vom 25.02.2011) ein. Diese gilt für eine Aufenthaltsdauer bis zu 90 Tagen innerhalb von 180 Tagen, also für einen Kurzaufenthalt. Unter Anwendung nationalen Rechts gelangt man zu demselben Ergebnis über § 4 I Satz 1 AufenthG. Danach erfordern Einreise und Aufenthalt eines Drittstaatsangehörigen einen Aufenthaltstitel, soweit nicht durch das Recht der Europäischen Union oder Rechtsverordnung etwas anderes bestimmt ist. Für die weitere Prüfung ist eine zweigleisige Vorgehensweise möglich. Entweder wird das Visaerleichterungsabkommen EU/Georgien unmittelbar als EU-Recht herangezogen, das eine Visabefreiung bestimmt, oder der Bezug auf die AufenthV führt zu einem identischen Ergebnis, denn § 19 AufenthV i. V. m. Anlage B Nr. 2 regelt die visafreie Einreise für Diplomatenpassinhaber von Georgien für einen Kurzaufenthalt.

c) Weitere Einreisevoraussetzungen

Nach Anhang VII Nr. 4.1 Satz 2 SGK sind Inhaber von Diplomatenpässen vom Nachweis finanzieller Mittel nach Art. 6 I c) SGK befreit. Im Übrigen sind dem Sachverhalt keine Anhaltspunkte für das Nichterfüllen der weiteren Einreisevoraussetzungen zu entnehmen.

4.) Ergebnis

Die Einreise wird gewährt.

1.2 Rückkehrdokument

Für den Fall eines Passverlustes im Inlandsaufenthalt besteht die Möglichkeit einer legalen Ausreise mit einem Heimreisedokument, das beim Konsulat des Herkunftsstaates beantragt werden kann.

Fall 3 – Passverlust im Inland

Sachgebiete

Ausreisekontrolle, Passverlust, Rückkehrdokument

Sachverhalt

Lagefortschreibung zu Fall 2: Am 08.02.2019 erscheinen beide Georgier aus Fall 2 am Flughafen in der Ausreisekontrolle Richtung Tiflis. Der Reisende, der keinen Diplomatenpass besitzt, sondern sich mit einem Reisepass ausgewiesen hatte, legt das nachfolgende Dokument sowie eine Kopie einer Passverlustanzeige beim Abschnitt 32 der Polizei Berlin vor. Das vorgelegte und abgebildete Reisedokument hat er nach seiner Aussage bei der Botschaft von Georgien in der Rauschstraße in Berlin-Mitte erhalten. Unterstellt, das (in der Abbildung als Blankodokument dargestellte) Reisedokument ist vollständig ausgefüllt und mit einem Lichtbild versehen, stellen Sie fest, was zu veranlassen ist.

Abbildung 5: Ausreisekontrolle Flug Berlin – Tiflis, vorgelegtes Dokument

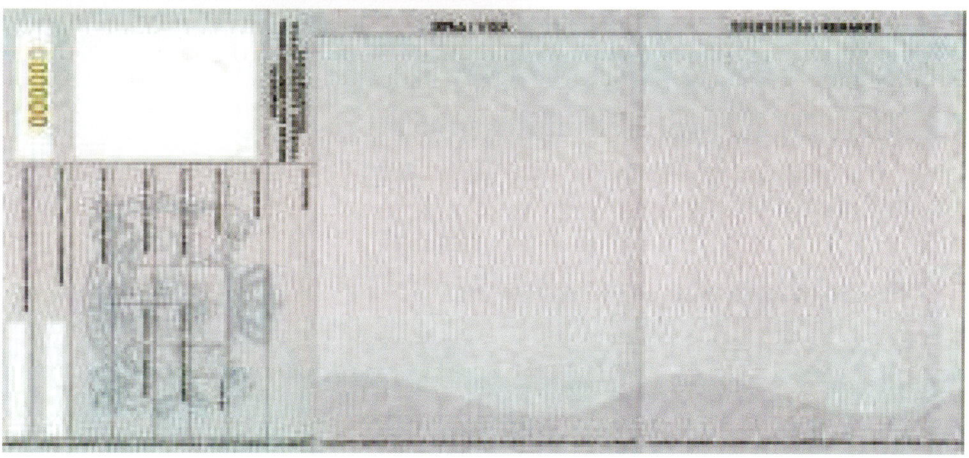

Bilder: © Bayerisches Landeskriminalamt, Dokumenteninformationssystem

Lösungsvorschlag und Entscheidungsvorschlag

In der Ausreisekontrolle wird festgestellt, ob Verdacht auf „overstaying“ oder rechtzeitige Ausreise vorliegt und ob die Passpflicht erfüllt wird. Das vorgelegte „Travel document for return to Georgia“ ist ein Rückkehrdokument, das von der Auslandsvertretung Georgiens im Fall des Passverlustes oder Passdiebstahls ausgestellt wird und dem georgischen Staatsangehörigen die Ausreise aus dem Gebietsstaat (also dem Staat des aktuellen Aufenthaltes), die Nutzung eines Beförderungsmittels im internationalen Flugverkehr und die Rückkehr nach Georgien ermöglicht. Dieses Rückkehrdokument wird von Deutschland als Passersatz anerkannt, aber nur zur einmaligen Ausreise, um in den Herkunftsstaat zurückzukehren (Anerkennungslage des Bundesministeriums des Innern vom 06.04.2016, Bundesanzeiger AT vom 25.04.2016, S. 15). Mit Verlust des ePasses ist zwar die Visabefreiung nach Anhang II EUVisaVO erloschen und Ausreisepflicht nach § 50 I AufenthG eingetreten, die unverzügliche freiwillige Ausreise stellt aber eine Erfüllung der Ausreisepflicht dar, sodass keine aufenthaltsbeendenden Maßnahmen infrage kommen. Es ist daher nichts zu veranlassen und die Ausreise zu gewähren.

Ergänzender Hinweis:

Rückkehrdokumente werden von den meisten Staaten durch die Auslandsvertretungen des Herkunftsstaates für den Fall des Passverlustes im Gebietsstaat ausgestellt. Zum Teil werden sie einfach als „Return document“ bezeichnet, aber auch als Laissez Passer (Schott-Mehrings, 2019, S. 88). Die deutschen Auslandsvertretungen stellen für Deutsche im Ausland den Reiseausweis als Passersatz nach § 7 I Nr. 8 AufenthV aus (nicht zu verwechseln mit dem grenzpolizeilichen Reiseausweis als Passersatz nach § 7 I Nr. 7 PassV). Ein Deutscher oder ein anderer EU-Staatsangehöriger kann aber auch vom Konsulat eines anderen EU-Staates – also dessen Staatsangehörigkeit er nicht besitzt – mit einem Emergency travel document (ETD) zur Rückkehr in die EU ausgestattet werden. Ein Deutscher kann mit einem solchen ETD als Passersatz nach Deutschland zurückkehren und die Passpflicht erfüllen (§ 7 I Nr. 9 AufenthV).

1.3 Pass- und Ausweismitführungspflichten

Von der Passbesitzpflicht, die sich aus Art. 6 I a) SGK und §§ 3 I, 48 I AufenthG ergibt, ist die bloße Mitführungspflicht zu unterscheiden.

Fall 4 – Zollkontrolle im Fährhafen

Sachgebiete

Binnengrenze, Pass- und Ausweismitführungspflicht, Schwarzarbeitsbekämpfungsgesetz

Sachverhalt

Lübeck-Travemünde, Skandinavienkai. Die von der Fähre der Reederei Finnlines aus Malmö, Schweden, kommenden Fahrzeuge werden stichprobenartigen Routinekontrollen durch Beamte der Zollverwaltung, unterstützt von der Bundespolizei, unterzogen. Ein litauischer

Lkw-Fahrer wird ohne Reisedokumente angetroffen, kann aber seine litauische Staatsangehörigkeit durch Führerschein und Arbeitspapiere glaubhaft machen und ebenso glaubwürdig erklären, seine litauische ID-Karte habe er aus Angst vor Verlust niemals dabei, er verwahre diese in seinem persönlichen Fach in den Räumen seiner Spedition in Berlin. Ein in einem Pkw in privater Eigenschaft Reisender legt seinen im Plastikkartenformat als eAT ausgestellten Aufenthaltstitel von Schweden (Uppehållstillstånd) vor. Er ist ausweislich des Aufenthaltstitels iranischer Staatsangehöriger und erklärt glaubhaft, seinen iranischen Pass in seiner Wohnung in Malmö zu verwahren. Irrtümlich sei er davon ausgegangen, der schwedische Aufenthaltstitel sei für den Grenzübertritt ausreichend. Er beabsichtigt einen Aufenthalt in Deutschland für eine Woche. Prüfen Sie im Gutachtenstil, ob Verstöße gegen Rechtsvorschriften vorliegen.

Lösungsvorschlag und Entscheidungsvorschlag

1.) Litauischer Lkw-Fahrer

Der litauische Lkw-Fahrer unterliegt gem. § 1 II Nr. 1 AufenthG, § 1 FreizügG/EU dem Freizügigkeitsrecht für Unionsstaatsangehörige. Damit ist sein Einreiserecht gegeben. Er unterliegt jedoch bestimmten Ausweispflichten.

a) Pass- oder Ausweisbesitzpflicht nach § 8 I Nr. 2 FreizügG/EU

Er ist gem. § 8 I Nr. 2 FreizügG/EU zum Besitz eines Passes oder Passersatzes verpflichtet. Eine ID-Karte ist insoweit ausreichend. Die Besitzpflicht wird erfüllt, wenn seine ID-Karte in seinem Privatfach in der Spedition verwahrt wird. Für den Besitz an einem Ausweis oder Pass reicht die tatsächliche Sachherrschaft unter Verwahrung in der Wohnung, am Arbeitsplatz oder einem anderen dem Inhaber zugänglichen Ort aus.

b) Pass- oder Ausweismitführungspflicht nach § 8 I Nr. 1 a) FreizügG/EU

Allerdings ist ein Unionsstaatsangehöriger gem. § 8 I Nr. 1 a) FreizügG/EU auch verpflichtet, bei der Einreise und der Ausreise in das Bundesgebiet einen Pass, Passersatz oder Ausweis mitzuführen. Mitführen bedeutet eine jederzeitige Vorlagefähigkeit beim Grenzübertritt. Gegen diese Mitführungspflicht hat der Lkw-Fahrer verstoßen. Eine – wenn auch glaubwürdige – Verlustangst könnte von jedem Reisenden vorgebracht werden und beseitigt die Verpflichtung nicht. Es besteht daher der Verdacht einer Ordnungswidrigkeit nach § 10 III FreizügG/EU.

c) Pass- oder Ausweismitführungspflicht nach § 2a I SchwArbG

Darüber hinaus schreibt § 2a I SchwArbG das Mitführen des Personalausweises, Passes, Passersatzes oder Ausweisersatzes bei der Erbringung von Dienstleistungen oder Werkleistungen in bestimmten Wirtschaftsbereichen vor. Dazu gehört neben z. B. dem Baugewerbe, Gaststättengewerbe, der Personenbeförderung und Gebäudereinigung auch gem. § 2a I Nr. 4 SchwArbG das Speditions-, Transport- und damit verbundene Logistikgewerbe. Der Verstoß gegen diese Ausweismitführungspflicht erfüllt den Tatbestand einer Ordnungswidrigkeit nach § 8 II Nr. 1 SchwArbG.

Die seit 01.01.2009 geltende Pass- oder Ausweismitführungspflicht nach § 2a I SchwArbG ersetzt im Rahmen der Schwarzarbeitsbekämpfung die frühere Pflicht zum Mitführen des Sozialversicherungsausweises. Sie ist unabhängig von der Staatsangehörigkeit und unabhängig von einem Grenzübertritt, gilt also nicht nur im grenzüberschreitenden Verkehr, sondern auch im Inland. Korrespondierende Pflichten treffen den Arbeitgeber. Der Arbeitnehmer ist nach § 2a II SchwArbG schriftlich über die Ausweismitführungspflicht zu belehren, der Arbeitgeber hat dieses zu dokumentieren. Ein Verstoß begründet den Verdacht einer Ordnungswidrigkeit nach § 8 II Nr. 2 SchwArbG.

d) Ergebnis

Der Zoll wird die Weiterfahrt gewähren, jedoch die Ordnungswidrigkeitenanzeige nach § 8 II Nr. 1 SchwArbG fertigen. Da der Schwerpunkt der Ordnungswidrigkeit im SchwArbG liegt und Tatidentität besteht, wird wegen des tateinheitlichen Verstoßes nach § 10 III FreizügG/EU kein gesonderter Vorgang für die Grenzpolizei zu veranlassen sein.

2.) Inhaber des schwedischen Aufenthaltstitels

Der iranische Inhaber des schwedischen Aufenthaltstitels ist ein Drittstaatsangehöriger. Aufgriffsort ist im vorliegenden Fall keine Schengen-Außengrenze nach Art. 2 Nr. 2 SGK, sondern eine Schengen-Binnengrenze infolge der Einreise über eine regelmäßige interne Fährverbindung an einem Seehafen nach Art. 2 I c) SGK. Ein Schengener Einreisekontrollstandard nach Art. 6 I und Art. 8 SGK ist an der Binnengrenze nicht vorgesehen. Vielmehr gilt für den Inhaber eines nationalen Aufenthaltstitels eines Schengen-Staates das Reiserecht nach Art. 21 I SGK.

a) Passbesitzpflicht nach § 3 I AufenthG

§ 3 I AufenthG verlangt den Besitz eines gültigen und anerkannten Passes oder Passersatzes. Der Reisende führt keinen Pass mit. Wenn aber der Besitz des Passes zu Hause in seiner Wohnung nachgewiesen oder glaubhaft gemacht ist, reicht dieses für das Erfüllen der Passbesitzpflicht aus.

b) Einreiserecht nach Art. 21 I SGK

Nach § 4 I AufenthG ist für Einreise und Aufenthalt eines Drittstaatsangehörigen ein Aufenthaltstitel erforderlich, wenn nicht durch Recht der Europäischen Union oder die AufenthV etwas anderes bestimmt ist. In Betracht kommt hier das Einreise- und Aufenthaltsrecht aus Art. 21 I SDÜ. Danach darf sich der Inhaber eines nationalen Aufenthaltstitels eines Schengen-Vollanwenderstaates in anderen Schengen-Staaten außerhalb des Ausstellerstaates bis zu 90 Tagen innerhalb von 180 Tagen aufhalten, sofern er die Voraussetzungen des Art. 6 I a), c) und e) SGK erfüllt und keine nationale Ausschreibung vorliegt. Die für die Außengrenze geltende Vorschrift des Art. 6 I SGK wird also durch Verweisung auch für die Binnengrenze zur Anwendung gebracht.

aa) Passpflicht nach Art. 6 I a) SGK, § 3 I AufenthG

Nach Art. 21 I SGK i. V. m. Art. 6 I a) SGK muss der Drittstaatsangehörige im Besitz eines gültigen Reisedokuments sein. Für den Besitz reicht die Verwahrung des iranischen Passes in der eigenen Wohnung in Malmö aus. Dieses Erfordernis deckt sich mit der national geregelten Passbesitzpflicht aus § 3 I AufenthG.

bb) Aufenthaltsrecht

Der Iraner besitzt einen Aufenthaltstitel von Schweden. Dieser gilt unmittelbar nur für das Hoheitsgebiet von Schweden, nicht für Deutschland. Unmittelbar für das deutsche Bundesgebiet gelten nur die in § 4 I Satz 2 AufenthG genannten – abgesehen vom Schengen-Visum Typ C –, ausschließlich von deutschen Auslandsvertretungen ausgestellten nationalen Visa und ausschließlich von deutschen Ausländerbehörden ausgestellten deutschen Aufenthaltstitel. Im EU-Recht begründet Art. 21 I SDÜ insoweit ein von dem nationalen Aufenthaltstitel eines Schengen-Vollanwenderstaates abgeleitetes unmittelbar geltendes Reiserecht in allen anderen Schengen-Staaten für 90 Tage innerhalb von 180 Tagen außerhalb des Ausstellerstaates. Im nationalen Recht gelangt man zu einem identischen Ergebnis über § 4 I Satz 1 AufenthG. Danach ist ein Aufenthaltstitel erforderlich, soweit nicht durch das Recht der Europäischen Union oder Rechtsverordnung etwas anderes bestimmt ist. Durch Art. 21 I SDÜ ist eine Einreise nach Deutschland unter Befreiung vom Erfordernis eines Aufenthaltstitels vorgesehen.

cc) Weitere Einreisevoraussetzungen

Art. 21 I SDÜ nimmt weiterhin Bezug auf Art. 6 I c) und e) SGK (Zweck-Mittel-Nachweis, nationale Datenabfrage und Gefahrenprognose negativ) sowie zusätzlich auf das Nichtvorliegen einer nationalen Ausschreibung, die bei Inhabern nationaler Aufenthaltstitel eine etwaige SIS-Ausschreibung ersetzen soll (Art. 25 SDÜ), was in der Praxis nicht in jedem Fall funktioniert. Dem Sachverhalt sind keine Anhaltspunkte für Gefahrentatbestände durch Nichterfüllen dieser weiteren Voraussetzungen zu entnehmen.

dd) Ergebnis

Das materielle Einreise- und Aufenthaltsrecht aus Art. 21 I SDÜ liegt daher vor. Zweifel bestehen jedoch an der Einhaltung der formellen Pflichten beim Grenzübertritt.

c) Passmitführungspflicht nach § 13 I Satz 2 AufenthG

Gemäß § 13 I Satz 2 AufenthG ist ein Drittstaatsangehöriger verpflichtet, bei Einreise und Ausreise einen gültigen Pass oder Passersatz mitzuführen. Das Erfüllen der Passbesitzpflicht reicht also nicht aus, das Reisedokument hat beim Grenzübertritt jederzeit zugriffsbereit und vorlagefähig zu sein. Diese Pflicht darf gem. Art. 21 c) SGK durch nationales Recht auch an Schengen-Binnengrenzen unverändert begründet werden. Der Verstoß dagegen stellt eine Ordnungswidrigkeit nach § 98 III Nr. 3 AufenthG dar. Die praxisrelevanten Einlassungen, den Pass vergessen zu haben oder den Aufenthaltstitel irrtümlich als ausreichend oder für einen Ausweisersatz gehalten zu haben, beseitigen den Tatbestand nicht, der auch die fahrlässige Begehung erfasst.

Ergänzender Hinweis:

Die vergleichbare Pflicht für deutsche Staatsangehörige folgt aus §§ 1 I, 25 III Nr. 2 PassG.

1.4 Unerlaubte Einreise unter Verstoß gegen die Passpflicht

Der praxisrelevanteste Fall eines Verstoßes gegen die Passbesitzpflicht ist die Einreise unter Nutzung einer Totalfälschung, eines verfälschten Passes oder eines missbrauchten Passes einer anderen Person, um die aus der eigenen Staatsangehörigkeit folgende Visumpflicht zu verschleiern und ein visafreies Recht zur Grenzübertrittsberechtigung zu täuschen.

Fall 5 – Vorgetäuschte Visabefreiung

Sachgebiete

Außengrenze, Einreisekontrolle, Passpflicht, Pass- und Ausweismissbrauch, Visapflicht, versuchte unerlaubte Einreise, Einreiseverweigerung

Sachverhalt

Am Flughafen Frankfurt wird im Rahmen der Einreisekontrolle eines Fluges aus Istanbul ein malaysischer Reisepass vorgelegt. Die Grenzpolizei stellt jedoch fest, dass der Reisende nicht autorisiert ist, das Dokument zu nutzen, da es sich um einen gestohlenen Pass einer anderen Person handelt. Es wird anhand eines chinesischen Führerscheins, eines abgelaufenen Militärdienstausweises und der Einreisebefragung ermittelt, dass der Reisende Staatsangehöriger der Volksrepublik China ist und weder einen eigenen Pass noch ein Visum oder einen Aufenthaltstitel für den Schengen-Raum besitzt. Der vorgelegte malaysische Pass ist dem Reisenden seiner Einlassung zufolge im Rahmen einer Anwerbung für eine Tätigkeit in der Küche eines chinesischen Schnellimbiss-Restaurants in Frankfurt verschafft worden. Prüfen Sie im Gutachtenstil, ob die Einreise zu gewähren oder zu verweigern ist.

Lösungsvorschlag und Entscheidungsvorschlag

1.) Statusfeststellung

Der chinesische Staatsangehörige ist Drittstaatsangehöriger und unterliegt daher SGK und AufenthG. Der Aufgriff findet an einer Schengen-Außengrenze nach Art. 2 Nr. 2 SGK statt.

2.) Einreisevoraussetzungen

a) Passpflicht

Der Reisende erfüllt weder die Pflicht zum Besitz eines eigenen gültigen, zum Grenzübertritt berechtigenden Reisedokuments nach Art. 6 I a) SGK noch die aus dem nationalen Recht folgende Passbesitzpflicht nach § 3 I AufenthG.

b) Visumpflicht

Art. 6 I b) SGK erfordert für die Einreise ein Visum, falls nach der EUVisaVO vorgeschrieben. Staatsangehörige der Volksrepublik China unterliegen gem. Art. 3 EUVisaVO der Visumpflicht, da China in Anhang I gelistet ist. Entsprechend bedarf der chinesische Staatsangehörige gem. § 4 I Satz 1 AufenthG eines Aufenthaltstitels, da durch EU-Recht oder AufenthV nichts anderes bestimmt ist. Lediglich Inhaber chinesischer Diplomatenpässe sind gem. Art. 3 I Satz 2, 4 II des Abkommens zwischen der Europäischen Union und der Volksrepublik China über die Befreiung der Inhaber von Diplomatenpässen von der Visumpflicht für Kurzaufenthalte (ABl.-EU L 76/19 vom 23.03.2016) visafrei, Inhaber gewöhnlicher Reisepässe nicht.

Die Vorlage eines Passes des in Anhang II EUVisaVO gelisteten Drittstaates Malaysia war also offenkundig auf Vortäuschen einer Visabefreiung nach der EUVisaVO und Verschleiern der eigenen Visapflicht gerichtet.

c) Weitere Einreisevoraussetzungen

Infolge des durch Vorlage des malaysischen Passes einer anderen Person nach Anhang II EUVisaVO verwirklichten Urkundendelikts nach § 281 I 1. Alt. StGB können über den Verstoß gegen Pass- und Visapflicht hinaus auch die Einreisevoraussetzungen nach Art. 6 I c) und e)

SGK nicht als erfüllt angesehen werden. Die Passvorlage erfolgte in der offenkundigen Absicht der Vortäuschung einer Visabefreiung für einen Kurzaufenthalt, während der Verdacht eines beabsichtigten illegalen dauerhaften Verbleibs in Deutschland unter illegaler Erwerbstätigkeit besteht. Damit liegt kein Zwecknachweis nach Art. 6 I c) SGK vor. Diese Umstände und das Urkundendelikt begründen weiterhin einen Gefahrenverdacht nach Art. 6 I e) SGK.

3.) Einreiseverweigerung

Gemäß Art. 14 I Satz 1 SGK ist einem Drittstaatsangehörigen die Einreise zu verweigern, wenn er nicht alle Einreisevoraussetzungen des Art. 6 I a) bis e) SGK erfüllt. Der Reisende erfüllt die Voraussetzungen aus Art. 6 I a), b), c) und e) SGK nicht. Ausnahmetatbestände aus Art. 6 V a) bis c) SGK (Inhaber eines nationalen Aufenthaltstitels, Gründe für ein Ausnahmevisum, humanitäre Gründe) sind nicht erfüllt. Daher hat die Grenzpolizei die Einreise zu verweigern. Die Einreiseverweigerung erfolgt schriftlich mit dem einheitlichen Vordruck aus Anhang V Teil B SGK. Auf dem Vordruck sind die Einreiseverweigerungsgründe A, B, C, E und I anzukreuzen und diese Kennbuchstaben unten rechts neben dem Einreiseverweigerungsstempel (Einreisestempel mit offenem Kreuz) einzutragen.

Nach nationalem Recht liegt zugleich der Zurückweisungstatbestand des § 15 I AufenthG zur Verhinderung einer unerlaubten Einreise nach § 14 I Nr. 1, Nr. 2 AufenthG vor. Unerlaubt ist eine Einreise, wenn sie eines der Merkmale des § 14 I AufenthG erfüllt. Denn der Reisende ist weder im Besitz eines eigenen gültigen und anerkannten Passes oder Passersatzes (§ 14 I Nr. 1 i. V. m. § 3 I AufenthG) noch im Besitz des für ihn als chinesischen Staatsangehörigen erforderlichen Aufenthaltstitels (§ 14 I Nr. 2 i. V. m. § 4 I AufenthG). Der deutsche Zurückweisungstatbestand tritt aber hinter dem mit Anwendungsvorrang ausgestatteten unionsrechtlichen Einreiseverweigerungstatbestand des Art. 14 I SGK zurück.

4.) Strafverfolgung

Zugleich sind strafrechtliche Ermittlungen wegen Verdachts einer Straftat des Missbrauchs von Ausweispapieren nach § 281 I 1. Alt. StGB in Tateinheit (§ 52 StGB) mit einer versuchten unerlaubten Einreise nach § 95 I Nr. 3, III i. V. m. § 14 I Nr. 1, Nr. 2 AufenthG, §§ 22, 23 StGB einzuleiten. Insoweit ist das Urkundendelikt bereits mit dem Gebrauch des Passes durch seine Vorlage in der Absicht der Täuschung im Rechtsverkehr vollendet. Das Einreisedelikt hingegen ist nur im Versuch begangen, weil eine vollendete Einreise an einer zugelassenen Grenzübergangsstelle gem. § 13 II Satz 1 AufenthG das Passieren der Grenzübergangsstelle voraussetzt. Dieses wird aber gerade durch die Einreiseverweigerung verhindert.

1.5 Reisedokumente für Personen, die nicht Staatsangehörige des Ausstellerstaates sind

Für einen nicht eigenen Staatsangehörigen stellt ein Staat einen Fremdenpass (international: Aliens Passport, Passeport d'Etranger) aus. In einzelnen Staaten wird dieser auch heruntergestuft auf die Ebene eines Passersatzes wie der Reiseausweis für Ausländer als Passersatz in Deutschland (§§ 4 I Nr. 1, 5–11 AufenthV). Dasselbe gilt für den Titulo di vaggio per stranieri (Travel Document for Foreigners) in Italien, der nur mit einem Rückkehrrecht in Form eines italienischen Aufenthaltstitels (Permesso di soggiorno) zum Grenzübertritt anerkannt ist (Anerkennungslage des Bundesministeriums des Innern vom 06.04.2016, Bundesanzeiger

AT vom 25.04.2016, S. 19). Für anerkannte Flüchtlinge nach der Genfer Flüchtlingskonvention von 1951 (GFK) wird von einem GFK-Vertragsstaat ein Reiseausweis für Flüchtlinge (§§ 3 III Nr. 1, 4 I Nr. 3 AufenthV), für einen unter konsularischen Schutz genommenen Staatenlosen von einem Vertragsstaat des Staatenlosenübereinkommens von 1954 ein Reiseausweis für Staatenlose (§§ 3 III Nr. 2, 4 I Nr. 4 AufenthV) ausgestellt. Grenzübertrittsberechtigung und Reiserecht ergeben sich insoweit aus dem Ausstellerstaat.

Fall 6 – Mit „Jeanspass" aus Kopenhagen

Sachgebiete

Binnengrenze, Seehafen, Reiseausweis für Flüchtlinge, Straßburger Abkommen

Sachverhalt

Puttgarden-Fährhafen. Von der Fähre der Reederei Scandlines aus Rødy, Dänemark, wird der Eurocity aus Kopenhagen Østerport auf den Schienenweg ausgeladen. Bei einer stichprobenartigen Grenzraumkontrolle durch Beamte des Bundespolizeireviers Puttgarden nach Art. 21 a) SGK legt eine der befragten Reisenden nachfolgend abgebildetes Dokument vor. Sie erklärt, in Deutschland Freunde zu besuchen und ihre dänische Aufenthaltserlaubnis in Plastikkartenform (Opholdstilladelse) in Kopenhagen verloren und bereits die Neuausstellung beantragt zu haben. Prüfen Sie im Gutachtenstil, ob Einreise und Aufenthalt erlaubt sind und ob etwas zu veranlassen ist.

Abbildung 6: Fährhafen Puttgarden, Eisenbahnfähre Rødy – Puttgarden, vorgelegtes Dokument

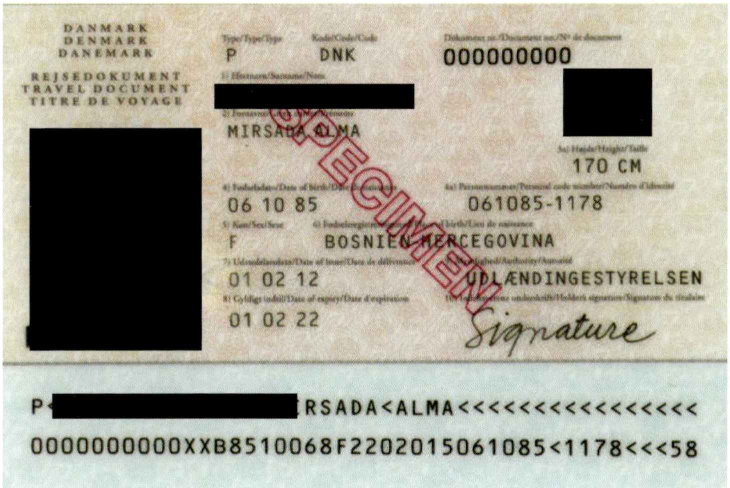

Bilder: © Bayerisches Landeskriminalamt, Dokumenteninformationssystem

Lösungsvorschlag und Entscheidungsvorschlag

1.) Statusfeststellung und Kontrollsituation

Die Fähr- und Bahnreisende legt ein Reisedokument vor, das von Dänemark ausgestellt ist. Es handelt sich jedoch nicht um einen Nationalpass von Dänemark, sondern um ein Reisedokument, das das dänische Ausländerzentralamt in Kopenhagen für eine nichtdänische Staatsangehörige ausgestellt hat. Sie ist ausweislich der Personaldatenseite ihres Reisedokuments Staatsangehörige von Bosnien und Herzegowina und daher Drittstaatsangehörige. Damit unterliegt sie SGK und AufenthG.

Aufgriffsort ist im vorliegenden Fall keine Schengen-Außengrenze nach Art. 2 Nr. 2 SGK, sondern eine Schengen-Binnengrenze infolge der Einreise über eine regelmäßige interne Fährverbindung an einem Seehafen nach Art. 2 I c) SGK (Scandlines-Fähre Rødby – Puttgarden). Der Schengener Einreisekontrollstandard nach Art. 6 I und Art. 8 SGK ist an der Binnengrenze nicht vorgesehen. Ihr Einreiserecht ist daher anhand von SDÜ und nationalem Recht (AufenthG, AufenthV) zu prüfen.

2.) Passpflicht

Nach § 3 I AufenthG muss ein Drittstaatsangehöriger für Einreise und Aufenthalt in Deutschland im Besitz eines gültigen und anerkannten Passes oder Passersatzes sein, wenn keine Befreiung von der Passpflicht durch das Bundesministerium des Innern nach § 3 II AufenthG oder auf der Grundlage des § 14 AufenthV vorliegt.

Das vorgelegte Reisedokument ist ein Reiseausweis für Flüchtlinge nach der Genfer Flüchtlingskonvention von 1951, offiziell auch „RAW 1951“, umgangssprachlich als „Konventionspass“ oder (wegen der oft blauen, früher auch verwaschenen blauen Oberflächenfarbe) „Jeanspass“ bezeichnet. Der RAW 1951 von Dänemark ist ein anerkannter Passersatz (Anerkennungslage des Bundesministeriums des Innern vom 06.04.2016, Bundesanzeiger AT vom 25.04.2016, S. 12).

3.) Einreiserecht nach Art. 20 I SDÜ

Nach § 4 I Satz 1 AufenthG ist für Einreise und Aufenthalt eines Drittstaatsangehörigen ein Aufenthaltstitel erforderlich, soweit nicht durch EU-Recht oder die AufenthV etwas anderes bestimmt ist.

Denkbar wäre ein Reiserecht nach Art. 20 I SDÜ für visafreie Drittstaatsangehörige. Zwar ist Bosnien und Herzegowina in Anhang II EUVisaVO als Drittstaat gelistet, dessen Staatsangehörige für einen Kurzaufenthalt visafrei in das Schengengebiet einreisen dürfen. Da aber die Reisende offenbar in Kopenhagen dauerhaft lebt, kann ein Kurzaufenthalt, bezogen auf den Schengen-Raum, nicht mehr vorliegen, sondern allenfalls ein Reiserecht in andere Schengen-Staaten nach anderen Vorschriften in Betracht kommen.

4.) Einreiserecht nach Art. 21 I SDÜ

Die bosnisch-herzegowinische Reisende aus Kopenhagen ist mit einem RAW 1951 in Dänemark als Flüchtling anerkannt. Inzwischen wird Bosnien und Herzegowina nicht nur nach deutschem Recht in Anlage II zu § 29a II AsylG, sondern auch im EU-Entwurf einer Asylverfahrensverordnung, die die Verfahrensrichtlinie RL 2013/32/EU ersetzen soll, als (verfolgungs-) sicherer Herkunftsstaat gelistet. Dieses berührt jedoch die Anerkennung nach der GFK in Dänemark nicht. Mit dem RAW 1951 hat die Kopenhagenerin einen Aufenthaltsstatus in Dänemark und ist damit offenbar im Besitz eines Aufenthaltstitels (Opholdstilladelse) für Flüchtlinge. Dass sie diesen nicht im Plastikkartenformat mitführt, steht dem Bestehen des Reiserechts aus Art. 21 I SDÜ nicht entgegen. Dieses gewährt einen Aufenthalt bis zu 90 Tagen innerhalb von 180 Tagen in anderen Schengen-Staaten außerhalb des Ausstellerstaates (s. o., Fall 4, 2.)). Die Inhaberschaft des Aufenthaltstitels wird durch den Verlust der Plastikkarte nicht beseitigt, muss aber glaubhaft gemacht oder von der Grenzpolizei über eine Abfrage bei der dänischen Kontaktdienststelle überprüft werden.

5.) Einreiserecht nach § 18 AufenthV

Im vorliegenden Fall besteht jedoch unabhängig vom dänischen Aufenthaltstitel ein aus dem RAW 1951 hergeleiteten Aufenthaltsrecht. Dieses folgt aus Art. 4 II c) EUVisaVO und im nationalen Recht aus § 18 Satz 1 AufenthV. Danach führt der Besitz eines von einem EU-Staat und Anwenderstaat der EUVisaVO ausgestellten RAW 1951 zur visafreien Einreise für einen Aufenthalt bis zu 90 Tagen innerhalb von 180 Tagen, also zu einem Kurzaufenthalt.

6.) Einreiserecht nach § 16 AufenthV, Anlage A Nr. 3 (Straßburger Abkommen)

Darüber hinaus besteht jedoch noch ein weiteres – über § 18 AufenthV hinausgehendes – Einreise- und Aufenthaltsrecht aus dem Straßburger Abkommen über die Abschaffung des Sichtvermerkszwanges für Flüchtlinge von 1959, umgesetzt in § 16 AufenthV. Danach dürfen bilaterale oder multilaterale nationale Abkommen aus der Zeit vor der Ratifizierung des SDÜ weiterhin zur Anwendung kommen. Dazu gehört das Straßburger Abkommen, in dem die Vertragsstaaten gegenseitig ein visafreies Einreise- und Aufenthaltsrecht von Inhabern eines RAW 1951 bis zu einer Aufenthaltsdauer von drei Monaten zusichern. Im Gegensatz zum Kurzaufenthalt (90 Tage innerhalb von 180 Tagen im Schengen-Raum) entfallen der Bezugshalbjahreszeitraum und die Anrechnung von Voraufenthaltszeiten in anderen Schengen-Staaten. Dänemark ist in Anlage A Nr. 3 zu § 16 AufenthV als Vertragsstaat gelistet. Ein RAW 1951 von Dänemark gewährt daher ein dreimonatiges, visafreies Aufenthaltsrecht in

Deutschland. Voraussetzung ist auch hier, dass keine Sekundärmigration nach Deutschland, sondern ein vorübergehender Aufenthalt geplant ist, was nach der offenbar glaubwürdigen Einlassung eines Freundesbesuchs der Fall ist.

7.) Ergebnis

Es ist daher nichts zu veranlassen und die Weiterreise im Inland zu gewähren.

Ergänzender Hinweis:

Reiseausweise für Flüchtlinge sind nicht immer mit blauer Oberflächenfarbe und Querstreifen in der oberen linken Ecke ausgestattet. Rumänien und die Republik Zypern stellen diese in Dunkelblau ohne Querstreifen aus, Schweden hingegen in brauner und Finnland in grüner Farbe (beide aber mit Querstreifen).

Fall 7 – Vermeintlicher „Jeanspass“

Sachgebiete

Inlandsaufgriff, Reiseausweis für Flüchtlinge, Reiseausweis für Ausländer, passrechtliche Anerkennungslage

Sachverhalt

Berlin-Neukölln, Polizeidirektion 5 Abschnitt 54. Anlässlich eines Einsatzes der Landespolizei Berlin in einem Ermittlungsverfahren wegen Verdachts der Einfuhr von Betäubungsmitteln (§§ 29 I Nr. 1, 30 I Nr. 4 BtMG) werden mehrere Kraftfahrzeuge und Wohnungen von Tatverdächtigen durchsucht. In einer der Wohnungen wird als Mitbewohnerin eine potenzielle Zeugin angetroffen. Diese weist sich auf Verlangen der Beamten mit Dokument 1 aus. Auf Nachfrage schweigt die Betroffene. Erst später wird im Gewahrsam eines der Tatverdächtigen Dokument 2 gefunden, das der Zeugin zugeordnet werden kann und von dem Tatverdächtigen offenbar der Zeugin vorenthalten wurde. Ein nach AZR-Abfrage ausgestellter Aufenthaltstitel im Plastikkartenformat bleibt unauffindbar. Stellen Sie fest, welche Aussage über den Aufenthaltsstatus der Dokumentenlage entnommen werden kann.

Abbildung 7: Wohnungsdurchsuchung Berlin, Dokument 1

Bilder: © Bayerisches Landeskriminalamt, Dokumenteninformationssystem

Abbildung 8: Wohnungsdurchsuchung Berlin, Dokument 2

Bilder: © Bayerisches Landeskriminalamt, Dokumenteninformationssystem

Lösungsvorschlag und Entscheidungsvorschlag

Bei Dokument 1 handelt es sich um einen vom Libanon ausgestellten Reiseausweis für palästinensische Flüchtlinge, also Personen, die sich zur Volkszugehörigkeit Palästinas bekennen, aber keine Staatsangehörigkeit besitzen. Palästina ist nicht als Staat, sondern als Gebietskörperschaft anzusehen (Anhang I Nr. 2 EUVisaVO). Auffällig ist, dass das Dokument mit seinem blauen Einband und den Querstreifen oben links offensichtlich auf Nachahmung des Standards und des Designs eines RAW 1951 gerichtet zu sein scheint (Fall 6, Abbildung 6). Das libanesische Dokument ist jedoch kein RAW 1951, da Libanon nicht Vertragsstaat der GFK ist. Der Reiseausweis ist auch vom Bundesministerium des Innern nicht als Grenzübertrittspapier und nicht als Passersatz anerkannt (Anerkennungslage des Bundesministeriums des Innern vom 06.04.2016, Bundesanzeiger AT vom 25.04.2016, S. 27, 62). Das bedeutet, dass die Inhaberin mit diesem Reiseausweis nicht die Passpflicht nach § 3 I AufenthG und im Inland nach § 48 AufenthG erfüllen kann. Sie besitzt zwar den libanesischen RAW, aber da sie zum Besitz eines gültigen und anerkannten Passes oder Passersatzes verpflichtet ist, kann sie mit diesem RAW ihre Passbesitzpflicht nicht erfüllen.

Ein Rückschluss auf eine zurückliegende illegale Einreise lässt sich nicht unbedingt daraus ziehen. Der Inhaber des libanesischen RAW für Palästinenser kann im deutschen Konsulat eine Befreiung von der Passpflicht nach § 3 II AufenthG beantragen, über die das Bundesministerium des Innern entscheidet. Wird eine solche Befreiung an das Konsulat zurückgeschickt, dann kann sie ein Visum in Form eines Blattvisums – also nicht in den nicht anerkannten RAW eingeklebt, sondern auf einem gesonderten Blatt angebracht – beantragen und erhalten, wenn ein Einreisegrund (denkbar z. B. Familiennachzug zu einem Deutschen oder in Deutschland lebenden Drittstaatsangehörigen) besteht. Darüber ist dem Sachverhalt nichts zu entnehmen, dieses wäre durch AZR-Abfrage und Rücksprache mit der Ausländerbehörde zu ermitteln.

Tatsächlich wurde das auf die Zeugin ausgestellte Dokument 2 gefunden, bei dem es sich um einen deutschen Reiseausweis für Ausländer nach § 5 AufenthV handelt, der den früheren Fremdenpass ersetzt. Dabei handelt es sich um einen gültigen und anerkannten Passersatz. Die Ausstellung dieses Dokuments durch die deutschen Behörden ist die rechtliche Konsequenz daraus, dass der ursprüngliche libanesische Palästinenser-Reiseausweis nicht anerkannt ist, und soll die betroffene Zeugin in die Lage versetzen, ihre Passbesitzpflicht im Inland zu erfüllen. Zweifelhaft ist hier jedoch der Besitz. Unter Besitz ist die tatsächliche Sachherrschaft über das Dokument durch Verwahrung in der Wohnung oder an einem anderen dem Berechtigten zugänglichen Ort zu verstehen, wobei die Ausübung der tatsächlichen Gewalt und die Vorlage binnen angemessener Frist möglich sein müssen. Hier besteht der Verdacht einer zwangsweisen Verwahrung durch einen der Tatverdächtigen, möglicherweise um die Zeugin unter Druck zu setzen, an einer Ausreise zu hindern und Einfluss auf ihren Aufenthaltsort zu behalten. Unterstellt man, dass insoweit kein Besitz vorliegt, hat sich die Zeugin bis zur Feststellung des RAW für Ausländer durch die Polizei ohne Passbesitz in Deutschland aufgehalten. Die behördliche Verwahrung führt wieder zum Eintritt des Passbesitzes, weil damit der Sinn der Passpflicht, eine jederzeitige Vorlage bei der Behörde zu ermöglichen, erfüllt wird. Da die Zeugin aber offenkundig unverschuldet in die Situation der Passlosigkeit geraten ist und ihr außerdem die fehlende Anerkennung ihres libanesischen RAW nicht bewusst gewesen sein dürfte, besteht nicht der Verdacht einer tatbestandsmäßigen willensgetragenen Handlung, der die Einleitung von Ermittlungen wegen einer Straftat nach § 95 I Nr. 1 AufenthG nahelegen würde.

Da mit dem Reiseausweis für Ausländer die Erteilung eines Aufenthaltstitels erfolgt sein muss und dieser der AZR-Abfrage zufolge auch erteilt wurde, liegt kein unerlaubter Aufenthalt vor. Das Nichtauffinden des Nachweises in Form des Plastikkartenaufenthaltstitels beseitigt nicht den erlassenen Verwaltungsakt Aufenthaltserlaubnis (vergleichbar dem Verhältnis zwischen Führerschein und Fahrerlaubnis). Es kann allerdings aus Sicht der Polizei Anlass zu der Annahme bestehen, dass die Verwahrung des – den legalen Aufenthalt dokumentierenden – Dokuments 2 und die Unauffindbarkeit der Plastikkarte Aufenthaltstitel den Verdacht begründen, der Zeugin würden ihre Aufenthaltsdokumente vorenthalten, um eine Bindung an die anderen Personen zu erzwingen. Daher wird die Polizei eine entsprechende Aufklärung einleiten.

Fall 8 – Osteuropäische Seeleute

Sachgebiete

Außengrenze, Seehafen, Seefahrtbuch, Notreiseausweis

Sachverhalt

Lübeck-Travemünde, Skandinavienkai. Ein aus Helsinki kommendes Frachtschiff mit Heimathafen Tallinn läuft im Hafen ein. Unter den Seeleuten, die das Schiff während der mehrstündigen Liegezeit zum Zweck eines Landgangs verlassen wollen, sind zwei, die nachfolgend abgebildete Seefahrtbücher vorlegen. Der Inhaber des ersten Dokuments ist estnischer Staatsangehöriger, der zweite litauischer Staatsangehöriger nur im Besitz von Seefahrtbuch 2. Stellen Sie fest, was zu veranlassen ist.

Abbildung 9: Lübeck-Travemünde-Skandinavienkai, Seefahrtbuch 1

Bild: © Bayerisches Landeskriminalamt, Dokumenteninformationssystem

Abbildung 10: Lübeck-Travemünde-Skandinavienkai, Seefahrtbuch 2

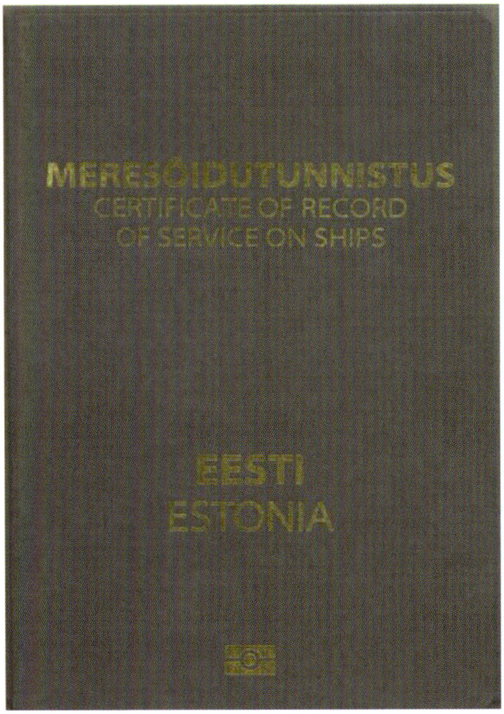

Bild: © Bayerisches Landeskriminalamt, Dokumenteninformationssystem

Lösungsvorschlag und Entscheidungsvorschlag

Da ein Frachtschiff keine regelmäßige interne Fährverbindung darstellt, liegt nach Art. 2 Nr. 2 und im Umkehrschluss aus Art. 2 Nr. 1 c) SGK eine kontrollpflichtige Außengrenzverbindung vor. Beide Seeleute sind EU-Staatsangehörige und daher freizügigkeitsberechtigt. Beide müssen gem. § 8 I Nr. 1 a) FreizügG/EU einen Pass oder anerkannten Passersatz bei Einreise und Ausreise mitführen und gem. § 8 I Nr. 2 FreizügG/EU einen solchen im Bundesgebiet besitzen. Beide Dokumente sind Seefahrtbücher. Diese sind zum Teil als Grenzübertrittsdokumente anerkannt (Schott-Mehrings, 2019, S. 84). Dokument 1 ist als estnisches Seefahrtbuch für einen eigenen – estnischen – Staatsangehörigen als Grenzübertrittsdokument und Passersatz anerkannt (Seafarer's discharge book), Dokument 2 als Seefahrtbuch für nichtestnische Staatsangehörige ist dagegen nur als Heuernachweis (Meresoidu tunjnistus, auch Certificate of record of service on ships), nicht aber als Grenzübertrittsdokument und Passersatz anerkannt (Anerkennungslage des Bundesministeriums des Innern vom 06.04.2016, Bundesanzeiger AT vom 25.04.2016, S. 13). Für den Inhaber von Dokument 2 kann ein Notreiseausweis gem. § 13 V Nr. 1 AufenthV für den Aufenthalt im Hafenort und die Dauer der Liegezeit des Schiffs ausgestellt werden (Schott-Mehrings, 2019, S. 85). Da der Seemann EU-Staatsangehöriger ist, ist hingegen ein Passierschein-See als Befreiung von der Visumpflicht nach § 24 II AufenthV nicht notwendig – dieses wäre nur im Fall eines visapflichtigen drittstaatsangehörigen Seemanns erforderlich.

Fall 9 – Spontanes Dänemark-Wochenende

Sachgebiete

Binnengrenze, Seehafen, Notreiseausweis

Sachverhalt

Puttgarden-Fährhafen, Terminal für die Eisenbahnfähre Puttgarden – Rødby, Freitagnachmittag, 01.02.2019. Zwei Reisende aus dem EC Richtung Kopenhagen wenden sich an die Grenzpolizei. Der eine ist deutscher Staatsangehöriger und legt einen deutschen Personalausweis vor, dessen Gültigkeit am darauffolgenden Tag, Samstag, 02.02.2019, ablaufen wird. Er erklärt, diesen Umstand erst jetzt unmittelbar bei Reiseantritt bemerkt zu haben. Der andere erklärt glaubhaft, Staatsangehöriger von Argentinien zu sein, einen deutschen Aufenthaltstitel zu besitzen und in Berlin in einem argentinischen Steakhaus im Service zu arbeiten. Seinen Aufenthaltstitel in Form einer Aufenthaltserlaubnis mit Erwerbstätigkeitserlaubnis hat er als eAT im Plastikkartenformat dabei, seinen argentinischen Pass hat er in seiner Wohnung in Berlin liegen gelassen, weil die Entscheidung für die Kurzreise über das Wochenende nach Kopenhagen vollkommen ungeplant und spontan getroffen worden sei. Für die Reise nach Kopenhagen können beide ein Rückfahrticket für Sonntag, den 03.02.2019, vorlegen. Stellen Sie fest, was zu veranlassen ist.

Lösungsvorschlag und Entscheidungsvorschlag

Für die Ausreise nach Dänemark und die für den 03.02.2019 geplante Wiedereinreise nach Deutschland muss der Deutsche gem. § 1 I PassG und der Argentinier gem. § 13 I Satz 2 AufenthG einen gültigen Pass oder Passersatz nicht nur besitzen, sondern auch mitführen. Der Verstoß dagegen würde den Tatbestand einer Ordnungswidrigkeit erfüllen, für den Deutschen nach § 25 III Nr. 2 PassG, für den Argentinier als Drittstaatsangehörigen nach § 98 III Nr. 3 AufenthG. Zur Vermeidung dieser Ordnungswidrigkeiten und zur Erfüllung der Passmitführungspflicht wird die Grenzpolizei dem Deutschen einen Reiseausweis als Passersatz nach § 7 I Nr. 7 PassV ausstellen. Dieses ist auch bereits am 01.02.2019 zulässig, obwohl der Personalausweis noch gültig ist. Da dieser jedoch während der Reise gem. § 28 I Nr. 3 PAuswG (für deutsche Pässe entsprechend § 11 I Nr. 3 PassG) ablaufen wird, darf der Reiseausweis als Passersatz bereits jetzt ausgestellt werden. Nach Sachlage war es dem Reisenden auch am Freitagnachmittag (01.02.2019) nicht mehr möglich, ab Kenntnisnahme des bevorstehenden Ablaufs der Gültigkeit bei der Passbehörde einen vorläufigen Personalausweis (§ 6 IV PAuswG) oder vorläufigen Pass zu beantragen. Die Gültigkeitsdauer des Reiseausweises als Passersatz ist gem. § 10 I Satz 1 PassV entsprechend der Dauer der beabsichtigten Reise zu bemessen. Da die Rückfahrt am 03.02.2019 geplant ist, wird der Reiseausweis mit einer Karenzzeit für den Fall der Verzögerung der Rückreise voraussichtlich bis 05.02.2019 ausgestellt.

Für den Argentinier kann ein Notreiseausweis ausgestellt werden. Dessen Ausstellung richtet sich nach § 13 I AufenthV. Erforderlich ist zunächst die Vermeidung einer unbilligen Härte oder Wahrung eines öffentlichen Interesses. Die Alternative wäre der mögliche Nichtantritt der Reise, was bei Anlegen des praxisüblichen großzügigen Maßstabes in Anbetracht der bereits bezahlten Fahrkarte eher unverhältnismäßig erscheint. Darüber hinaus muss die Identität des Reisenden geklärt werden, was die Vorlage des deutschen Aufenthaltstitels und ggf. eine Rückfrage beim Landesamt für Bürger- und Ordnungsangelegenheiten Berlin

– Ausländerbehörde – ermöglicht. Des Weiteren setzt die Ausstellung eines Notreiseausweises voraus, dass der Ausländer entweder EU-, EWR- oder Schweizer Staatsangehöriger oder visafreier Drittstaatsangehöriger nach Anhang II EUVisaVO (§ 13 I Nr. 1 AufenthV) oder zur Rückkehr nach Deutschland oder in einen anderen EU-, EWR-Staat oder die Schweiz berechtigt ist (§ 13 I Satz 2 AufenthG). Im vorliegenden Fall trifft auf den Argentinier zunächst formal § 13 I Nr. 1 AufenthV zu, da Argentinien in Anhang II EUVisaVO gelistet ist. Da der Reisende aber offenbar mit Aufenthaltsstatus langfristig in Deutschland lebt und Anhang II EUVisaVO nur für Aufenthalte bis 90 Tage gilt, ist hier § 13 I Satz 2 AufenthG einschlägig, weil der deutsche Aufenthaltstitel zur Rückkehr nach Deutschland berechtigt. Auch der Notreiseausweis ist dem Reisezweck und der Reisedauer entsprechend auszustellen.

2. Visapflichtige Einreise

Nach Art. 6 I b) SGK ist für die Einreise ein Visum erforderlich, soweit nach der EUVisaVO vorgeschrieben. Für die Einreise zum Zweck eines Kurzaufenthaltes – also bis zu 90 Tagen innerhalb von 180 Tagen im Hoheitsgebiet der Schengen-Vollanwenderstaaten (Art. 6 I Satz 1 SGK, § 1 II AufenthV) – ist ein Visum Typ C (Schengen-Visum), für längerfristige Aufenthalte ein Visum Typ D (nationales Visum) erforderlich. Die Erteilung eines Schengen-Visums richtet sich nach Art. 21ff. VO (EG) Nr. 810/2009 (VK) und Art. 6 I Nr. 1 AufenthG, die Erteilung eines nationalen Visums nach Art. 18 SDÜ, § 6 III AufenthG.

2.1 Berechtigungsinhalt eines Visums Typ C

Aus der Beschriftung der Visa-Marke ergibt sich der zeitliche und räumliche Berechtigungsinhalt eines Visums Typ C.

Fall 10 – Geschäftsreisende aus Priština

Sachgebiete

Außengrenze, Einreisekontrolle, Visakodex, Schengen-Visum Typ C, räumliche Beschränkung, zeitlicher Berechtigungsinhalt

Sachverhalt

Bundespolizeiinspektion München-Flughafen (MUC), 11.02.2019. Einreisekontrolle für den Flug JP 152 – Adria Airways – aus Priština (PRN). Eine kosovarische Staatsangehörige legt nachfolgend abgebildete Dokumente sowie Nachweise für Hotelbuchung, Einladung zu einem geschäftlichen Besprechungstermin in München am 12.02.2019, eine damit im Zusammenhang stehende Messeeintrittskarte für den 13.02.2019, eine Einladung zu einer Tagung vom 15. bis 20.02.2019, ein Rückflugticket nach Priština für den 21.02.2019 sowie eine ec-Karte vor. Stellen Sie fest, was zu veranlassen ist. Prüfen Sie im Gutachtenstil, ob die Einreise gewährt werden kann oder zu verweigern ist.

Abbildung 11: Einreisekontrolle Priština – München, Reisedokument und Visum

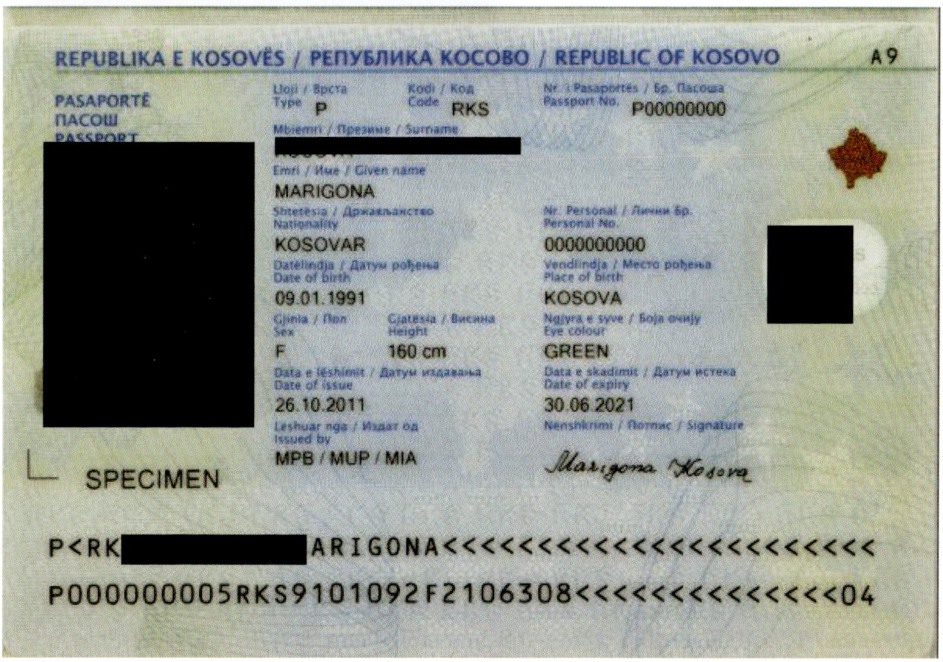

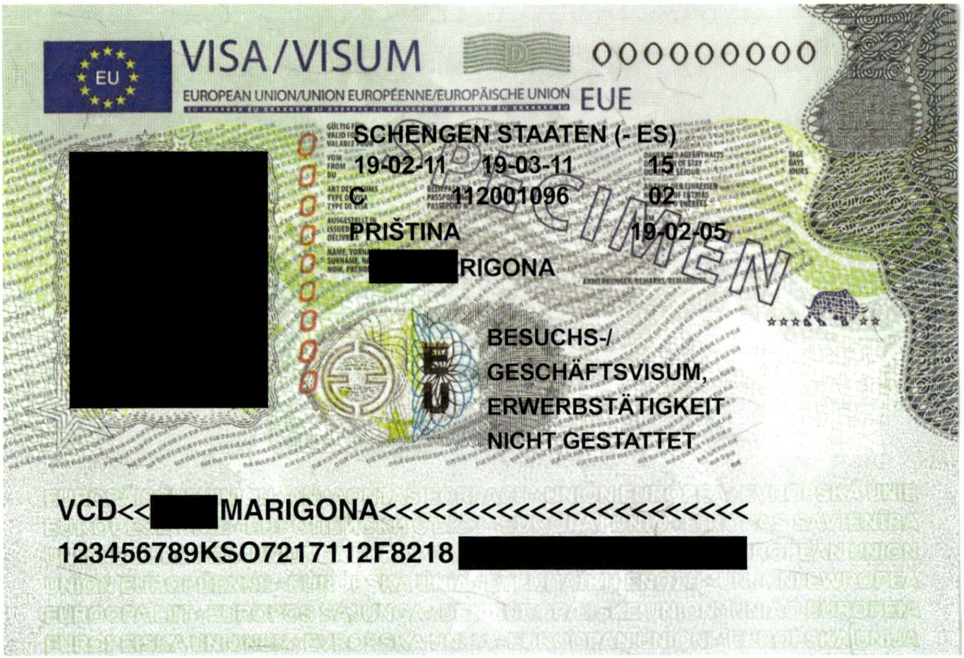

Bilder: © Bayerisches Landeskriminalamt, Dokumenteninformationssystem

Lösungsvorschlag und Entscheidungsvorschlag

1.) Statusfeststellung

Die Reisende ist Staatsangehörige der Republik Kosovo und daher Drittstaatsangehörige. Sie unterliegt deshalb den Einreisebestimmungen des SGK und des AufenthG.

2.) Passpflicht

Die kosovarische Reisende ist im Besitz eines gültigen Passes der Republik Kosovo und erfüllt daher die Einreisevoraussetzung nach Art. 6 I a) SGK, entsprechend nach § 3 I AufenthG im nationalen Recht.

3.) Visumpflicht

Gemäß Art. 6 I b) SGK muss die Kosovarin im Besitz eines gültigen Visums sein, da Staatsangehörige von Kosovo gem. Anhang I Nr. 2 EUVisaVO der Visumpflicht unterliegen. Das im Pass der Kosovarin angebrachte Visum wurde in der Form der aktuell neuesten Visa-Marke ausgestellt. Die neue Visa-Marke wurde durch die Verordnung (EU) 2017/1370 unionsrechtlich vorgeschrieben und auf nationaler Ebene durch die 17. Änderungsverordnung zur Änderung der AufenthV vom 14.01.2019 (BGBl. I 10 vom 22.01.2019) in Anlage D13a AufenthV eingeführt.

Das Visum wurde als Schengen-Visum Typ C am 05.02.2019 im deutschen Konsulat in Priština, Hauptstadt der Republik Kosovo, ausgestellt. Die im oberen Teil der Visa-Marke eingetragenen Kategorien „Visum" (Art des Dokuments), „C" (Visa-Typ Schengen-Visum Typ C) und „D" (Ausstellerstaat Deutschland) finden sich in den ersten drei Zeichen der maschinenlesbaren Zeile wieder, „VCD" steht für Visum, Typ C, Deutschland. Die beiden nachfolgenden Stellen sind mit rechts geöffneten Winkeln als Leerzeichen ausgestellt, sie können im Fall dreistelliger Länderkennungen wie z. B. „FIN" für Finnland mit Buchstaben ausgefüllt werden (VAB Berlin, Nr. A.6.2.1).

Der räumliche Berechtigungsinhalt weist die Schengen-Staaten mit Ausnahme von Spanien aus. Grundsätzlich wird ein Schengen-Visum Typ C als einheitliches Visum für die Hoheitsgebiete aller Schengen-Vollanwenderstaaten ausgestellt. Gemäß Art. 25 III Satz 1 VK wird für einen Drittstaatsangehörigen, dessen Reisedokument nicht von allen Schengen-Staaten anerkannt wird, das Schengen-Visum räumlich beschränkt, sodass es für den nicht anerkennenden Staat nicht gültig ist. Spanien erkennt die Republik Kosovo nicht als Staat an. Kosovo ist daher in Anhang I Nr. 2 EUVisaVO unter „Gebietskörperschaften, die von mindestens einem Mitgliedstaat nicht als Staat anerkannt werden", gelistet. Daher wird auch der kosovarische Pass von Spanien nicht als zum Grenzübertritt berechtigendes Reisedokument anerkannt.

Der Gültigkeitszeitraum des Visums wird von drei Komponenten bestimmt, dem Gültigkeitszeitraum, der Anzahl gewährter Aufenthaltstage und der Anzahl gewährter Einreisen (Westphal/Brakemeier, NVwZ 2010, 621). Der Gültigkeitszeitraum wird vom 11.02.2019 bis 11.03.2019 ausgewiesen. Entsprechend dem Begriff des Kurzaufenthaltes darf das Visum für höchstens 90 Aufenthaltstage ausgestellt werden. Im vorliegenden Fall werden 15 Tage gewährt. Die Gültigkeitsdaten richten sich gem. Art. 24 I Satz 1 VK nach der Prüfung der Einreisevoraussetzungen nach Art. 21 I VK und dem angegebenen Aufenthaltszweck. Gemäß Art. 24 I Satz 4 VK wird – sofern die Vorgabe des Art. 12 a) VK (Gültigkeit des Passes drei Monate über geplante Ausreise hinaus) erfüllt ist – über die Aufenthaltstage hinaus eine Zusatzfrist von 15 Tagen gewährt. Daher wurde das Visum über die gewährten 15 Aufenthaltstage für einen Gültigkeitszeitraum erteilt, der 30 Tage bzw. einen Monat umfasst. Gemäß Art. 24 I Satz 2 VK kann das Visum für eine Einreise (Eintrag „01"), zwei Einreisen („02") oder mehrere Einreisen („MULT") ausgestellt werden, im vorliegenden Fall werden zwei Einreisen gewährt. Gemeint sind damit zwei Einreisen über die Schengen-Außengrenze in den Schengen-Raum. Denkbar wäre das z. B. für eine Reiseroute Priština – München (Einreise) – London (Ausreise, da Non-Schengen) – Kopenhagen (zweite Einreise) oder ganz einfach für einen Reiseverlauf, der eine Unterbrechung des Aufenthaltes im Schengen-Raum durch vorübergehende Rückkehr in den Herkunftsstaat umfasst. Im vorliegenden Fall legt die Reisende ein Rückflugticket für den 21.02.2019 vor, sodass der Grund für die zwei Einreisen offenbar in einer geplanten Unterbrechung des Aufenthaltes und Rückkehr in den Herkunftsstaat und in einer geplanten zweiten Anreise zu sehen ist.

4.) Sonstige Einreisevoraussetzungen

Da alle Reisedaten stimmig sind, der Zweck-Mittel-Nachweis nach Art. 6 I c) SGK erbracht wird und der Sachverhalt keine Ausschreibungen im SIS oder nationalen Datenbanken erkennen lässt (Art. 6 I d), e) SGK), sind auch die Einreisevoraussetzungen erfüllt.

5.) Ergebnis

Danach bestehen keine Einreiseverweigerungsgründe. Daher ist die Einreise zu gewähren.

Fall 11 – Ungeplante Reiseverzögerung

Sachgebiete

Außengrenze, Einreisekontrolle, Visakodex, Schengen-Visum Typ C, zeitlicher Berechtigungsinhalt, Visa-Verlängerung

Sachverhalt

Lagefortschreibung zu Fall 10: Bundespolizeiinspektion Flughafen Frankfurt, 09.03.2019. Die in Fall 10 vorgestellte Reisende erscheint mit der im dortigen Fall dargestellten Dokumentenlage zur erneuten Einreise aus Priština. Der Pass enthält einen Einreisestempel vom Flughafen München vom 11.02.2019 und einen Ausreisestempel vom Flughafen München vom 21.02.2019. Sie legt Nachweise für Hotelbuchung und Einladung zu einem Geschäftstermin sowie ein Rückflugticket für den 12.03.2019 vor. Auf Nachfrage erklärt die Reisende glaubhaft, die Daten für den Geschäftstermin hätten sich nach Visumerteilung verschoben. Stellen Sie fest, was zu veranlassen ist.

Lösungsvorschlag und Entscheidungsvorschlag

Problematisch ist hier, dass der Reisenden nach 11 verbrauchten Aufenthaltstagen aus der ersten Einreise (11.02.2019 bis 21.02.2019 – Tag der Ein- und Ausreise zählen gem. Art. 6 II Satz 1 SGK mit) zwar noch vier unverbrauchte Resttage von ursprünglich 15 Tagen zur Verfügung zu stehen scheinen, ihr Visum aber am 11.03.2019 mit endgültiger Wirkung abläuft. Unverbrauchte Resttage verfallen, wenn diese nicht innerhalb des Gültigkeitszeitraumes genutzt werden. Danach muss die Kosovarin am selben Tag wieder ausreisen. Darüber wird sie im Visumantrag (Anhang I VK) mit dem über dem Unterschriftsfeld eingedruckten Text „Ich wurde darüber belehrt, dass ich verpflichtet bin, das Hoheitsgebiet der Mitgliedstaaten vor Ablauf des Visums zu verlassen" informiert. Sie muss also einen Flug nutzen, der eine Ausreise nach Priština vor Tagesablauf des 11.03.2019 gewährleistet. Das auf den 12.03.2019 ausgestellte Rückflugticket lässt jedoch nicht zwingend einen Rückschluss auf die Inkaufnahme oder vorsätzliche Planung eines unerlaubten Aufenthaltes nach Visa-Ablauf zu. Die kosovarische Geschäftsreisende könnte auch dem Irrtum erliegen, ein Visum könne derart genutzt werden, dass eine Einreise bis zum letzten Tag des Gültigkeitszeitraumes zulässig wäre und die Aufenthaltstage daran „angehängt" werden dürften. In diesem Sinne haben z. B. die Ukraine und früher – vor ihrem Schengen-Beitritt – die Schweiz Visa ausgestellt. Dieses wäre durch Einreisebefragung zu ermitteln. Wenn die Reisende glaubhaft macht, diesem Irrtum erlegen zu sein und z. B. glaubwürdig vorbringt, der ursprünglich für früher angesetzte Geschäftstermin habe sich ohne ihr Verschulden verschoben, so kann die Einreise gewährt werden. Zugleich ist sie darauf hinzuweisen, dass sie sich zur örtlich zuständigen Ausländerbehörde in Frankfurt begeben muss, um eine Verlängerung des Visums zu beantragen. Diese kann gewährt werden, wenn unverändert derselbe Aufenthaltszweck und die Voraussetzungen des Art. 21 I VK und Art. 6 I a), c), d), e) SGK vorliegen und die Höchstdauer von 90 Tagen noch nicht erreicht ist (Schott-Mehrings, 2019, S. 117; Westphal/Brakemeier, NVwZ 2010, 621). Die Ausländerbehörde verwendet dafür den Aufkleber mit der Visa-Marke und dem schwarz grundierten Feld „Verlängerung – Prolongation". Ein Fall für die Erteilung eines Ausnahme-Visums (Art. 35 VK) liegt nicht vor, weil die kosovarische Geschäftsreisende am Tag der Anreise noch über ein gültiges Visum verfügt.

Fall 12 – Vielfachreisender

Sachgebiete

Inlandsaufgriff, Visakodex, Schengen-Visum Typ C, zeitlicher Berechtigungsinhalt, Mehrjahresvisum

Sachverhalt

Berlin-Mitte, Polizeidirektion 3 Abschnitt 32, 18.10.2018. Anlässlich eines Verkehrsunfalls werden von der Berliner Landespolizei die Personalien eines Zeugen aufgenommen, der sich mit nachfolgend abgebildeten Dokumenten ausweist. Der Pass weist eine Reihe von Einreise- und Ausreisestempeln von den Flughäfen Rom-Fiomicino, Pisa-Galileo Galilei und Venedig-Marco Polo sowie Berlin-Schönefeld auf. Stellen Sie fest, welchen Berechtigungsinhalt das Visum aufweist.

Abbildung 12: Inlandsaufgriff Berlin, Mehrjahresvisum von Italien

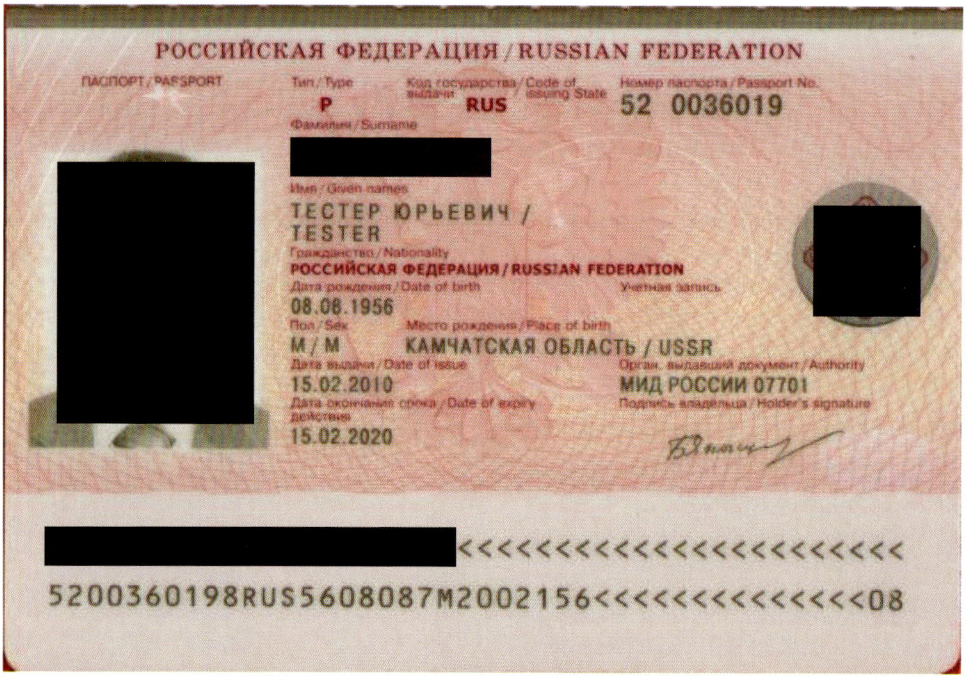

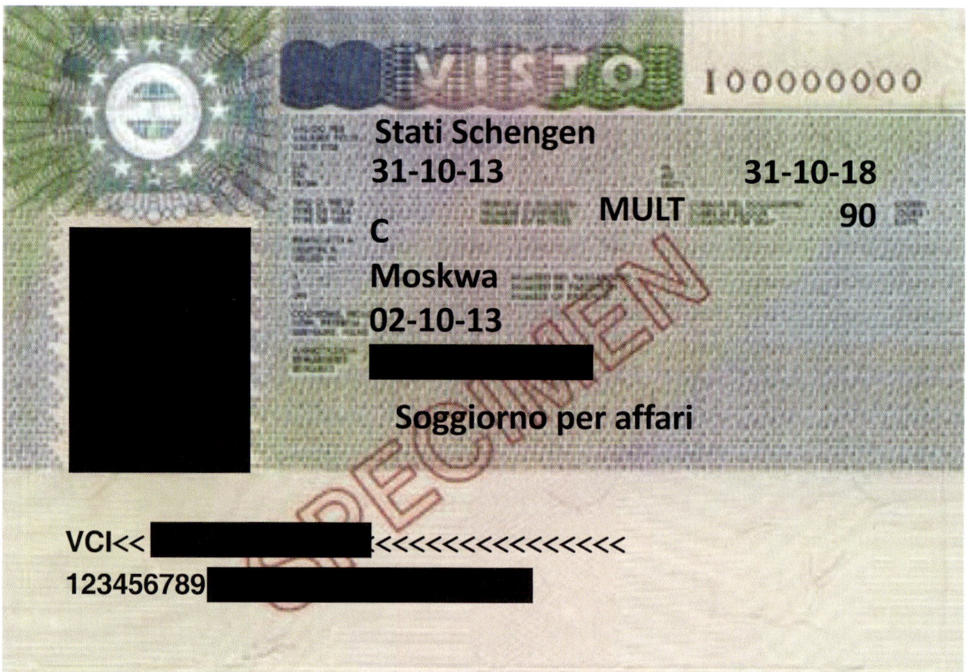

Bilder: © Bayerisches Landeskriminalamt, Dokumenteninformationssystem

Lösungsvorschlag und Entscheidungsvorschlag

Der Zeuge ist Staatsangehöriger der Russischen Föderation. Er besitzt einen gültigen Pass der Russischen Föderation und ein Visum auf dem Muster der alten Visa-Marke. Das Visum ist ein Schengen-Visum Typ C. Ausstellerstaat ist Italien. Das Visum wurde am 02.10.2013 im italienischen Konsulat in Moskau ausgestellt. Der Eintrag „Soggiorno per affari" bedeutet „Geschäftsreise" oder „Geschäftlicher Aufenthalt". Auffällig ist, dass das Visum für einen Zeitraum ausgestellt wurde, der fünf Jahre umfasst, vom 31.10.2013 bis 30.10.2018. Die Ausstellung von Jahresvisa und Mehrjahresvisa bis zu einem Gültigkeitszeitraum von fünf Jahren ist nach Art. 24 I Satz 3 VK zulässig. In jedem der von den fünf Jahren umfassten zehn 180-Tage-Zeiträume (also ungefähr zehn Halbjahre) stehen dem Reisenden jeweils bis zu 90 Tage Aufenthalt zur Verfügung. Dass es sich um ein italienisches Visum handelt (dazu s.u., Kapitel 2.2, Zuständiges Konsulat) und die Schwerpunkte der Geschäftsreisen ausweislich der Stempellage offenbar tatsächlich in Italien gelegen haben, steht bei einem für alle Schengen-Staaten geltenden Visum dem Aufenthalt in Berlin nichts entgegen. Der bevorstehende Ablauf des Visums ist unproblematisch, soweit der Zeuge spätestens zum 31.10.2018 ausgereist ist und nicht mehr als 90 Tage im laufenden Halbjahr im Schengen-Raum zugebracht hat.

Ergänzender Hinweis:

Mehrjahresvisa können vor allem Staatsangehörigen der Staaten ausgestellt werden, mit denen die EU Abkommen über die Erleichterung der Visa-Erteilung abgeschlossen hat. Neben der Russischen Föderation sind relevante Vertragsstaaten derzeit Armenien, Aserbaidschan und Kap Verde (Schott-Mehrings, 2019, S. 107; Westphal/Brakemeier, NVwZ 2010, 621). Die vergleichbaren Abkommen mit den Westbalkan-Staaten (außer Republik Kosovo), Georgien, Republik Moldau und der Ukraine sind durch die Visabefreiung für ePass-Inhaber praktisch überholt. Mehrjahresvisa ersparen ihrem Inhaber den erneuten Weg zum Konsulat nach Ablauf des ersten Halbjahres. Umgangssprachlich wurde vereinzelt auch der Begriff „Ketten-Visum" benutzt, der aber ähnlich inoffiziell ist wie die Bezeichnung „Jeanspass" für den Reiseausweis für Flüchtlinge.

2.2 Zuständiges Konsulat

Gemäß Art. 5 I a) VK liegt die Zuständigkeit für die Entscheidung über einen Visumantrag bei dem Konsulat des Schengen-Staates, in dem das Reiseziel liegt. Im Falle mehrerer Reiseziele ist nach Art. 5 I b), c) VK das Konsulat des Schengen-Staates zuständig, in dem das Hauptreiseziel liegt, oder – lässt sich das Hauptreiseziel nicht feststellen – über dessen Außengrenzen die Ersteinreise erfolgt. Die Einhaltung dieser Zuständigkeitskriterien ist Teil eines geordneten Visa-Erteilungsverfahrens und gem. Art. 18 I VK Voraussetzung für eine Sachentscheidung des Konsulats. Die Grenzpolizei wird daher in der Einreisekontrolle auf eine Diskrepanz zwischen Visa-Ausstellerstaat und Reiseverlauf achten (Schott-Mehrings, 2019, S. 109, 120; Westphal/Brakemeier, NVwZ 2010, 621).

Fall 13 – Mehrere Reiseziele

Sachgebiete

Binnengrenze, Seehafen, Visakodex, Schengen-Visum Typ C, zuständiges Konsulat

Sachverhalt

Lübeck-Travemünde, Skandinavienkai, 25.10.2018. Bei einer stichprobenartigen, lagebildabhängigen Kontrolle durch Beamte der Grenzpolizei und der Zollverwaltung wird unter den Passagieren der Fähre der Reederei Finnlines aus Helsinki ein Reisender mit folgender Dokumentenlage festgestellt. Sein Pass weist einen Einreisestempel vom Flughafen Tallinn vom 18.10.2018 auf. Der Reisende erklärt, auf dem Weg zu zwei Geschäftsterminen in Hamburg und Berlin zu sein, die auf den 26. bis 27.10.2018 und auf den 29.10.2018 terminiert seien. Er legt weiterhin ein Rückflugticket von Berlin-Schönefeld nach Moskau für den 30.10.2018 vor und erklärt, er habe bereits vorher einen Geschäftstermin in Tallinn vom 18. bis 22.10.2018 und anschließend einen zweitägigen Termin in Helsinki wahrgenommen. Entsprechende Nachweise sind seinen Unterlagen zu entnehmen. Stellen Sie fest, ob ein erlaubter Aufenthalt vorliegt und was zu veranlassen ist.

Abbildung 13: Einreisekontrolle Moskau – München, Reisedokument mit estnischem Visum

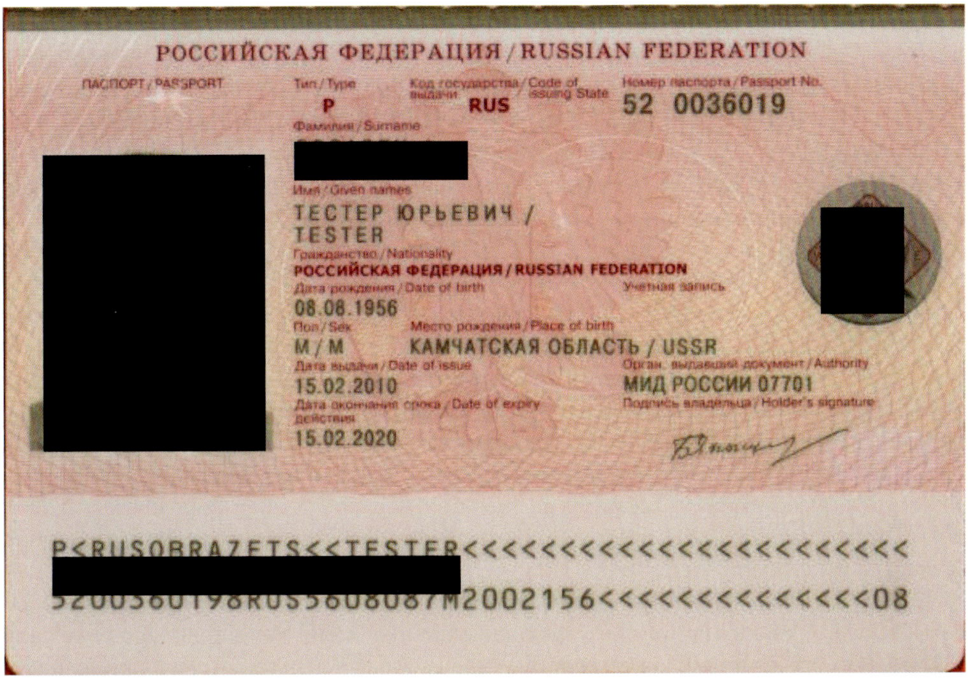

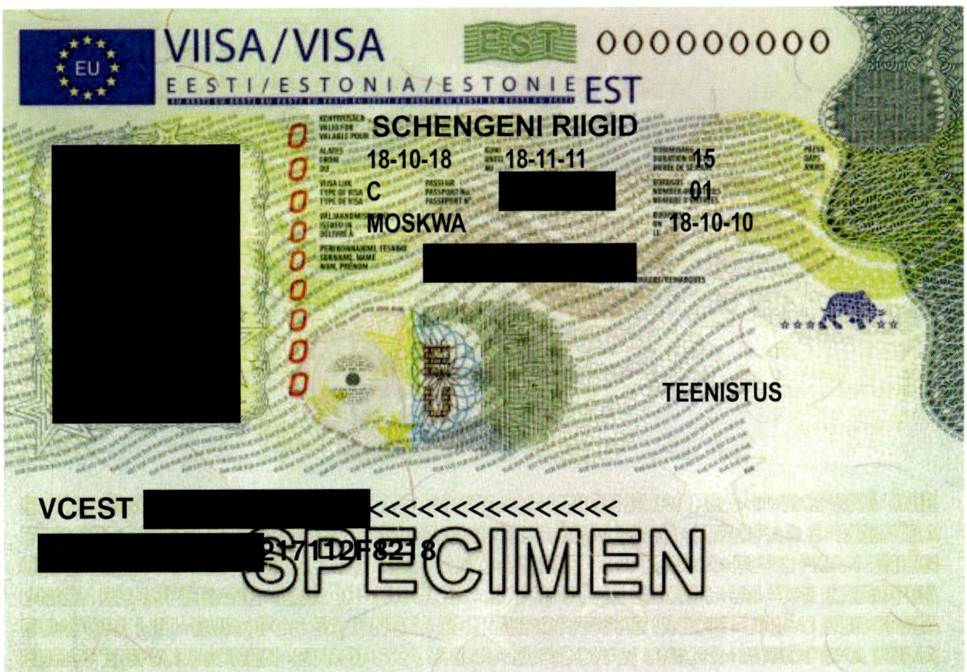

Bilder: © Bayerisches Landeskriminalamt, Dokumenteninformationssystem

Lösungsvorschlag und Entscheidungsvorschlag

Der Reisende ist Staatsangehöriger der Russischen Föderation und daher Drittstaatsangehöriger. Er ist im Besitz eines gültigen russischen Passes und erfüllt damit die Passpflicht nach Art. 6 I a) SGK wie auch nach § 3 I AufenthG. Als russischer Staatsangehöriger muss er nach Anhang I EUVisaVO auch im Besitz eines gültigen Visums sein. Er besitzt ein Schengen-Visum Typ C, das am 10.10.2018 vom estnischen Konsulat in Moskau ausgestellt worden ist, einen Gültigkeitszeitraum vom 18.10.2018 bis 18.11.2018 umfasst und eine Einreise und 15 Aufenthaltstage für den Zweck „Dienstreise" (Teenistus) gewährt. Zu prüfen ist, ob Zuständigkeitsregelung und Reiseverlauf übereinstimmen. Gemäß Art. 5 I b) VK ist für die Entscheidung eines Visumantrages für die Ausstellung eines Schengen-Visums Typ C das Konsulat des Schengen-Staates zuständig, in dessen Hoheitsgebiet das Hauptreiseziel liegt. Das wäre hier Deutschland, da in zwei Standorten (Hamburg und Berlin) Termine wahrgenommen werden sollen. Die Termine in Deutschland beanspruchen jedoch nur drei Tage, der Aufenthalt mit Anreise und Ausreise allerdings sechs Tage. Demgegenüber ist der Termin in Tallinn über fünf Tage terminiert gewesen. Der Schwerpunkt des geschäftlichen Wirkens könnte hier sowohl an der Dauer des Termins in Tallinn als auch an der Mehrzahl der Reiseziele in Deutschland orientiert werden. Die Auswahl erscheint jedoch willkürlich. Fest steht weiterhin, dass der zeitlich nur untergeordnete Termin in Helsinki keine Bedeutung für die Bestimmung des zuständigen Konsulats haben kann. Lässt sich ein Hauptreiseziel nicht eindeutig ermitteln (z. B. bei Gleichwertigkeit der Reiseziele, Unplanbarkeit der konkreten Aufenthalte oder in einem Fall wie dem vorliegenden), so ist gem. Art. 5 I c) VK das Konsulat des Ersteinreisestaates zuständig. Die Inanspruchnahme des estnischen Konsulats war daher rechtmäßig. Damit liegen offenbar auch alle Voraussetzungen des Art. 6 I c) SGK vor. Termine und Reiseverlauf (Tallinn – Helsinki – Lübeck – Hamburg – Berlin) sind stimmig. Gefahrentatbestände oder Ausschreibungen in Datenbanken (Art. 6 I d), e) SGK) wurden offenbar nicht festgestellt. Es ist daher nichts zu veranlassen und die Weiterreise zu gewähren.

Fall 14 – Änderung des Reiseverlaufs (VG München, Beschluss vom 18.11.2010)

Sachgebiete

Außengrenze, Einreisekontrolle, Visakodex, Schengen-Visum Typ C, zuständiges Konsulat, Zweck-Mittel-Nachweis

Originalfall

VG München, Beschluss vom 18.11.2010 – M 12 K 10.2089

Sachverhalt

Bundespolizeiinspektion Flughafen München, 19.08.2009. In der Einreisekontrolle erscheint ein Staatsangehöriger der Türkei mit türkischem Pass und mit nachfolgend abgebildetem Visum. Er legt Nachweise für einen Geschäftstermin in München, eine Hotelbuchung, finanzielle Mittel und ein Rückflugticket für den 04.09.2009 vor. In der Einreisebefragung erklärt der Reisende, für das Unternehmen „Kaleseramik Canakale Kaledbodur" in Herstellung und Vertrieb für Keramikwaren für Sanitäranlagen tätig zu sein. Ursprünglich hatte er einen ersten Geschäftstermin auf Einladung der Firma „System S.p.a." in Fiorano Modenese (Modena), Italien, wahrnehmen wollen und deshalb im italienischen Konsulat in Istanbul das Visum beantragt. Prüfen Sie im Gutachtenstil, ob die Einreise zu gewähren oder zu verweigern ist.

Abbildung 14: Einreisekontrolle Istanbul – München, italienisches Visum

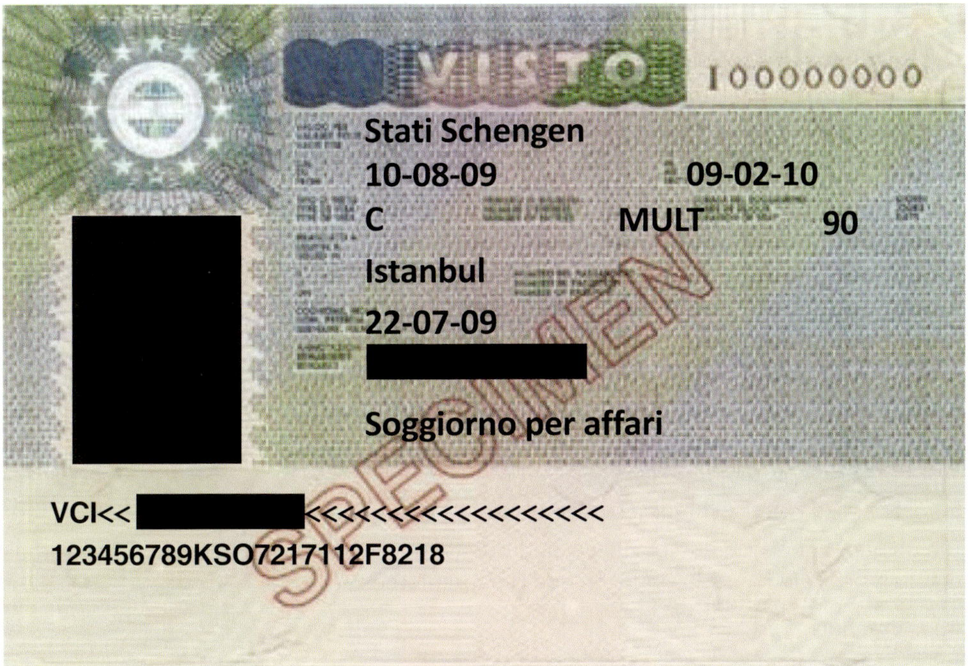

Bild: © Bayerisches Landeskriminalamt, Dokumenteninformationssystem

Lösungsvorschlag und Entscheidungsvorschlag

1.) Statusfeststellung

Der Reisende ist Staatsangehöriger der Türkei und daher Drittstaatsangehöriger. Er unterliegt damit den Einreisebestimmungen des SGK.

2.) Passpflicht

Der Reisende ist im Besitz eines gültigen türkischen Passes und erfüllt daher die Einreisevoraussetzung nach Art. 6 I a) SGK und auf nationaler Ebene nach § 3 I AufenthG.

3.) Visumpflicht

Gemäß Art. 6 I b) SGK muss der Reisende im Besitz eines gültigen Visums sein, da Staatsangehörige der Türkei gem. Anhang I EUVisaVO der Visumpflicht unterliegen. Ein Visum liegt vor. Dieses wurde vom italienischen Konsulat in Istanbul für den Zweck „Geschäftsreise" (affari) ausgestellt. Im vorliegenden Fall stimmen Ausstellerstaat, Zuständigkeitsbestimmung nach Art. 5 I VK und Reiseverlauf auf den ersten Blick nicht überein. Ein solcher Umstand kann, muss aber nicht, Anhaltspunkt für eine Visa-Erschleichung sein. Zunächst liegt aber formal ein wirksam erteiltes und gültiges Visum vor.

4.) Zweck-Mittel-Nachweis

Nach Art. 6 I c) SGK sind Aufenthaltszweck und ausreichende finanzielle Mittel nachzuweisen. Zu untersuchen ist, ob die Abweichung zwischen Ausstellerstaat und Reiseverlauf Anlass zu begründeten Zweifeln am Nachweis des Aufenthaltszwecks gibt. Die in der Einreisebefragung auf Nachfrage abgegebenen Angaben des russischen Geschäftsreisenden sind glaubhaft. Dafür spricht der zeitliche Abstand zwischen der Ausstellung des Visums am 22.07.2009 und dem ersten Gültigkeitstermin 10.08.2009. Der Eintritt einer Absage oder eines Wegfalls eines Geschäftstermins innerhalb eines Zeitraums von fast drei Wochen erscheint realistisch. Darüber hinaus fällt auf, dass der Visainhaber die ersten Gültigkeitstage seines Visums vom 10.08.2009 bis 18.08.2009 ungenutzt hat verstreichen lassen, sodass ein für diese Tage ursprünglich geplanter, aber nachträglich weggefallener Termin glaubhaft erscheint.

Ein ursprünglich unter Beachtung der Regelung des Art. 5 I c) VK beantragtes und beschafftes Visum darf im Fall nach Visa-Erteilung aus sachlichen Gründen eintretender Änderung des Reiseverlaufs weiterhin genutzt werden, sofern unverändert die Voraussetzungen des Art. 6 I a), c), d), e) SGK erfüllt sind und sich der übergeordnete Reise- und Aufenthaltszweck nicht wesentlich ändert (VG München, Beschluss vom 18.11.2010 – M 12 K 10.2089; Schott-Mehrings, 2019, S. 110, 120; Westphal/Brakemeier, NVwZ 2010, 621).

Der Nachweis ausreichender finanzieller Mittel liegt ebenfalls vor.

5.) Sonstige Einreisevoraussetzungen

Die übrigen Einreisevoraussetzungen sind offensichtlich erfüllt, denn aus dem Sachverhalt ergeben sich keine Ausschreibungen und Gefahrentatbestände.

6.) Ergebnis

Die Einreise ist daher zu gewähren.

Fall 15 – „Visa-Shopping" (VG München, Beschluss vom 04.12.2013)

Sachgebiete

Außengrenze, Einreisekontrolle, Visakodex, Schengen-Visum Typ C, zuständiges Konsulat, Zweck-Mittel-Nachweis, Rückbeförderungspflicht des Beförderungsunternehmers

Originalfall

VG München, Beschluss vom 04.12.2013 – M 23 K 13.520

Sachverhalt

Bundespolizeiinspektion München. Mit dem Flug Aeroflot SU 702 aus Moskau-Sheremetyevo (SVO) erscheint ein Reisender mit nachfolgend abgebildeter Dokumentenlage. Eine Weiterreiseabsicht nach Italien ist nicht ersichtlich. Auf Nachfrage in der Einreisebefragung erklärt der Reisende, einem Geschäftstermin in München nachgehen zu wollen. Da die Einladung so kurzfristig erfolgt sei, dass eine Visabeantragung im deutschen Konsulat aussichtslos erschien, habe er sich entschlossen, in dem für schnelleren Service bekannten italienischen Konsulat ein Visum zu beantragen. Dort habe er der Einfachheit wegen einen Geschäftstermin in Florenz, Italien, als Aufenthaltszweck angegeben. Prüfen Sie im Gutachtenstil, ob die Einreise zu gewähren ist oder ob grenzpolizeiliche ausländerrechtliche Maßnahmen anzuordnen sind.

Abbildung 15: Einreisekontrolle Moskau – München, vorgelegte Dokumente

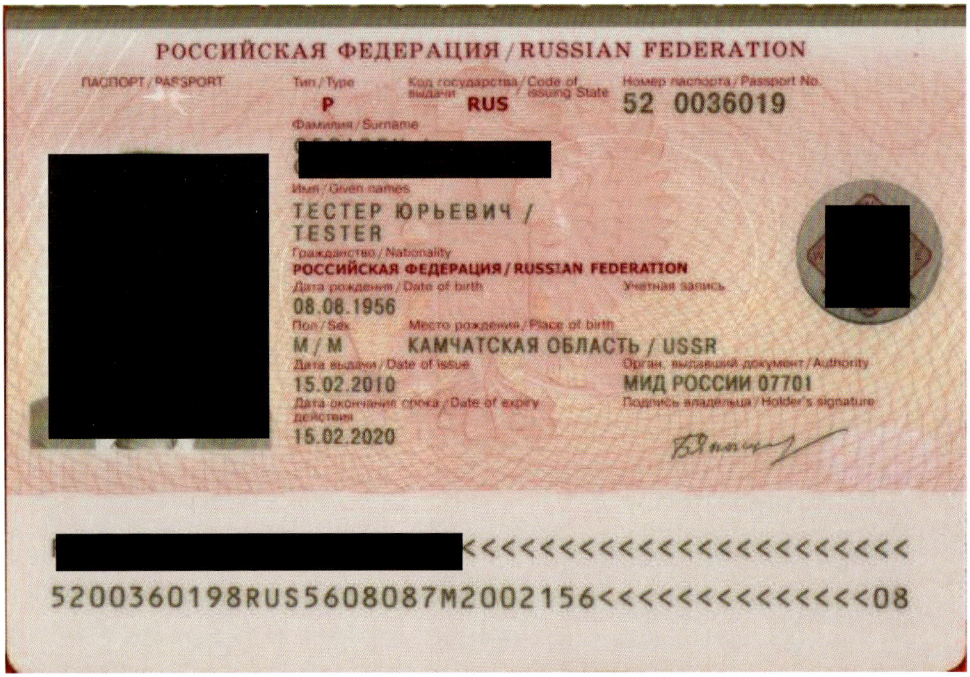

Bilder: © Bayerisches Landeskriminalamt, Dokumenteninformationssystem

Lösungsvorschlag und Entscheidungsvorschlag

1.) Statusfeststellung

Der Reisende ist Staatsangehöriger der Russischen Föderation und daher Drittstaatsangehöriger. Er unterliegt also den Einreisebestimmungen des SGK und des AufenthG.

2.) Einreisevoraussetzungen

a) Passpflicht

Der Reisende ist im Besitz eines gültigen Passes der Russischen Föderation und erfüllt damit die Einreisevoraussetzung nach Art. 6 I a) SGK und auf nationaler Ebene nach § 3 I AufenthG.

b) Visumpflicht

Gemäß Art. 6 I b) SGK muss der Reisende im Besitz eines gültigen Visums sein, da Staatsangehörige der Russischen Föderation gem. Anhang I EUVisaVO der Visumpflicht unterliegen. Ein Visum liegt vor. Dieses wurde vom italienischen Konsulat in Moskau ausgestellt. Im vorliegenden Fall stimmen Ausstellerstaat, Zuständigkeitsbestimmung nach Art. 5 I VK und Reiseverlauf sowie ausschließliches Reiseziel nicht überein. Zunächst liegt aber formal ein wirksam erteiltes und gültiges Visum vor, solange das Visum nicht durch Annullierung zum Erlöschen gebracht wird (EuGH, Urteil vom 10.04.2012 – Rs. C-83/12).

c) Zweck-Mittel-Nachweis

Nach Art. 6 I c) SGK sind Aufenthaltszweck und ausreichende finanzielle Mittel nachzuweisen. Naheliegend ist, ob die Abweichung zwischen Ausstellerstaat und Reiseverlauf Anlass zu begründeten Zweifeln am Nachweis des Aufenthaltszwecks gibt. Der Reisende verfolgt zwar einen Geschäftstermin, hat aber den Ort unzutreffend angegeben, um das italienische Konsulat über seine Zuständigkeit zu täuschen. Damit hat er falsche Angaben gemacht, die den Eintritt der Visavergabestelle des Konsulats in die Sachprüfung des Visumantrages nach Art. 18, 21 VK veranlasst haben. Auch wenn der in Wahrheit verfolgte Zweck in Deutschland auch ein Geschäftstermin ist und formal die Voraussetzungen für die Erteilung eines deutschen Visums Typ C vorliegen, ändert das nichts an der Tatsache, dass der russische Staatsangehörige mit unzutreffenden Angaben ein unzuständiges Konsulat in Anspruch genommen und damit die Erteilung eines Visums erreicht hat, das so nicht hätte erteilt werden dürfen. Die früher zum Teil vertretene Auffassung, dass eine unrichtige Angabe zur Frage der Zuständigkeit bei sonstigem Vorliegen der Visa-Erteilungsvoraussetzungen unschädlich ist, wird nicht mehr vertreten. Art. 5 VK schreibt ein geordnetes Visa-Erteilungsverfahren vor, weil nur das zuständige Konsulat auch tatsächlich den Aufenthaltszweck überprüfen kann. Daher ist die Einreisevoraussetzung nach Art. 6 I c) SGK nicht erfüllt (VG München, Beschluss vom 04.12.2013 – M 23 K 13.520; Schott-Mehrings, 2019, S. 120).

3.) Grenzpolizeiliche Maßnahmen

a) Visa-Annullierung

Nach Art. 34 I Satz 1 VK ist ein Schengen-Visum Typ C zu annullieren, wenn die Erteilungsvoraussetzungen im Zeitpunkt der Visa-Erteilung nicht vorgelegen haben. Erteilungsvoraussetzungen sind gem. Art. 21 I VK das Erfüllen der Einreisevoraussetzungen des Art. 6 I a), c), d) und e) SGK und das Ergebnis einer Risikoanalyse, dass keine Gefahr rechtswidriger Zuwanderung besteht und eine rechtzeitige Ausreise zu erwarten ist. Die Wortlautverweisung auf die alte Regelung nach Art. 5 I SGK ist gem. Art. 44 Satz 2 SGK umzudeuten als Verweis auf die Voraussetzungen des Art. 6 I a), c), d) und e) SGK

Im vorliegenden Fall ist die Voraussetzung des Art. 6 I c) SGK nicht erfüllt und bereits im Zeitpunkt der Visa-Erteilung nicht erfüllt gewesen. Außerdem wäre das italienische Konsulat im Fall zutreffender Angaben über das Reiseziel nach Art. 18 I VK gar nicht in die Sachprüfung des Visumantrages eingetreten. Daher ist das Visum zu annullieren. Die Annullierung hat als unionsrechtliche Maßnahme Vorrang vor den nationalen Verwaltungsakten Widerruf und Rücknahme nach § 52 AufenthG und §§ 48, 49 VwVfG.

Die Zuständigkeit für die Annullierung liegt nach § 71 III Nr. 3 a) AufenthG bei der Grenzpolizei.

Nach Art. 34 I Satz 3 VK darf die deutsche Grenzpolizei auch ein von dem Konsulat eines anderen Schengen-Staates – hier Italien – ausgestelltes Visum annullieren. Das folgt aus dem Rechtsgedanken des Schengen-Visums als transnationaler Verwaltungsakt. Gemäß § 51 VIIIa AufenthG ist das italienische Konsulat von der Annullierung zu unterrichten. Die Annullierung wird nach Art. 34 VIII VK in das Visa-Informationssystem (VIS) eingegeben.

b) Einreiseverweigerung

Da nicht alle Einreisevoraussetzungen nach Art. 6 I SGK – hier c) und e) – erfüllt sind, ist die Einreise nach Art. 14 I Satz 1 SGK zu verweigern. Ausnahmetatbestände nach Art. 6 V a), b) oder c) SGK liegen nicht vor. Art. 14 I Satz 1 SGK hat als Unionsrecht Anwendungsvorrang vor den nationalen Parallelvorschriften (§ 15 I i. V. m. § 14 I Nr. 2a AufenthG und § 15 II Nr. 2 AufenthG).

c) Rückbeförderungspflicht des Beförderungsunternehmers

Gemäß § 64 I AufenthG ist die Aeroflot zur Rückbeförderung nach Moskau-Sheremetyevo verpflichtet. Der Umstand, dass die Inanspruchnahme eines unzuständigen Konsulats für die Mitarbeiter der Aeroflot nicht erkennbar war und diese beim Check-in offensichtlich die vorgeschriebene Pass-Visum-Kontrolle vorgenommen und nicht gegen § 63 I AufenthG verstoßen haben, beseitigt nicht die Rückbeförderungspflicht. Diese ist eine verschuldensunabhängige Risikohaftung, die ausschließlich durch die grenzpolizeiliche Einreiseverweigerung ausgelöst wird, aber kein Fehlverhalten der Aeroflot voraussetzt (HessVGH, Beschluss vom 22.01.2019 – 5 A 1223/18.Z; Schott-Mehrings, 2019, S. 72; Nr. 64.1.4 AVwV-AufenthG).

2.3 Visa-Erschleichung

Anders als das „Visa-Shopping" oder das Veranlassen eines „Gefälligkeits-Visums" im unzuständigen Konsulat liegt ein schwerer Fall in der Visa-Erschleichung unter Täuschung über die Visa-Erteilungsvoraussetzungen nach Art. 21 I VK.

Fall 16 – Vorgetäuschter touristischer Aufenthalt

Sachgebiete

Außengrenze, Einreisekontrolle, Visakodex, Schengen-Visum Typ C, zuständiges Konsulat, Falschangaben im Visumantrag, Zweck-Mittel-Nachweis, Visa-Erschleichung, Visa-Annullierung, Einreiseverweigerung, Rückbeförderungspflicht des Beförderungsunternehmers

Sachverhalt

Bundespolizeiinspektion Frankfurt-Flughafen, 11.02.2019. In der Einreisekontrolle für den Flug Aeroflot SU 702 erscheint ein Staatsangehöriger der Russischen Föderation mit gültigem Reisepass und einem Schengen-Visum Typ C, ausgestellt am 05.02.2019 vom Konsulat von Italien in Moskau, gültig für eine Einreise, 15 Aufenthaltstage und einen Gültigkeitszeitraum vom 11.02.2019 bis 11.03.2019. Das Visum enthält unter „Anmerkungen" den Eintrag „Turismo". Eine eingehende Einreisebefragung führt zu dem Ergebnis, dass weder ein Rückflugticket noch eine gültige Hotelbuchung vorliegen. Es wird durch Nachfrage ermittelt, dass die im Visumantrag vorgelegten Hotelbuchungen für Florenz und Venedig nach Ausdruck der Buchungsunterlagen storniert worden sind. Es besteht der Verdacht des dauerhaften Verbleibs in Deutschland. Prüfen Sie im Gutachtenstil, ob die Einreise zu gewähren ist oder ob grenzpolizeiliche ausländerrechtliche Maßnahmen anzuordnen sind.

Lösungsvorschlag und Entscheidungsvorschlag

1.) Statusfeststellung

Der Reisende ist Staatsangehöriger der Russischen Föderation und daher Drittstaatsangehöriger. Er unterliegt deshalb den Einreisebestimmungen des SGK und des AufenthG.

2.) Einreisevoraussetzungen

a) Passpflicht

Der Reisende ist im Besitz eines gültigen Passes der Russischen Föderation und erfüllt daher die Einreisevoraussetzung nach Art. 6 I a) SGK und auf nationaler Ebene nach § 3 I AufenthG.

b) Visumpflicht

Gemäß Art. 6 I b) SGK muss der Reisende im Besitz eines gültigen Visums sein, da Staatsangehörige der Russischen Föderation gem. Anhang I EUVisaVO der Visumpflicht unterliegen. Ein Visum liegt vor. Dieses wurde vom italienischen Konsulat in Moskau ausgestellt. Im vorliegenden Fall stimmen daher Ausstellerstaat, Zuständigkeitsbestimmung nach Art. 5 I VK und Reiseverlauf nicht überein. Dennoch liegt zunächst formal ein rechtswirksam erteiltes und gültiges Visum vor. Denn es ist weder nichtig noch automatisch erloschen, sondern bis zu seiner Annullierung unverändert wirksam und gültig (EuGH, Urteil vom 10.04.2012 – Rs. C-83/12, „Minh Koa Vo"). Im Zeitpunkt des Einreiseversuchs ist daher formal die Einreisevoraussetzung des Art. 6 I b) SGK noch erfüllt, solange keine Maßnahme der Annullierung das Visum zum Erlöschen bringt.

c) Zweck-Mittel-Nachweis

Nach Art. 6 I c) SGK sind Aufenthaltszweck und ausreichende finanzielle Mittel nachzuweisen. Nach dem Stand der Einreisebefragung und der Ermittlungen plant der Reisende keinen touristischen Aufenthalt, sondern verfolgt die Absicht eines langfristigen Verbleibens in Deutschland. Infolge des begründeten Verdachts eines Zweckwechsels, einer Visabeschaffung unter falschen Angaben und eines beabsichtigten Aufenthaltes über 90 Tage hinaus sind die Voraussetzungen des Art. 6 I c) SGK nicht erfüllt. Der Einreiseversuch scheitert daher am Nichterfüllen der Einreisevoraussetzung nach Art. 6 I c) SGK.

d) Sonstige Einreisevoraussetzungen

Infolge des Verdachts auf Zweckwechsel, Visabeschaffung mit Falschangaben und einen beabsichtigten Verbleib über den Gültigkeitszeitraum des Visums hinaus besteht die Annahme einer Gefahr für die öffentliche Sicherheit. Insoweit ist durch die illegale Visabeschaffung bereits eine Störung der öffentlichen Sicherheit eingetreten, die die Gefahr der Schadensvertiefung beinhaltet. Weiterhin schließt sich die Gefahr eines unerlaubten Aufenthaltes unter Missachtung der Ausreisepflicht nach Ablauf des Visums an. Daher sind die Voraussetzungen des Art. 6 I e) SGK nicht erfüllt.

3.) Grenzpolizeiliche Gefahrenabwehrmaßnahmen

a) Visa-Annullierung

Nach Art. 34 I Satz 1 VK ist ein Schengen-Visum Typ C zu annullieren, wenn die Erteilungsvoraussetzungen im Zeitpunkt der Visa-Erteilung nicht vorgelegen haben. Erteilungsvoraussetzungen sind gem. Art. 21 I VK das Erfüllen der Einreisevoraussetzungen des Art. 6 I a), c), d) und e) SGK und das Ergebnis einer Risikoanalyse, dass keine Gefahr rechtswidriger Zuwanderung besteht und eine rechtzeitige Ausreise zu erwarten ist. Nach dem Stand der Ermittlungen haben die Erteilungsvoraussetzungen im Zeitpunkt der Visa-Erteilung – vermutlich bereits im Zeitpunkt der Antragstellung – nicht vorgelegen. Der Visuminhaber hat das nach Art. 5 I VK zuständige deutsche Konsulat umgangen und das unzuständige italienische Konsulat aufgesucht und über die Erteilungsvoraussetzungen des Art. 6 I c) und e) SGK getäuscht. Gegenstand der Falschangaben waren der verfolgte touristische Reisezweck und der Kurzaufenthalt. Daher ist das Visum zu annullieren. Die Annullierung hat als unionsrechtliche Maßnahme Vorrang vor den nationalen Rücknahme- und Widerrufsakten (§ 52 AufenthG, §§ 48, 49 VwVfG).

Die Zuständigkeit liegt nach § 71 III Nr. 3 a) AufenthG bei der Grenzpolizei.

Nach Art. 34 I Satz 3 VK darf die deutsche Grenzpolizei auch ein von dem Konsulat eines anderen Schengen-Staates – hier Italien – ausgestelltes Visum annullieren (s. o., Fall 15). Gemäß § 51 VIIIa AufenthG ist das italienische Konsulat darüber zu unterrichten. Die Annullierung wird nach Art. 34 VIII VK in das Visa-Informationssystem (VIS) eingegeben.

b) Einreiseverweigerung

Da nicht alle Einreisevoraussetzungen nach Art. 6 I SGK – hier c) und e) – erfüllt sind, ist die Einreise nach Art. 14 I Satz 1 SGK zu verweigern. Ausnahmetatbestände nach Art. 6 V a), b) oder c) SGK liegen nicht vor. Art. 14 I Satz 1 SGK hat als Unionsrecht Anwendungsvorrang vor den nationalen Parallelvorschriften (§ 15 I i. V. m. § 14 I Nr. 2a AufenthG und § 15 II Nr. 2 AufenthG).

c) Rückbeförderungspflicht des Beförderungsunternehmers

Gemäß § 64 I AufenthG ist die Aeroflot verschuldensunabhängig zur Rückbeförderung nach Moskau-Sheremetyevo verpflichtet (s. o., Fall 15, 3.) c)).

4.) Strafverfolgung

a) Versuchte unerlaubte Einreise nach § 95 I Nr. 3 AufenthG

An einer zugelassenen Grenzübergangsstelle ist eine Einreise nach § 13 II Satz 1 AufenthG erst vollendet, wenn nicht nur die Grenzlinie überquert wurde (hier durch Einfliegen der Aeroflot in den deutschen Luftraum), sondern auch die Grenzübergangsstelle passiert wurde. Die Einreise ist mangels endgültigen Passierens der Grenzübergangsstelle nicht vollendet. Das ergibt sich aus dem Umstand der Einreiseverweigerung. Der Versuch ist gem. § 95 III AufenthG strafbar.

Der Straftatbestand der unerlaubten Einreise nach § 95 I Nr. 3 AufenthG verweist auf die Tatbestände der unerlaubten Einreise nach § 14 I Nr. 1 und Nr. 2 AufenthG. Unerlaubt ist die Einreise nach § 14 I Nr. 1 AufenthG ohne gültigen und anerkannten Pass oder Passersatz und nach § 14 I Nr. 2 AufenthG ohne erforderlichen Aufenthaltstitel. Nach herrschender Auffassung ist der Begriff des „erforderlichen" Aufenthaltstitels nicht am Aufenthaltszweck und dem inhaltlich erforderlichen Aufenthaltstitel zu orientieren. Vom Aufenthaltszweck her wäre im vorliegenden Fall für einen längerfristigen Aufenthalt in Deutschland ein deutsches Visum Typ D anstatt des italienischen Visums Typ C „erforderlich" gewesen. Der Begriff des „erforderlichen" Aufenthaltstitels bezieht sich jedoch auf die identische Formulierung in § 4 I Satz 1 AufenthG. Danach ist für Einreise und Aufenthalt ein Aufenthaltstitel erforderlich, soweit nicht durch Recht der EU oder die AufenthV etwas anderes bestimmt ist. Gemeint ist hier nach objektiven Kriterien, ob eine Visabefreiung oder sonstige Befreiung vom Erfordernis eines Aufenthaltstitels vorliegt. Der Verweis auf Unionsrecht bezieht sich auf die EUVisaVO und Visaabkommen, der Verweis auf die Rechtsverordnung auf §§ 16–30, 41 AufenthV. Der Reisende ist als Staatsangehöriger der Russischen Föderation nach Anhang I EUVisaVO visumpflichtig und kann keine Visumbefreiung nach Anhang II EUVisaVO, einem Visaabkommen oder den Regelungen der §§ 16ff. AufenthV in Anspruch nehmen. Daher ist ein Aufenthaltstitel erforderlich. Das Schengen-Visum Typ C ist gem. § 4 I Satz 1 Nr. 1 AufenthG im deutschen Rechtsverständnis ein Aufenthaltstitel. Auch das erschlichene Visum ist, solange nicht annulliert, ein wirksamer Aufenthaltstitel (BGH, Urteil vom 18.10.2001 – 3 StR 247/01; BGH, Beschluss vom 16.10.2003 – 5 StR 290/03; Schott-Mehrings, 2019, S. 299). Daher unterliegen Fälle von Visa-Erschleichung nicht § 14 I Nr. 2 AufenthG. Dieses hat der Gesetzgeber auch durch den im Jahr 2013 neu eingeführten § 14 I Nr. 2a AufenthG klargestellt.

b) Versuchte Einreise mit erschlichenem Visum nach § 95 VI i. V. m. § 95 I Nr. 3 AufenthG

In Betracht kommt eine Strafbarkeit nach § 95 VI AufenthG. Zur Feststellung des Versuchsstadiums gilt das oben zu a) Ausgeführte entsprechend. Für die Einreise mit einem durch Falschangaben erschlichenen Visum findet § 14 I Nr. 2a AufenthG Anwendung. Diese Vorschrift wird jedoch in § 95 I Nr. 3 AufenthG nicht in Bezug genommen. Daher kann § 95 I Nr. 3 AufenthG nicht unmittelbar angewendet werden. Stattdessen hat der Gesetzgeber dafür die Vorschrift des § 95 VI AufenthG vorgesehen. Dabei handelt es sich um keinen eigenen Tatbestand, sondern eine Verweisungsvorschrift, die den Anwendungsbereich des § 95 I Nr. 3 AufenthG erweitert, indem das Handeln mit einem durch Falschangaben erschlichenen Visum dem Handeln ohne erforderlichen Aufenthaltstitel strafrechtlich gleichgestellt wird (AG Frankfurt, Urteil vom 18.03.2009 – 932 Ds 10380 Js 21022/09; Schott-Mehrings, 2019, S. 279; Westphal/Stoppa, 2007, S. 540, 735f.; Winkelmann in Bergmann/Dienelt, 2018, § 95 AufenthG, Rdnr. 49, 55; Nr. 95.6 AVwV-AufenthG).

Allerdings wird § 95 VI AufenthG in § 95 III AufenthG nicht ausdrücklich in Bezug genommen. Da § 95 VI AufenthG aber eben kein Straftatbestand ist, sondern lediglich eine Verweisung und Anwendungserweiterung hinsichtlich § 95 I Nr. 3 AufenthG, wird § 95 VI AufenthG von der Bezugnahme des § 95 III AufenthG auf § 95 I Nr. 3 AufenthG mit eingeschlossen. Diese

Argumentation hat der BGH verfolgt, indem er die fehlende Bezugnahme auf § 95 VI AufenthG im Schleusertatbestand § 96 I AufenthG als erkennbar vom Gesetzgeber verfolgte Einbeziehung des § 95 VI AufenthG in die auf § 95 I Nr. 3 AufenthG verweisenden Bezugsnormen angesehen hat (BGH, Beschluss vom 10.01.2012 – 5 StR 351/11; BGH, Beschluss vom 24.05.2012 – 5 StR 567/11). Die Tat befindet sich im Versuchsstadium, weil die Vollendung der Einreise nach § 13 II Satz 1 AufenthG durch die Einreiseverweigerung verhindert worden ist. Eine Straftat versucht nach § 22 StGB, wer nach seiner Vorstellung unmittelbar zur Tatbestandsverwirklichung ansetzt. Der subjektive Tatbestand liegt in der Tätervorstellung, mit dem durch Falschangaben erschlichenen Visum einreisen zu wollen. Der objektive Tatbestand besteht darin, dass der Reisende zur Einreisekontrolle vorstellig geworden ist und damit unmittelbar zur Tatbestandsverwirklichung angesetzt hat.

c) Erschleichen eines Aufenthaltstitels nach § 95 II Nr. 2, 1. Alt. AufenthG

Zu prüfen ist, ob weiterhin der Verdacht einer Straftat nach § 95 II Nr. 2 AufenthG vorliegt.

Die erste Tatbestandsalternative setzt das Abgeben oder Benutzen falscher oder unvollständiger Angaben in der Absicht der Beschaffung eines Aufenthaltstitels voraus. Diese Tatalternative unterliegt jedoch nicht dem Territorialprinzip nach § 3 StGB und damit nicht dem deutschen Strafrecht, wenn die Tat – wie im vorliegenden Fall – im Konsulat im Ausland begangen wurde. Eine Auslandsvertretung liegt auf dem Hoheitsgebiet des Gebietsstaates, nicht des Entsendestaates (Schweizer Bundesstrafgericht, Urteil vom 10.10.1983 – 109 IV 156; VAB Berlin Nr. A.95.2.2.3.; Gericke, 2018, § 95 AufenthG, Rdnr. 102, 105, 109; Schott-Mehrings, 2019, S. 298). Darüber hinaus hätte es sich hier nicht einmal um das deutsche Konsulat gehandelt. Die Tat unterliegt daher nicht dem deutschen Strafrecht.

d) Erschleichen eines Aufenthaltstitels nach § 95 II Nr. 2, 2. Alt. AufenthG

Zu untersuchen ist jedoch, ob der Verdacht einer Tat in Form des Gebrauchs eines durch Falschangaben beschafften Aufenthaltstitels nach § 95 II Nr. 2, 2. Alt. AufenthG vorliegt. Der objektive Tatbestand erfordert als Tatobjekt einen durch Falschangaben beschafften Aufenthaltstitel. Das durch unrichtige Angaben beschaffte italienische Schengen-Visum Typ C ist nach deutschem Rechtsverständnis ein Aufenthaltstitel nach §§ 4 I Satz 2 Nr. 1, 6 I Nr. 1 AufenthG. Tathandlung ist der Gebrauch. Dafür reicht es aus, dass der Täter das Dokument der Wahrnehmung des Kontroll- und Streifenbeamten der Einreisekontrolle zugänglich macht. Dieses ist durch Vorlage des Passes mit dem Visum in der Einreisekontrolle geschehen. Damit ist der objektive Tatbestand erfüllt. Der subjektive Tatbestand verlangt neben dem Tatvorsatz die Absicht der Täuschung im Rechtsverkehr. Die Vorlage von Pass und Visum war darauf gerichtet, dem Grenzpolizeibeamten ein Einreiserecht vorzutäuschen und diesen zur Einreisegewährung zu veranlassen. Damit ist auch der subjektive Tatbestand erfüllt.

Die Tat ist insoweit nicht nur im Versuch begangen, sondern in Vollendung. § 95 II Nr. 2 AufenthG beschreibt ein urkundenähnliches Sonderdelikt, das den §§ 267, 271, 273, 281 StGB nachgebildet ist und das Vertrauen des Rechtsverkehrs in die Integrität vorgelegter Urkunden schützt, während § 95 I Nr. 3, VI AufenthG auf die Sicherheit der Grenze gerichtet ist. Daher ist es kein Widerspruch, dass das Einreisedelikt nur versucht, das Delikt der Visa-Erschleichung jedoch vollendet ist.

e) Ergebnis

Rechtswidrigkeit und Schuld liegen vor, das Konkurrenzverhältnis besteht gem. § 52 I StGB in Tateinheit, sodass der Verdacht einer Tat nach § 95 II Nr. 2 in Tateinheit mit einer Tat nach § 95 VI i. V. m. § 95 I Nr. 3, III AufenthG, §§ 22, 23, 52 StGB besteht.

Fall 17 – Scheintourismus und Scheinsaisonarbeit (EuGH, Urteil vom 10.04.2012)

Sachgebiete

Binnengrenze, Inlandsaufgriff, Visakodex, Schengen-Visum Typ C, zuständiges Konsulat, Falschangaben im Visumantrag, Zweck-Mittel-Nachweis, Visa-Erschleichung, Visa-Annullierung, gewerbs- und bandenmäßiges Einschleusen von Drittstaatsangehörigen

Originalfall

EuGH, Urteil vom 10.04.2012 – Rs. C-83/12, „Minh Koa Vo“; BGH, Beschluss vom 10.01.2012 – 5 StR 351/11 – und Beschluss vom 24.05.2012 – 5 StR 567/11.

Sachverhalt

Der Fall wurde umgeschrieben auf zwei Aufgriffslagen aus landespolizeilicher und grenzpolizeilicher Sicht.

Landeskriminalamt Berlin. Landespolizei, Zoll und Bundesagentur für Arbeit stellen im Jahr 2010 in mehreren gastronomischen Betrieben, die als asiatische Restaurants betrieben werden, unter dem Küchenpersonal Staatsangehörige von Vietnam fest. Durchsuchungen der Gaststätten führen zum Auffinden vietnamesischer Pässe, in denen vom ungarischen Konsulat in Ho-Chi-Minh-Stadt Schengen-Visa Typ C für touristische Aufenthalte erteilt worden waren, die im Aufgriffszeitpunkt noch gültig sind. Die Pässe und Visa können dem Küchenpersonal zugeordnet werden. Es wird nach Einreisestempellage und ausgewerteten Reiseunterlagen ermittelt, dass die Vietnamesen über die Außengrenze von Ungarn eingereist waren und zwei Tage an touristischen Rundreiseprogrammen in Budapest teilgenommen hatten, bevor sie nach Berlin gebracht und in die Asia-Gaststätten vermittelt wurden.

Lübeck-Travemünde, Skandinavienkai. Zeitgleich stellt die Abteilung Kriminalitätsbekämpfung der Bundespolizeiinspektion Kiel fest, dass – offensichtlich einer Parallelorganisation zum Fall Berlin zuzurechnen – auf der Fähre von Malmö nach Travemünde eine Vielzahl von Vietnamesen mit Pässen und vom schwedischen Konsulat in Vietnam ausgestellten gültigen Schengen-Visa Typ C für die Saisonarbeit in der Erntehilfe in Schweden eingereist sind und in Mercedes-Benz Sprintern und VW-Bussen mit Ziel Berlin unterwegs sind, um dort ebenfalls als Küchenpersonal in Asia-Gaststätten eingesetzt zu werden. Auch hier werden die Pässe nicht von den Vietnamesen vorgelegt, sondern erst im Wege einer Durchsuchung der Fahrzeuge aufgefunden.

Einem der Travemünde-Berlin-Fahrer, im Ermittlungsverfahren geführt als Tatverdächtiger TV 01, selbst vietnamesischer Staatsangehöriger mit deutscher Aufenthaltserlaubnis, kann die gegen hohe Geldbeträge durchgeführte, wiederholte, nachfrageorientierte und auch für die Zukunft verabredete Organisation der gesamten Berlin-Touren mit mehreren anderen Personen zusammen (Visabeschaffer, Safe-house-Anmieter, Arbeitsvermittler) zugeordnet werden – er wird wegen Verdachts des Einschleusens Drittstaatsangehöriger vorläufig festgenommen.

Prüfen Sie im Gutachtenstil nach aktueller Rechtslage, ob grenzpolizeiliche ausländerrechtliche Maßnahmen anzuordnen sind und wie sich die Beteiligten strafbar gemacht haben.

Lösungsvorschlag und Entscheidungsvorschlag

1.) Statusfeststellung und Kontrollsituation

Die Vietnamesen sind Drittstaatsangehörige und unterliegen den Einreisebestimmungen des SGK und des AufenthG. Da die Aufgriffe nicht an einer Außengrenze, sondern im Inland (Berlin) und im Grenzraum an der Binnengrenze nach Art. 2 Nr. 1 c) SGK (Lübeck-Travemünde, Fähre Malmö – Travemünde) stattfinden, gilt allerdings nicht die Regelung des Art. 6 I SGK in unmittelbarer Anwendung.

2.) Einreise- und Aufenthaltsvoraussetzungen

a) Passpflicht

Die Aufgegriffenen sind im Besitz gültiger Pässe und haben daher bei Einreise an den Außengrenzen von Ungarn und Schweden die Einreisevoraussetzung nach Art. 6 I a) SGK erfüllt und erfüllen beim Aufgriff die Passbesitzpflichten nach §§ 3 I, 48 I AufenthG.

b) Visumpflicht

Gemäß Art. 6 I b) SGK mussten die Reisenden an den Außengrenzen im Besitz eines gültigen Visums sein, da Staatsangehörige von Vietnam gem. Anhang I EUVisaVO der Visumpflicht unterliegen. An der Schengen-Binnengrenze und innerhalb des Schengen-Raumes dürfen sie sich gem. Art. 19 I SDÜ frei bewegen und aufhalten, soweit sie Inhaber von Schengen-Visa Typ C sind (in Art. 19 I SDÜ noch als „einheitliche Sichtvermerke“ bezeichnet) und die Voraussetzungen des „Art. 5 I a), c), d) und e)“ (SDÜ) erfüllen, gem. Art. 44 Satz 2 SGK umzudeuten als Verweis auf die Voraussetzungen des Art. 6 I a), c), d) und e) SGK. Im Inland sind sie nach § 4 I Satz 1 AufenthG zum Besitz eines Aufenthaltstitels verpflichtet, da EU-Recht und AufenthV keine Befreiungen vom Erfordernis eines Aufenthaltstitels vorsehen. Die Aufgegriffenen besitzen gültige Visa Typ C. Allerdings sind diese für Tourismus in Ungarn und Erntehilfe in Schweden ausgestellt. Der Begriff des „erforderlichen“ Aufenthaltstitels bezieht sich jedoch auf die identische Formulierung in § 4 I Satz 1 AufenthG. Danach ist für Einreise und Aufenthalt ein Aufenthaltstitel erforderlich, soweit nicht durch Recht der EU oder die AufenthV etwas anderes bestimmt ist. Gemeint ist hier nach objektiven Kriterien, ob eine Visabefreiung oder sonstige Befreiung vom Erfordernis eines Aufenthaltstitels vorliegt. Der Verweis auf Unionsrecht bezieht sich auf die EUVisaVO und Visaabkommen, der Verweis auf die Rechtsverordnung auf die §§ 16–30, 41 AufenthV. Die Reisenden sind als vietnamesische Staatsangehörige nach Anhang I EUVisaVO visumpflichtig und können keine Visumbefreiung nach Anhang II EUVisaVO, einem Visaabkommen oder den Regelungen der §§ 16ff. AufenthV in Anspruch nehmen. Daher ist ein Aufenthaltstitel erforderlich. Das Schengen-Visum Typ C ist gem. § 4 I Satz 1 Nr. 1 AufenthG im deutschen Rechtsverständnis ein Aufenthaltstitel. Auch das erschlichene Visum ist, solange nicht annulliert, ein wirksamer Aufenthaltstitel (BGH, Urteil vom 18.10.2001 – 3 StR 247/01; BGH, Beschluss vom 16.10.2003 – 5 StR 290/03; Schott-Mehrings, 2019, S. 299). Gültige Visa liegen daher vor. Die Visa sind durch den Zweckwechsel von Tourismus in Ungarn oder Erntehilfe in Schweden auf gastronomische Erwerbstätigkeit in Deutschland weder nichtig noch automatisch erloschen, sondern bis zu ihren Annullierungen unverändert wirksam und gültig (EuGH, Urteil vom 10.04.2012 – Rs. C-83/12).

c) Zweck-Mittel-Nachweis

Art. 19 I SDÜ verweist auch für die Einreise über eine Schengen-Binnengrenze und den Inlandsaufenthalt auf die Voraussetzungen des Art. 6 I a), c), d) und e) i. V. m. Art. 44 Satz 2 SGK. Damit sind diese unmittelbar nur an der Außengrenze zu prüfenden Einreisevoraussetzungen auch für Aufgriffe an Binnengrenzen und im Inland in Bezug genommen. Diese Voraussetzungen sind nicht erfüllt, da ein erheblicher Zweckwechsel von den Angaben in den Visaverfahren – Tourismus in Ungarn oder Saisonarbeit in Form von Erntehilfe in Schweden – auf illegale Erwerbstätigkeit in der Gastronomie in Deutschland vorliegt.

d) Gefahrentatbestand

Darüber hinaus liegt in den Falschangaben zur Visabeschaffung sowie in der illegalen Arbeitsaufnahme und dem zu erwartenden geplanten Verbleib nach Visaablauf eine Gefahr für die öffentliche Sicherheit.

3.) Aufenthaltsrechtliche Maßnahmen

a) Visa-Annullierung

Nach Art. 34 I Satz 1 VK ist ein Schengen-Visum Typ C zu annullieren, wenn die Erteilungsvoraussetzungen im Zeitpunkt der Visa-Erteilung nicht vorgelegen haben. Erteilungsvoraussetzungen sind gem. Art. 21 I VK das Erfüllen der Einreisevoraussetzungen des Art. 6 I a), c), d) und e) SGK und das Ergebnis einer Risikoanalyse, dass keine Gefahr rechtswidriger Zuwanderung besteht und eine rechtzeitige Ausreise zu erwarten ist. Nach dem Stand der Ermittlungen haben die Erteilungsvoraussetzungen im Zeitpunkt der Visa-Erteilung – vermutlich bereits im Zeitpunkt der Antragstellung – nicht vorgelegen. Die Visuminhaber haben die unzuständigen Konsulate von Ungarn und Schweden aufgesucht und über die Erteilungsvoraussetzungen des Art. 6 I c) und e) SGK getäuscht. Gegenstand der Täuschungen waren der touristische Reisezweck in Ungarn, die Saisonarbeit als Erntehelfer in Schweden und in beiden Fällen der Kurzaufenthalt. Daher sind die Visa zu annullieren. Die Annullierung hat als unionsrechtliche Maßnahme Vorrang vor den nationalen Verwaltungsakten der Rücknahme und des Widerrufs (§ 52 AufenthG, §§ 48, 49 VwVfG).

Die Visa-Annullierung ist nicht nur in der Einreisekontrolle an der Außengrenze zulässig (s. o., Fall 15, Fall 16), sondern auch nach erfolgter Einreise. Die Zuständigkeit liegt im Fall Berlin bei der Ausländerbehörde (§ 71 I AufenthG). Im Fall Lübeck-Travemünde besteht eine Zuständigkeit der Grenzpolizei nach § 71 III Nr. 3 a) AufenthG. Insoweit verweist diese Regelung für den Fall der Aufenthaltsbeendung durch Abschiebung auf § 71 III Nr. 1a), 1b) AufenthG. Es muss daher ein Grenzraum-Aufgriff vorliegen, was zutrifft, und eine unerlaubte Einreise vorausgegangen sein. Eine unerlaubte Einreise liegt nach der 2013 neu eingefügten Vorschrift des § 14 I Nr. 2a AufenthG vor. Der Originalsachverhalt war im Jahr 2010 angesiedelt, sodass damals die Grenzpolizei keine Zuständigkeit besaß. Um diese Lücke zu schließen, hat der Gesetzgeber im Jahr 2013 die Regelung des § 14 I Nr. 2a AufenthG eingefügt (Bundesrats-Drucksache 97/13 vom 08.02.2013, S. 26). Erst durch diese Änderung der Rechtslage ist die Grenzpolizei im Binnengrenzaufgriff in der Lage zur Maßnahme der Visa-Annullierung zu greifen (Schott-Mehrings, 2019, S. 65). Im Originalfall bestand diese Möglichkeit daher nicht, nach heutiger Gesetzeslage dagegen ist die grenzpolizeiliche Visa-Annullierung möglich.

Nach Art. 34 I Satz 3 VK darf die deutsche Grenzpolizei auch von den Konsulaten anderer Schengen-Staaten – hier Ungarn und Schweden – ausgestellte Visa annullieren (s. o., Fall 15). Die Konsulate der betroffenen Staaten sind gem. § 51 VIIIa AufenthG darüber zu unterrichten. Die Annullierung wird nach Art. 34 VIII VK in das Visa-Informationssystem (VIS) eingegeben.

b) Aufenthaltsbeendung

Während an der Außengrenze die Einreiseverweigerung nach Art. 14 I SGK erfolgt, sind an Binnengrenze und im Inlandsaufgriff Aufenthaltsbeendungen zu prüfen. Diese richten sich nach nationalem Recht in Form der Regelungen der §§ 50–62b AufenthG. Auch diese unterliegen unionsrechtlichen Vorgaben, die durch Umsetzung der EU-Rückführungsrichtlinie RL 2008/115/EG in das innerstaatliche Recht eingeführt wurden.

aa) Vollziehbare Ausreisepflicht

Voraussetzung jeder Aufenthaltsbeendung im Wege einer Zurückschiebung oder Abschiebung ist das Vorliegen vollziehbarer Ausreisepflicht. Ausreisepflicht liegt gem. § 50 I AufenthG vor, wenn ein erforderlicher Aufenthaltstitel nicht oder nicht mehr vorliegt. Der Begriff des „erforderlichen Aufenthaltstitels“ orientiert sich auch hier an § 4 I Satz 1 AufenthG und damit nicht am subjektiven Aufenthaltszweck (s. o., Fall 16). Daher tritt Ausreisepflicht nach § 50 I AufenthG erst mit Visa-Annullierung (Art. 34 I VK) und deren Anordnung der sofortigen Vollziehung nach § 80 II Nr. 4 VwGO ein. Mit der Visa-Annullierung besteht kein gültiges Visum mehr. Zwar ist in § 51 I Nr. 3, Nr. 4 AufenthG das Erlöschen eines Aufenthaltstitels auf dessen Rücknahme (§ 48 VwVfG) oder Widerruf (§ 52 AufenthG) beschränkt, es muss jedoch aus dem Sinn und Zweck der Annullierung nach Art. 34 I VK von einem eigenständigen europarechtlichen Erlöschenstatbestand ausgegangen werden.

Vollziehbar ist die mit Annullierung eingetretene Ausreisepflicht, wenn eine der Voraussetzungen des § 58 II AufenthG vorliegt. Nach § 58 II Satz 2 AufenthG tritt Vollziehbarkeit erst mit Bestandskraft und Vollziehbarkeit des die Ausreisepflicht begründenden Verwaltungsaktes – hier also der Annullierung – ein. Zugleich liegt aber auch Vollziehbarkeit der Ausreisepflicht nach § 58 II Nr. 1 AufenthG infolge der unerlaubten Einreisen nach Deutschland nach § 14 I Nr. 2a AufenthG vor. Vollziehbarkeit der Ausreisepflicht kann auch infolge mehrerer Tatbestände aus § 58 II AufenthG eintreten (VG München, Beschluss vom 08.02.2018 – M 12 S 18.476).

bb) Zurückschiebung

Eine Zurückschiebung ist gem. § 57 I AufenthG an einer Außengrenze zulässig (Art. 2 II b) EU-Rückführungsrichtlinie). Der vorliegende Fall ist im Inland (Berlin) und an einer Binnengrenze (Fähre Malmö – Travemünde, vgl. Art. 2 Nr. 1 c) SGK) angesiedelt.

An einer Binnengrenze ist eine Zurückschiebung in Abweichung von der Regel der „surplace“-Rückführung in den Herkunftsstaat (Art. 6 I EU-Rückführungsrichtlinie) gem. § 57 II 1. Alt. AufenthG nur ausnahmsweise einmalig in Vollzug eines vor dem 13.01.2009 abgeschlossenen bilateralen Abkommens mit einem anderen Schengen-Staat zulässig (Art. 6 III EU-Rückführungsrichtlinie). Für den Aufgriff in Lübeck-Travemünde käme eine bilaterale Intra-Schengen-Überstellung nach Schweden aufgrund des deutsch-schwedischen Rückübernahmeabkommens von 1954 in Betracht. Dafür spricht, dass die in Travemünde Aufgegriffenen Inhaber schwedischer Visa und aus Schweden eingereist sind. Dagegen spricht, dass der Schwerpunkt des kriminellen Geschehens sich in deutschen Gastronomiebetrieben in Berlin abspielen sollte.

Für den Aufgriffsort Berlin kommt eine Zurückschiebung nicht in Betracht, sondern nur eine Abschiebung durch die Ausländerbehörde.

cc) Abschiebung

Gemäß § 58 I AufenthG erfolgt die Abschiebung, wenn vollziehbare Ausreisepflicht besteht und die freiwillige Erfüllung der Ausreisepflicht nicht gesichert ist. Eine freiwillige Erfüllung der Ausreisepflicht darf gem. § 50 III AufenthG nur in den Herkunftsstaat oder einen anderen Drittstaat erfolgen, in einen anderen Schengen-Staat nur, wenn dort ein Einreiserecht besteht. Da die Schengen-Visa von Ungarn und Schweden zu annullieren sind, besteht kein Reiserecht dorthin. Eine freiwillige Erfüllung der Ausreisepflicht durch die Rückkehr nach Vietnam ist nach den Gesamtumständen nicht zu erwarten. Daher wird nach § 59 I Satz 2 Nr. 1 AufenthG auch keine Ausreisefrist zu gewähren sein. Allerdings sind die in Berlin bereits in der Küchenhilfe Beschäftigten gem. § 59 VIII AufenthG über ihre Rechte der Einforderung tariflicher Lohnvergütung nach Art. 6 II, 13 der EU-Sanktionsrichtlinie RL 2009/51/EG zu unterrichten.

Die Zuständigkeit für die Abschiebung liegt im Aufgriffsfall Berlin gem. § 71 I AufenthG beim Landesamt für Bürger- und Ordnungsangelegenheiten, Ausländerbehörde Berlin, im Aufgriffsfall Travemünde gem. § 71 III Nr. 1a) AufenthG bei der Grenzpolizei.

4.) Strafverfolgung

a) Visa-Inhaber

aa) Unerlaubte Einreise nach § 95 I Nr. 3 AufenthG

Der Straftatbestand der unerlaubten Einreise nach § 95 I Nr. 3 AufenthG verweist auf die Tatbestände der unerlaubten Einreise nach § 14 I Nr. 1 und Nr. 2 AufenthG. Unerlaubt ist die Einreise nach § 14 I Nr. 1 AufenthG ohne gültigen und anerkannten Pass oder Passersatz und nach § 14 I Nr. 2 AufenthG ohne erforderlichen Aufenthaltstitel. Nach herrschender Auffassung ist der Begriff des „erforderlichen“ Aufenthaltstitels nicht am Aufenthaltszweck und dem inhaltlich erforderlichen Aufenthaltstitel zu orientieren (s. o., Fall 16). Auch das erschlichene Visum ist, solange nicht annulliert, ein wirksamer Aufenthaltstitel. Daher unterliegen Fälle von Visa-Erschleichung nicht § 14 I Nr. 2 AufenthG.

bb) Einreise mit erschlichenem Visum nach § 95 VI i. V. m. § 95 I Nr. 3 AufenthG

In Betracht kommt eine Strafbarkeit nach § 95 VI AufenthG. Für die Einreise mit einem durch Falschangaben erschlichenen Visum findet § 14 I Nr. 2a AufenthG Anwendung. Diese Vorschrift wird jedoch in § 95 I Nr. 3 AufenthG nicht in Bezug genommen. Daher kann § 95 I Nr. 3 AufenthG nicht unmittelbar angewendet werden. § 95 VI AufenthG erweitert den Anwendungsbereich des § 95 I Nr. 3 AufenthG durch Verweisung, indem das Handeln mit einem durch Falschangaben erschlichenen Visum dem Handeln ohne erforderlichen Aufenthaltstitel strafrechtlich gleichgestellt wird (AG Frankfurt, Urteil vom 18.03.2009 – 932 Ds 10380 Js 21022/09; Schott-Mehrings, 2019, S. 279; Westphal/Stoppa, 2007, S. 540, 735f.; Winkelmann in Bergmann/Dienelt, 2018, § 95 AufenthG, Rdnr. 49, 55; Nr. 95.6 AVwV-AufenthG; s. o., Fall 16).

cc) Aufenthalt mit erschlichenem Visum nach § 95 VI i. V. m. § 95 I Nr. 2 AufenthG

§ 95 VI AufenthG erweitert auch den Anwendungsbereich des unerlaubten Aufenthaltes nach § 95 I Nr. 2 AufenthG, solange sich die Inhaber der erschlichenen Visa vor deren Annullierung in Deutschland aufhalten. Das Tatbestandsmerkmal der vollziehbaren Ausreisepflicht in § 95 I Nr. 2 AufenthG, das ja auf die Inhaber noch nicht annullierter Visa unzutreffend ist, steht der Anwendung des § 95 VI AufenthG auf das Aufenthaltsdelikt nicht entgegen (BGH, Beschluss vom 10.01.2012 – 5 StR 351/11; BGH, Beschluss vom 24.05.2012 – 1 StR 567/11).

dd) Erschleichen eines Aufenthaltstitels nach § 95 II Nr. 2 AufenthG

Die Tatbestandsalternative der Visabeschaffung in den in Vietnam ansässigen Konsulaten von Ungarn und Schweden unterliegt nicht § 3 StGB (s. o., Fall 16). Die Tatalternative des Gebrauchs scheitert daran, dass die Visa nicht von ihren Inhabern vorgelegt, sondern von der Polizei bei Durchsuchungen gefunden wurden. § 95 II Nr. 2 AufenthG ist daher nicht erfüllt, sodass § 95 VI AufenthG trotz aller Kritik an dieser Vorschrift (Westphal/Stoppa, 2007, S. 735, 752) die Bedeutung zukommt, diese Strafbarkeitslücke zu schließen.

ee) Illegale Erwerbstätigkeit nach § 95 Ia AufenthG

Die Ausübung einer Erwerbstätigkeit ohne die gem. Art. 4 III AufenthG durch Aufenthaltstitel erteilte Genehmigung einer Erwerbstätigkeit (früher Arbeitserlaubnis) begründet den Verdacht einer Ordnungswidrigkeit nach § 404 II Nr. 4 SGB III. Für Inhaber eines Schengen-Visums Typ C wird die Tat zu einer Straftat nach § 95 Ia AufenthG heraufqualifiziert. Für die bereits in Berlin als Küchenpersonal beschäftigten Inhaber der Visa Typ C ist damit der Tatbestand des § 95 Ia AufenthG erfüllt.

ff) Ergebnis

Im Aufgriffsfall Berlin besteht der Verdacht von Straftaten nach § 95 VI i. V. m. § 95 I Nr. 2, Nr. 3 AufenthG und § 95 Ia AufenthG in Tateinheit (§ 52 I AufenthG), da sich Aufenthalt und Erwerbstätigkeit überschneiden. Im Fall Travemünde liegt der Verdacht einer Tat nach § 95 VI i. V. m. § 95 I Nr. 2, Nr. 3 AufenthG vor.

b) TV 01 (Travemünde-Berlin-Fahrer)

Gegen TV 01 besteht der Verdacht des gewerbs- und bandenmäßigen Einschleusens von Drittstaatsangehörigen nach §§ 96 I Nr. 1, 97 II AufenthG.

aa) Grund-Tatbestand des Einschleusens nach § 96 I AufenthG

aaa) Haupttat

Der Schleusertatbestand ist von der Tatbestandssystematik her ein haupttatabhängiges („haupttatakzessorisches") Teilnahme-, also Anstiftungs- oder Beihilfedelikt (BGH, Beschluss vom 30.05.2013 – 5 StR 130/13; BGH, Urteil vom 22.07.2015 – 2 StR 389/13; BGH, Beschluss vom 24.10.2018 – 1 StR 212/18; LG Hof, Urteil vom 20.04.2017 – 5 KLs 354 Js 1442/16; Gericke, 2018, § 96 AufenthG, Rdnr. 2; Kretschmer, NJW 2016, 423 ; Kretschmer, NJW 2018, 3660; Schott-Mehrings, 2019, S. 309).

Daher ist zunächst das Vorliegen einer anstiftungs- oder beihilfefähigen Haupttat festzustellen. Nach der Systematik der §§ 26, 27 StGB genügt insoweit die Feststellung einer tatbestandsmäßigen, in subjektiver Hinsicht vorsätzlichen, und rechtswidrigen Begehung. Die Haupttat stellt sich als Tat nach § 95 VI i. V. m. § 95 I Nr. 2, Nr. 3 AufenthG dar (s. o., a) bb) cc)). In § 96 I Nr. 1 AufenthG werden die Straftaten nach § 95 I Nr. 1 bis Nr. 3, II AufenthG als schleusungsfähige Haupttaten in Bezug genommen, während § 95 VI AufenthG nicht angesprochen wird. Eine unmittelbare Anwendung von § 95 I Nr. 2, Nr. 3 AufenthG kommt nicht in Betracht und der Tatbestand des § 95 II Nr. 2 AufenthG ist nicht erfüllt (s. o., a) aa), dd)). Fraglich ist, ob der nicht in § 96 I in Bezug genommene § 95 VI AufenthG dennoch durch Auslegung einbezogen werden kann. Dagegen könnte der verfassungsrechtliche Bestimmtheitsgrundsatz sprechen. Der BGH hat jedoch entschieden, dass § 95 VI AufenthG als Verweisungsvorschrift und Anwendungserweiterung von § 95 I Nr. 2, Nr. 3 AufenthG über diese beiden Vorschriften mit in die Bezugnahme des Schleusertatbestandes einbezogen wird. § 95 VI AufenthG stellt keinen eigenen Straftatbestand dar, der in § 96 I AufenthG nicht genannt wird, sondern eine Verweisung zu § 95 I Nr. 2, Nr. 3 AufenthG (Schott-Mehrings, Kriminalistik 2013, 86; Westphal/Stoppa, 2007, S. 735). Der Gesetzgeber hat mit Einführung des § 95 VI AufenthG erkennbar die Rechtsfolge herbeiführen wollen, eine Strafbarkeitslücke für Einreise und Aufenthalt mit erschlichenen Visa auch im Hinblick auf die Schleuser zu schließen (BGH, Beschluss vom 10.01.2012 – 5 StR 351/11; BGH, Beschluss vom 24.05.2012 – 5 StR 567/11). Eine beihilfefähige Haupttat liegt daher vor in Form des § 95 VI AufenthG i. V. m. § 95 I Nr. 3 AufenthG (Einreise nach § 14 I Nr. 2a AufenthG von Schweden nach Deutschland über die Fähre Malmö – Lübeck-Travemünde) und zugleich in Form des § 95 VI AufenthG i. V. m. § 95 I Nr. 2 AufenthG (Aufenthalt in Deutschland nach vollendeter Einreise, insbesondere Verfestigung des Aufenthaltes durch Entfernung vom Fährhafen Travemünde Richtung Binnenland nach Berlin).

bbb) Anstiftung oder Beihilfe

Weiterhin müsste TV 01 zu diesen Haupttaten Anstiftung oder Beihilfe geleistet haben. In Betracht kommt hier die Beihilfe. Darunter ist jedes Fördern der Haupttat zu verstehen. Die Einreiseunterstützung über die Fähre Malmö – Travemünde und die Beförderung nach Berlin stellen ein solches Fördern von Einreise und Aufenthalt dar.

ccc) Schleusermerkmal

Die Beihilfe wird erst dadurch zur Schleusung, dass eines der tatbestandsmäßigen Schleusermerkmale erfüllt ist. Ist die Bezugs- und Haupttat ein Einreisedelikt, kommt hierfür das Erhalten oder Sichversprechenlassen eines Vermögensvorteils oder die Tatbegehung zugunsten Mehrerer oder die wiederholte Tatbegehung in Betracht (§ 96 I Nr. 1 AufenthG). Im vorliegenden Fall hat TV 01 offensichtlich Geldbeträge für die Beförderung erhalten, wobei unerheblich ist, ob diese Zuwendung von den Geschleusten als Schleuserlohn gezahlt oder von einer übergeordneten Schleuserorganisation gewährt wird. Außerdem hat TV 01 zugunsten mehrerer Drittstaatsangehöriger gehandelt. Das Merkmal „zugunsten Mehrerer" ist bereits ab zwei Drittstaatsangehörigen erfüllt. Bezieht sich die Beihilfe auf ein Aufenthaltsdelikt, so ist das Erhalten oder Sichversprechenlassen eines Vermögensvorteils – also einer ausschließlich materiellen Zuwendung – erforderlich. Dieses Schleusermerkmal liegt hier ebenfalls vor.

bb) Qualifikationen nach §§ 96 II Nr. 1, Nr. 2, 97 II AufenthG

TV 01 handelt offenbar nachfrageorientiert und in dauerhafter Gewinnorientierung und damit in der Absicht, sich aus fortgesetzter Tatbegehung eine langfristige Einnahmequelle nicht unerheblichen Umfanges zu eröffnen. Damit besteht auch der Verdacht gewerbsmäßiger Begehung nach § 96 II Satz 1 Nr. 1 AufenthG. Zugleich handelt er als Mitglied einer Personenmehrheit von drei oder mehr Personen, die sich zur fortgesetzten Begehung weiterer, im

Einzelnen noch ungeplanter, rechtlich selbstständiger Taten derselben Kategorie verabredet hat. Er handelt damit als Mitglied einer Bande. Dieses stellt die zusätzliche Qualifikation nach § 96 II Satz 1 Nr. 2 AufenthG dar. Die Kombination aus gewerbsmäßiger und bandenmäßiger Begehung begründet den Verdacht einer zum Verbrechen qualifizierten Schleusung nach § 97 II AufenthG.

2.4 Abgelaufenes Visum

Gemäß § 51 I Nr. 1 AufenthG erlischt ein Aufenthaltstitel und damit auch ein Visum mit Ablauf seiner Geltungsdauer, also Ablauf des Gültigkeitszeitraumes, Verbrauch der Aufenthaltstage oder Verbrauch der gewährten Einreisen. Nicht immer jedoch führt der Aufgriff eines „Overstayers" zu grenzpolizeilichen Maßnahmen.

Fall 18 – Flughafenfall (VG Frankfurt am Main, Urteil vom 02.03.2011)

Sachgebiete

Außengrenze, Ausreisekontrolle, Schengen-Visum Typ C, freiwillige Ausreise

Originalfall

VG Frankfurt, Urteil vom 02.03.2011 – 11 K 445/10.F; vergleichbarer Fall: VG München, Beschluss vom 22.11.2010 – M 10 K 10.185

Sachverhalt

Bundespolizeiinspektion Flughafen Frankfurt, 16.03.2010. Vom Flughafen Barcelona-El Prat (BCN), Spanien, kommend erscheint ein nigerianischer Staatsangehöriger zur Ausreise Richtung Lagos (LOS), Nigeria. Er besitzt einen gültigen Pass, in dem sich ein seit dem 15.02.2010 abgelaufenes, vom spanischen Konsulat ausgestelltes Visado Typ C (Schengen-Visum) mit räumlichem Geltungsbereich für Estados Schengen (Schengen-Staaten) befindet. Stellen Sie fest, was zu veranlassen ist.

Lösungsvorschlag und Entscheidungsvorschlag

Zu beurteilen sind sowohl Einreise von Spanien nach Deutschland als auch der Aufenthalt in Deutschland. Der nigerianische Staatsangehörige erfüllt die Passpflicht nach § 3 I AufenthG, aber nicht mehr die Visumpflicht nach § 4 I Satz 1 AufenthG, Anhang I EUVisaVO, weil das Visum bereits in Spanien abgelaufen und er damit ohne gültiges Visum nach Deutschland eingereist ist. Dennoch bleibt ein solcher „Overstayer"-Fall ohne nennenswerte Rechtsfolgen. Es liegt zwar eine unerlaubte Einreise nach Deutschland nach § 14 I Nr. 2 AufenthG und in Deutschland vollziehbare Ausreisepflicht nach §§ 50 I, 58 II Nr. 1 AufenthG vor. Dennoch wäre eine zwangsweise Aufenthaltsbeendung im Wege einer Intra-Schengen-Zurückschiebung nach Spanien (§ 57 II 1. Alt. AufenthG) oder einer Abschiebung in seinen Herkunftsstaat (§ 58 I AufenthG) rechtswidrig. Eine Intra-Schengen-Zurückschiebung nach Spanien scheitert am Bestehen eines bilateralen Rückübernahmeabkommens und wäre – selbst, wenn ein solches existieren würde – rechtswidrig, weil sie dem aus Art. 6 I EU-Rückführungsrichtlinie folgenden Grundsatz des Vorranges einer „sur-place"-Rückführung in den Herkunftsstaat widersprechen würde. Eine Abschiebung wäre rechtswidrig, weil die Tatbestandsvoraussetzung, dass die freiwillige Erfüllung der Ausreisepflicht nicht gesichert sein darf, gerade nicht erfüllt ist. Der „Overstayer" ist ja in der Ausreisekontrolle vorstellig geworden und hat damit seine Ausreisebereitschaft unter Beweis gestellt. Eine taktisch und strategisch motivierte Abschiebung, um das damit kraft Gesetzes ausgelöste Einreiseverbot nach § 11 I AufenthG zu begründen, wäre rechtswidrig (VG Frankfurt, Urteil vom 02.03.2011 – 11 K 445/10.F; VG München, Beschluss vom 22.11.2010 – M 10 K 10.185; Schott-Mehrings, 2019, S. 172; Westphal/Stoppa, 2007, S. 563f.). Es ist daher nichts zu veranlassen und die Ausreise zu gewähren.

Der Original-Fall wie auch der Fall aus München wurden noch nach dem Zurückschiebungstatbestand alter Fassung vor Umsetzung der EU-Rückführungsrichtlinie am 26.11.2011 entschieden – die Gerichtsentscheidungen lassen sich aber auf die aktuelle Rechtslage übertragen.

Auch die Einleitung eines Strafverfahrens wegen Verdachts des unerlaubten Aufenthaltes nach § 95 I Nr. 2 AufenthG wird in der Praxis ins Leere gehen. Zwar sind die Tatbestandsvoraussetzungen des Aufenthaltes im Bundesgebiet ohne erforderlichen Aufenthaltstitel und entgegen vollziehbarer Ausreisepflicht ohne Aussetzung einer Abschiebung erfüllt, jedoch ist weder eine Ausreisefrist abgelaufen noch entschieden worden, ob eine Frist zu gewähren ist. Das aber wäre im Fall glaubhafter Ausreisebereitschaft nach § 59 I AufenthG erforderlich. Dieses entspricht dem Grundgedanken von Art. 7 EU-Rückführungsrichtlinie. Insbesondere aber wirkt sich der Vorrang schnellstmöglicher „sur place"-Rückkehr durch Ausreise aus dem Schengen-Raum und Rückkehr in den Herkunftsstaat derart aus, dass die Anwendung einer Strafvorschrift, die von der abstrakten Strafdrohung her eine die Ausreise behindernde oder verzögernde Freiheitsstrafe vorsieht, mit dem Unionsrecht nicht vereinbar ist. Denn Art. 6 I EU-Rückführungsrichtlinie verlangt vorrangig die Rückkehr in den Herkunftsstaat (EuGH, Urteil vom 28.04.2011 – RS. C-61/11, „El Dridi"; EuGH, Urteil vom 06.12.2011 – RS. C-329/11, „Achughbabian"; EuGH, Urteil vom 06.12.2012 – Rs. C-430/11, „Sagor"; Gericke, 2018, § 95 AufenthG, Rdnr. 30; Schott-Mehrings, 2019, S. 290). Die nationale Rechtsprechung hat zwar die Anwendbarkeit des § 95 I Nr. 2 AufenthG für die Fälle bestätigt, in denen sich der Ausreisepflichtige „außerhalb des Rückkehrverfahrens stellt", indem er untertaucht und sich dem Zugriff der Behörden entzieht (KG Berlin, Beschluss vom 26.03.2012 – (4) 1 Ss 393/11 (20/12)). Das ist im Fall der Ausreise durch Vorstelligwerden in der Ausreisekontrolle aber gerade nicht der Fall. Letztlich wird in Fällen wie diesen die Polizei strafrechtliche Ermittlungen einleiten, ohne aber die Ausreise mit der konkret geplanten Flugverbindung zu verhindern, und die Staatsanwaltschaft das Verfahren wegen Annahme eines persönlichen Strafaufhebungsgrundes – der freiwilligen Ausreise und Rückkehr nach der EU-Rückführungsrichtlinie und der EuGH-Rechtsprechung in den Fällen „El Dridi", „Achughbabian" und „Sagor" – nach § 170 II StPO oder infolge des nur kurzen unerlaubten Aufenthaltes während der Durchreise durch Deutschland wegen Geringfügigkeit nach § 153 I StPO einstellen.

2.5 Ausnahme-Visum

Abweichend von der grundsätzlichen Zuständigkeit der Konsulate kann auch von der Grenzpolizei ein Visum in Form eines Ausnahme-Visums erteilt werden.

Fall 19 – Flugplanänderung

Sachgebiete

Außengrenze, Visakodex, Schengen-Visum Typ C, Ausnahme-Visum, Visagebühr

Sachverhalt

Bundespolizeirevier Flughafen Frankfurt-Hahn (HHN), 23.01.2013. Zur Einreise mit dem Flug aus Jerewan (Eriwan), Armenien, über die Flughafentransitzone von Timişoara (TSR), Rumänien, erscheint eine Reisende mit nachfolgend abgebildeter Dokumentenlage. Nach ihren Reiseunterlagen hatte sie einen von Frankfurt-Hahn abgehenden direkten Anschlussflug nach London-Stansted gebucht. Diese Ryanair-Verbindung ist jedoch für den aktuellen Tag und den Folgetag abgesagt worden. Die Reisende hat daher über ihr Smartphone online einen am selben Tag vom Flughafen Frankfurt am Main abgehenden Flug nach London-Heathrow gebucht. Dabei war sie irrtümlich von einem benachbarten Terminal desselben Flughafens ausgegangen und in Unkenntnis davon, dass es sich bei Frankfurt-Hahn und Frankfurt am Main um zwei verschiedene, mehr als hundert Kilometer auseinanderliegende Verkehrsflughäfen handelt. Die Weiterreise nach London ist den glaubhaften Angaben und Unterlagen der Armenierin zufolge dringend, weil sie dort noch heute als Pflegekraft vorstellig werden und nach der dringenden Bitte ihres künftigen Arbeitgebers dort den Pflegedienst möglichst sofort antreten soll. Daher bittet die Reisende um Gewährung der Weiterreise zum Flughafen Frankfurt am Main. Prüfen Sie im Gutachtenstil, ob die Einreise zu gewähren ist und ob grenzpolizeiliche ausländerrechtliche Maßnahmen zu treffen sind oder ob die Einreise zu verweigern ist.

Abbildung 16: Einreisekontrolle Timişoara – Frankfurt-Hahn, Pass und Visum

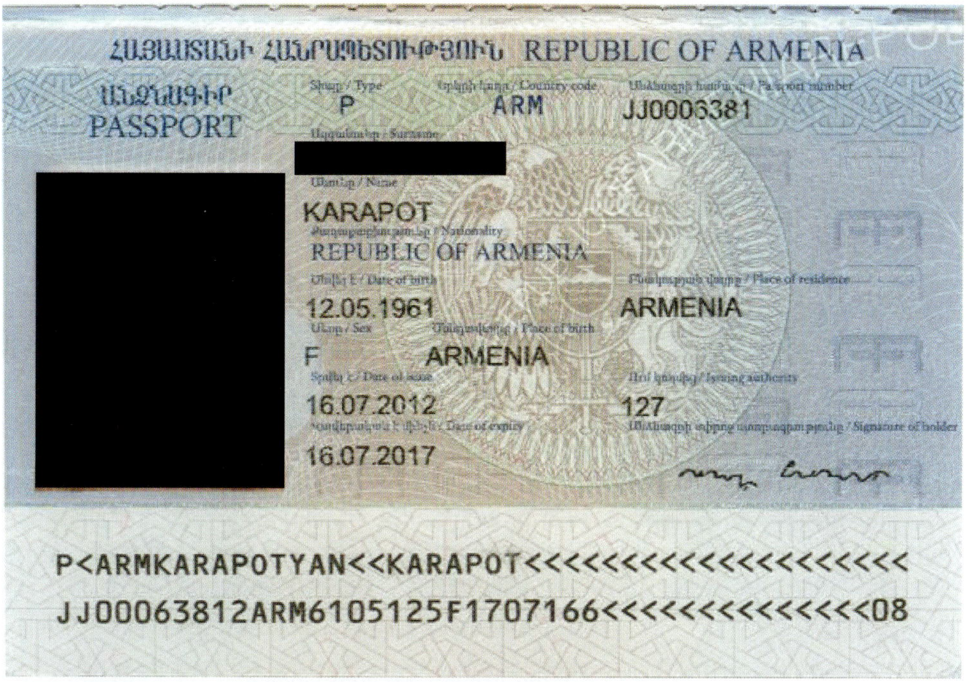

Bilder: © Bayerisches Landeskriminalamt, Dokumenteninformationssystem

Lösungsvorschlag und Entscheidungsvorschlag

1.) Statusfeststellung und Kontrollsituation

Die Reisende ist Staatsangehörige der Republik Armenien und daher Drittstaatsangehörige. Sie unterliegt damit den Einreisevoraussetzungen des SGK und des AufenthG. Die Flugverbindung von Armenien über Rumänien ist hinsichtlich der Kontrollsituation und der Grenzabfertigung als Schengen-Außengrenze zu behandeln.

2.) Passpflicht

Da sie einen gültigen Pass von Armenien besitzt, erfüllt sie die Passpflicht nach Art. 6 I a) SGK und auf nationaler Ebene nach § 3 I AufenthG.

3.) Visumpflicht

Fraglich ist die Visumpflicht. Für ihren Weiterflug nach London hätte sie im Fall regulären planmäßigen Flugbetriebes kein Visum gebraucht. Planmäßig hätte sie die Flughafentransitzone nicht verlassen. Ein Flughafentransitvisum Typ A für das Umsteigen in der Flughafentransitzone ist nur für die Staatsangehörigen der in Art. 3 I, Anhang IV VK und in Anlage C zu § 26 AufenthV genannten Drittstaaten erforderlich (Schott-Mehrings, 2019, S. 104). Armenien ist dort nicht gelistet. Ein Schengen-Visum Typ C ist nur für eine Einreise unter Passieren einer Grenzübergangsstelle erforderlich. Das wäre hier bei planmäßigem Flugbetrieb nicht der Fall gewesen. Daher ist es nachvollziehbar, dass die armenische Pflegekraft weder ein Visum Typ A noch ein Visum Typ C besitzt.

Infolge der veränderten Sachlage will die Armenierin zum Flughafen Frankfurt am Main weiterreisen. Dafür ist eine Einreise unter Passieren der Grenzübergangsstelle (§ 13 II Satz 1 AufenthG) und eine Weiterreise auf dem Landweg innerhalb Deutschlands erforderlich. Insoweit wäre jetzt ein Schengen-Visum Typ C erforderlich, das die Armenierin jedoch nicht besitzt. Stattdessen befindet sich in ihrem Pass lediglich ein Einreisevisum für das Vereinigte Königreich Großbritannien und Nordirland. Dieses belegt ihre Weiterreiseabsicht nach Großbritannien, ist aber kein Schengen-Visum und entfaltet keine Wirkung in Deutschland oder anderen Schengen-Staaten.

4.) Ausstellung eines Ausnahme-Visums

Anstatt der eigentlich nach Art. 14 I Satz 1 SGK eintretenden Rechtsfolge einer Einreiseverweigerung besteht die Möglichkeit der Erteilung eines Ausnahme-Visums.

a) Rechtsgrundlagen

In Art. 6 V b) SGK ist die rechtliche Möglichkeit vorgesehen, anstatt einer Einreiseverweigerung nach Art. 14 SGK ein Ausnahme-Visum auszustellen, damit die Reisende die Voraussetzung des Art. 6 I b) SGK erfüllen kann. Eine vergleichbare Regelung findet sich in § 14 II AufenthG. Eine nach § 14 I AufenthG unerlaubte Einreise kann durch Ausstellung eines Ausnahme-Visums nach § 14 II AufenthG legalisiert werden.

Die Zuständigkeit dafür liegt nach Art. 4 II VK und § 71 III Nr. 2 AufenthG bei der Grenzpolizei.

In verfahrensrechtlicher Hinsicht muss die armenische Pflegekraft der Grenzpolizei einen ausgefüllten Visumantrag nach dem Muster aus Art. 11 Anhang I VK vorlegen.

b) Erteilungsvoraussetzungen

Die materiellen Erteilungsvoraussetzungen richten sich nach Art. 35 VK.

aa) Einreisevoraussetzungen nach Art. 6 I a), c), d) und e) SGK

Nach Art. 35 I a) VK erfordert die Erteilung eines Ausnahme-Visums das Erfüllen der Schengener Einreisevoraussetzungen nach Art. 6 I a), c), d), e) SGK. Die Armenierin besitzt einen gültigen Pass und erfüllt damit die Voraussetzung aus Art. 6 I a) SGK. Der Zweck-Mittel-Nachweis nach Art. 6 I c) SGK kann durch die Reise- und Pflegedienstunterlagen und das Einreisevisum für Großbritannien als erbracht angesehen werden. Nach Art. 4 des Abkommens zwischen der Europäischen Union und der Republik Armenien zur Erleichterung der Visa-Erteilung (ABl.-EU L 289/2 vom 31.10.2013) werden an das Vorbringen des Aufenthaltszwecks geringere Anforderungen gestellt als bei Staatsangehörigen anderer Drittstaaten. Die Überprüfung der nationalen Datenbanken und des SIS ist im Visa-Antragsverfahren vorzunehmen.

bb) Unvorhergesehener zwingender Einreisegrund

Die Reisende muss nach Art. 35 I b) VK vorbringen, dass es ihr unmöglich gewesen sei, einen Visumantrag im Voraus im zuständigen deutschen Konsulat in Eriwan zu stellen, und einen unvorhersehbaren zwingenden Einreisegrund nachweisen. Darunter fallen spontan eintretende Einreisegründe aller Art, die ihre Ursache erst im Verlauf einer Reise und nicht vor Reiseantritt finden. Als Standardbeispiele werden plötzlich eingetretene Erkrankungen Angehöriger, Todesfälle oder ausgefallene Flugverbindungen genannt, auch die durch den Ausbruch eines isländischen Vulkans bedingte Sperrung des deutschen Luftraums im Jahr 2010 gehört dazu. Im vorliegenden Fall liegt die Streichung einer Anschlussflugverbindung, die – zwar sorgfaltswidrige, aber für eine Reisende aus einem vorderasiatischen Staat nachvollziehbare und trotz unterschiedlicher IATA-Codes (FRA und HHN) mit der irritierenden Namensähnlichkeit „Frankfurt“ erklärbare – Unkenntnis der Unterscheidung der Flughäfen Frankfurt-Hahn und Frankfurt am Main sowie eine flugplanänderungsbedingte Buchung ab Frankfurt am Main vor. Daraus entsteht ein unvorhersehbares Einreisebedürfnis am Flughafen Frankfurt-Hahn, um den Flughafen Frankfurt am Main zu erreichen. Die Dringlichkeit des Einreisegrundes folgt aus der Dringlichkeit der Weiterreise nach London.

cc) Ausreise

Art. 35 I c) VK verlangt die rechtzeitige Ausreise aus dem Schengen-Gebiet durch Weiterreise in einen Non-Schengen-Staat oder Rückkehr in den Herkunftsstaat. Die für denselben Tag geplante Ausreise aus dem Schengen-Raum nach Großbritannien reicht dafür aus, da sie der Weiterreise in einen Drittstaat gleichsteht.

dd) Ergebnis

Die Voraussetzungen für die Erteilung eines Ausnahme-Visums sind daher erfüllt.

c) Visagebühr

Die Visagebühr für ein Schengen-Visum Typ C beträgt nach Art. 16 I VK in der derzeitigen Fassung 60 Euro. Dieser Betrag ist seit 05.04.2010 unverändert geblieben und bisher nie angepasst worden. Ab 02.02.2020 wird die Gebür nach Art. 1 Nr. 12a) VO (EU) 2019/1155 (ABl.-EU L 188/25 vom 12.07.2019) durch Änderung von Art. 16 I VK auf 80 Euro angehoben. Für eine Staatsangehörige von Armenien beträgt die Gebühr abweichend von Art. 16 I VK nicht 60 Euro, sondern nur 35 Euro. Das ergibt sich aus Art. 6 I Satz 1 des Abkommens zwischen der Europäischen Union und der Republik Armenien zur Erleichterung der Visa-Erteilung (ABl.-EU L 289/2 vom 31.10.2013).

Ergänzender Hinweis:

Weitere relevante Vertragsstaaten inhaltsgleicher Visaerleichterungsabkommen sind Aserbaidschan, Kap Verde und die Russische Föderation. Die inhaltsgleichen Abkommen mit den Westbalkanstaaten (mit Ausnahme von Kosovo), Georgien, Moldau und der Ukraine bestehen weiterhin, sind jedoch durch die Visabefreiung mit ePass praktisch überholt.

Fall 20 – Seemännische Ummusterung

Sachgebiete

Außengrenze, Visakodex, Schengen-Visum Typ C, Ausnahme-Visum, Konsultationspflicht

Sachverhalt

Lübeck-Travemünde, Skandinavienkai. Für ein aus St. Petersburg, Russische Föderation, anlegendes Frachtschiff hat die Schiffsagentur der Grenzpolizei per Fax angekündigt, dass ein Seemann mit libyscher Staatsangehörigkeit zur Ummusterung auf ein in Rotterdam liegendes Schiff derselben Reederei beordert wurde. Des Weiteren wünschen fünf Seeleute mit russischer und kubanischer Staatsangehörigkeit einen Landgang für die zwölfstündige Liegezeit des Schiffs im Hafen. Alle Seeleute sind in der Besatzungsliste des Schiffs eingetragen, haben gültige Pässe oder als Grenzübertrittspapiere anerkannte Seefahrtbücher, aber keine Visa. Stellen Sie fest, was zu veranlassen ist.

Lösungsvorschlag und Entscheidungsvorschlag

1.) Statusfeststellung und Kontrollsituation

Alle vorstellig gewordenen Besatzungsmitglieder sind Drittstaatsangehörige und unterliegen den Einreisevoraussetzungen des SGK und des AufenthG. Die Kontrolle richtet sich nach dem Standard der Schengen-Außengrenze. Da der Frachtschiffverkehr keine regelmäßige interne Fährverbindung nach Art. 2 Nr. 1 c) SGK darstellt, liegt keine Binnengrenze, sondern eine Außengrenze nach Art. 2 Nr. 2 SGK vor.

2.) Libyscher Seemann

Der libysche Seemann erfüllt die Passpflicht nach Art. 6 I a) SGK und auf nationaler Ebene nach § 3 I AufenthG. Für die Ummusterung nach Rotterdam muss er einreisen und braucht ein Schengen-Visum Typ C, was er nicht besitzt. Gemäß Art. 6 V b) SGK, § 14 II AufenthG, Art. 35f. VK kann ein Ausnahme-Visum erteilt werden. Speziell für Seeleute kommt Art. 36 VK zur Anwendung. Problematisch ist jedoch, dass Libyen auf der Konsultationsliste einiger Schengen-Staaten, z. B. der Schweiz, gelistet ist. Ein Konsultationsverfahren ist grundsätzlich nur dem Visumverfahren im Konsulat vorbehalten. Im Fall einer konsultationspflichtigen Staatsangehörigkeit soll daher gem. Art. 35 V Satz 1 VK grundsätzlich kein Ausnahme-Visum erteilt werden. Dieses ist jedoch gem. Art. 35 V Satz 2 i. V. m. Art. 25 I a) VK ausnahmsweise zulässig unter räumlicher Beschränkung auf den Ausstellerstaat und ggf. den weiteren Staat, zu dem Gebietskontakt zum Zweck der Durchreise erforderlich ist, hier Deutschland und Niederlande.

3.) Russische und kubanische Seeleute

Die russischen und kubanischen Seeleute erfüllen die Passpflicht nach Art. 6 I a) SGK und national nach § 3 I AufenthG. Sie beabsichtigen keine Lösung vom Schiff. Daher brauchen sie für einen Landgang kein Visum Typ C, sondern können gem. Art. 6 I b) EUVisaVO, § 24 II AufenthV für das Gebiet des Hafenortes und die Liegezeit des Schiffs von der Visumpflicht befreit werden. Die Visumbefreiung beruht auf einem Verwaltungsakt der Grenzpolizei und wird durch Ausstellung eines Passierscheins-See dokumentiert.

3. Visafreie Einreise

Nach Art. 6 I b) SGK ist für die Einreise ein Visum nicht erforderlich, wenn der Drittstaatsangehörige nach Anhang II EUVisaVO von der Visumpflicht befreit ist. Befreiungen von der Visumpflicht können sich auch aus Abkommen zwischen der EU und Drittstaaten ergeben. Entsprechend ist die nationale Regelung weiter gefasst: Nach § 4 I Satz 1 AufenthG ist ein Aufenthaltstitel erforderlich, soweit nicht durch Recht der EU (EUVisaVO, SDÜ, EU-Abkommen) oder Rechtsverordnung (AufenthV) etwas anderes bestimmt ist.

3.1 Visafreie Einreise über die Außengrenze

Am praxisrelevantesten ist die EUVisaVO. Zuletzt wurden folgende Drittstaaten in die Listung der visafreien Staaten nach Anhang II EUVisaVO aufgenommen: Republik Moldau mit ePass (2014), Georgien und Ukraine, jeweils mit ePass (beide 2017), und das Vereinigte Königreich Großbritannien und Nordirland für den Fall des „Brexit" (2019).

Fall 21 – Tango Argentino

Sachgebiete

Außengrenze, Einreisekontrolle, EUVisaVO, Erwerbstätigkeit

Sachverhalt

Bundespolizeiinspektion Flughafen Frankfurt, 01.05.2019. Zur Einreise aus Buenos Aires (AEP) kommt eine Reisende mit nachfolgend abgebildeter Dokumentenlage. Sie legt weiterhin eine Airbnb-Buchung für eine Frankfurter Unterkunft für 17 Tage mit Überweisungsbeleg, eine ec-Karte, Bargeld in Höhe von 5.400 Peseten (umgerechnet etwa 185 Euro), ein auf den 18.05.2019 datiertes Flugticket zum Flughafen Barcelona-El Prat und ein auf den 23.05.2019 datiertes Rückflugticket Barcelona – Buenos Aires vor. Für den Aufenthalt in Frankfurt legt die Reisende einen Arbeitsvertrag vor, auf einem am 04.05.2019 beginnenden Lateinamerika-Festival in Frankfurt an zehn Tagen gegen eine Künstlergage von 100 Euro je Tag argentinische Tangomusik zu spielen. Der Aufenthalt in Barcelona ist für den Besuch einer Freundin vorgesehen, bei der die Reisende, wie sie glaubwürdig versichert, Unterkunft und Verpflegung erhalten wird. Prüfen Sie im Gutachtenstil, ob die Einreise zu gewähren oder zu verweigern ist.

Abbildung 17: Einreisekontrolle Buenos Aires – Frankfurt, Pass

Bilder: © Bayerisches Landeskriminalamt, Dokumenteninformationssystem

Lösungsvorschlag und Entscheidungsvorschlag

1.) Statusfeststellung

Die Reisende ist Staatsangehörige von Argentinien und daher Drittstaatsangehörige. Sie unterliegt damit den Einreisebestimmungen des SGK und des AufenthG.

2.) Passpflicht

Die Reisende ist im Besitz eines gültigen Passes von Argentinien und erfüllt daher die Einreisevoraussetzung nach Art. 6 I a) SGK und auf nationaler Ebene nach § 3 I AufenthG.

3.) Visumpflicht

Gemäß Art. 6 I b) SGK ist ein gültiges Visum erforderlich, soweit nach der EUVisaVO vorgeschrieben. Staatsangehörige von Argentinien sind nach Art. 4 I, Anhang II EUVisaVO für die Einreise zum Zweck eines Aufenthaltes bis zu 90 Tage innerhalb von 180 Tagen, also eines Kurzaufenthaltes, von der Visumpflicht befreit. Danach ist die Einreise visafrei.

Zu untersuchen ist, ob die geplante künstlerische Tätigkeit als Tangospielerin auf dem Lateinamerika-Festival Anlass für eine andere Beurteilung gibt. Denn anders als bei den meistens bei Kurzaufenthalten üblichen touristischen Aufenthalten, Teilnahmen an Sprachkursen, Wahrnehmung von Geschäftsterminen, Messebesuchen oder Familienbesuchen ist hier die Begründung eines Arbeitsverhältnisses geplant. Grundsätzlich erfordert die Ausübung einer Erwerbstätigkeit nach § 4 III AufenthG den Besitz eines Aufenthaltstitels mit Gestattung einer Erwerbstätigkeit (früher Arbeitserlaubnis). Hierfür ist in aller Regel die Zustimmung der Bundesagentur für Arbeit erforderlich (§ 39 I AufenthG). Insoweit stellt Art. 6 III EUVisaVO in das Ermessen der Anwenderstaaten, zum Schutz ihres Arbeitsmarktes die Visabefreiung für Fälle der Aufnahme einer Erwerbstätigkeit aufzuheben. Deutschland hat von dieser Möglichkeit Gebrauch gemacht: Nach § 17 I AufenthV besteht die Befreiung vom Erfordernis eines Aufenthaltstitels und damit die Visabefreiung nicht, wenn die Aufnahme einer Erwerbstätigkeit erfolgt. Danach wäre ein Schengen-Visum Typ C (wegen des Kurzaufenthaltes) mit Erwerbstätigkeitsgestattung erforderlich. Nach § 17 II AufenthV erlischt die Visabefreiung jedoch nicht, wenn der Drittstaatsangehörige nicht länger als 90 Tage innerhalb von zwölf Monaten eine Tätigkeit nach § 30 Nr. 2 BeschV ausübt. Durch diese Ausnahmevorschrift werden arbeitsmarktpolitisch neutrale Tätigkeiten, die den vermittlungsfähigen geförderten Arbeitsmarkt nicht beeinträchtigen, aus der Zustimmungspflicht und Arbeitserlaubnispflicht ausgenommen. Gemäß § 22 Nr. 2 BeschV fällt auch eine künstlerische Darbietung anlässlich eines Festivals oder von Musik- oder Kulturtagen darunter. Danach ist die Darbietung argentinischer Tangos genehmigungsfrei und berührt die Visabefreiung nicht.

4.) Zweck-Mittel-Nachweis

Der nach Art. 6 I c) SGK erforderliche Nachweis des Aufenthaltszwecks und der Nachweis finanzieller Mittel sind als erbracht anzusehen. Der Aufenthalt in Deutschland dient der Tangodarbietung und – vor und nach der Festivaltätigkeit – offenbar touristischen Zwecken. Der Reisezweck bewegt sich im Rahmen eines Kurzaufenthaltes. Der geplante Aufenthalt in Deutschland und in Spanien umfasst bei planmäßiger Ausreise 24 Tage und bleibt damit unter 90 Tagen.

Für die finanziellen Mittel verlangt Deutschland je nach Umständen des Aufenthaltes einen angemessenen Tagessatz, im Zweifel 45 Euro je Tag, Spanien hingegen 70 Euro je Tag. Dabei sind jedoch die Umstände des Einzelfalles (Einladung, Hotelbuchung oder Airbnb) zu berücksichtigen. Das Verhältnis von mitgeführtem Bargeld, ec-Karte und bereits gezahlter Unterkunft ist reiseüblich und angemessen. Insbesondere gestattet Art. 6 I c) SGK, auch die finanziellen Mittel während des Aufenthaltes legal zu erwerben, was durch die Entlohnung auf dem Musikfestival gewährleistet ist. Unabhängig vom Kontostand auf dem ec-Kartenkonto kann sie damit die finanziellen Mittel für den Aufenthalt und ihre Verpflegung vorweisen, wobei die Unterkunft in Frankfurt bereits bezahlt und die Unterkunft in Barcelona kostenlos ist.

5.) Weitere Einreisevoraussetzungen

Ausschreibungen in Dateien sind nicht ersichtlich, Gefahrentatbestände ebenfalls nicht, sodass auch die Einreisevoraussetzungen nach Art. 6 I d) und e) SGK erfüllt sind.

6.) Ergebnis

Die Einreise ist daher zu gewähren.

3.2 Visafreie Einreise über die Binnengrenze und visafreier Inlandsaufenthalt

Art. 6 I SGK und EUVisaVO gelten dem Wortlaut nach nur für die Einreise über die Außengrenze. Für die Einreise über eine Binnengrenze und den Inlandsaufenthalt gilt das SDÜ und – da eine Einreiseverweigerung nach Art. 14 SGK nicht möglich ist – das nationale Recht der Aufenthaltsbeendung nach §§ 50ff. AufenthG.

Fall 22 – Chişinău-Transfer (NDR-Berichterstattung vom 11.04.2018)

Sachgebiete

Inlandsaufgriff, Einreisekontrolle, EUVisaVO, Erwerbstätigkeit, Abschiebung, Haft

Originalfall

NDR-Berichterstattung vom 11.04.2018 „Großeinsatz gegen illegale Beschäftigung auf Bau“ (https://www.ndr.de/nachrichten/Grosseinsatz-gegen-illegale-Beschaeftigung-auf-Bau,razzia958.html , abgerufen 12.04.2018, Seite seit 2019 vom Netz genommen)

Sachverhalt

Hauptzollamt Kiel, Sachgebiet C, Kontrollräume Lübeck und Ostsee, 11.04.2018. In einer gemeinsamen Aktion von Zollverwaltung, Landespolizei und Ausländerbehörden werden auf mehreren Baustellen für Ferienwohnungen an der Ostseeküste zwischen Lübeck-Travemünde und der Insel Fehmarn mit Ausführung von Bauarbeiten beschäftigte Personen festgestellt, denen jeweils die nachfolgend – stellvertretend für einen der Aufgegriffenen – abgebildete Dokumentenlage zugeordnet werden kann. Der Betroffene weist sich zunächst mit dem ersten Dokument aus, das nur auf den ersten Blick eine sinnvolle Legende verschafft und sich bei gründlicherer Betrachtung als Totalfälschung erweist. Erst bei einer Durchsuchung der Räume des Arbeitgebers wird das zweite Dokument gefunden, das dem

Betroffenen zugeordnet wird und einen Einreisestempel vom 11.10.2017, aber weder Visum noch Aufenthaltstitel aufweist. Die Unterkunftsverhältnisse sind unklar. Prüfen Sie im Gutachtenstil, ob ein erlaubter Aufenthalt vorliegt oder ob grenzpolizeiliche ausländerrechtliche Maßnahmen anzuordnen sind.

Abbildung 18: Razzia Zoll-Kontrollräume Lübeck-Ostsee, vorgelegter Ausweis

Bild: © Bayerisches Landeskriminalamt, Dokumenteninformationssystem

Abbildung 19: Razzia Zoll-Kontrollräume Lübeck-Ostsee, sichergestellter Pass

Bilder: © Bayerisches Landeskriminalamt, Dokumenteninformationssystem

Lösungsvorschlag und Entscheidungsvorschlag

1.) Statusfeststellung und Kontrollsituation

Der Aufgegriffene weist sich mit einer ID-Card von Rumänien aus, ist aber ausweislich des Passes Staatsangehöriger der Republik Moldau und damit kein EU-Staatsangehöriger, sondern Drittstaatsangehöriger. Er unterliegt damit den Bestimmungen des SGK und des AufenthG. Da die Aufgriffe nicht an einer Außengrenze, sondern im Inland stattfinden, gilt allerdings nicht die Regelung des Art. 6 I SGK in unmittelbarer Anwendung.

2.) Einreise- und Aufenthaltsvoraussetzungen

a) Passpflicht

Der Aufgegriffene ist im Besitz eines gültigen ePasses der Republik Moldau, wenn er diesen auch nicht vorgelegt hat. Bei Einreise über die Außengrenze (11.10.2017) hat er damit die Passpflicht nach Art. 6 I a) SGK erfüllt. Im Inlandsaufgriff (11.04.2018) erfüllt er damit die Passbesitzpflichten nach §§ 3 I, 48 I AufenthG.

b) Visumpflicht und Aufenthaltstitelpflicht

Zu entscheiden ist zunächst, nach welcher Rechtsgrundlage sich die Frage der Visumpflicht oder Visumbefreiung richtet.

aa) Art. 6 I b) SGK, Anhang II EUVisaVO

Gemäß Art. 6 I b) SGK musste der moldauische Staatsangehörige bei Einreise an der Außengrenze nicht im Besitz eines gültigen Visums sein, da Staatsangehörige der Republik Moldau gem. Anhang II EUVisaVO für die Einreise zum Zweck eines Aufenthaltes bis zu 90 Tagen innerhalb von 180 Tagen im Hoheitsgebiet der Schengen-Staaten – also einen Kurzaufenthalt – von der Visumpflicht befreit sind. Dieses gilt nach Art. 6 III EUVisaVO, § 17 I AufenthV jedoch nur, wenn keine Erwerbstätigkeit ausgeübt oder bei Einreise geplant ist (s. o., Fall 21). Im vorliegenden Fall erscheint die Annahme naheliegend, dass bereits bei der mit dem ePass von Moldau äußerlich scheinbar rechtmäßigen Einreise die Absicht der Erwerbstätigkeit bestand und dadurch die Visumbefreiung bereits von Anfang an erloschen war.

Im Aufgriffszeitpunkt selbst findet die EUVisaVO jedoch keine unmittelbare Anwendung, weil diese unmittelbar nur für die Einreise über die Außengrenze gilt.

bb) Art. 20 I SDÜ

An der deutschen Schengen-Binnengrenze und im Inlandsaufenthalt in Deutschland findet zunächst § 4 I Satz 1 AufenthG Anwendung. Danach ist für einen Drittstaatsangehörigen ein Aufenthaltstitel erforderlich, soweit nicht durch EU-Recht oder AufenthV etwas anderes bestimmt ist. Im Inlandsaufenthalt könnte als Unionsrecht Art. 20 I SDÜ Anwendung finden. Der Aufgegriffene erfüllt jedoch unter keinem denkbaren rechtlichen Aspekt die Voraussetzungen für eine Visumbefreiung oder Befreiung vom Erfordernis eines Aufenthaltstitels nach Art. 20 I SDÜ.

aaa) Sichtvermerksfreier Drittausländer

Zunächst müsste der moldauische Staatsangehörige den Status eines „sichtvermerksfreien Drittausländers", also eines von der Visumpflicht befreiten Drittstaatsangehörigen besitzen. In Betracht kommen alle Visumbefreiungen, die auf Unionsrecht beruhen. Mittelbar kann hierfür auf die EUVisaVO zurückgegriffen werden (aber eben nicht unmittelbar, da unmittelbar nur an der Außengrenze geltend). Staatsangehörige der Republik Moldau sind seit 2014 nach Anhang II EUVisaVO für die Einreise zum Zweck eines Kurzaufenthaltes von der Visumpflicht befreit, wenn sie Inhaber eines ePasses sind. Das trifft im vorliegenden Fall zu.

Hier führt allerdings die Erwerbstätigkeit zu einer anderen Beurteilung. Gemäß Art. 6 III EUVisaVO, § 17 I AufenthV ist die Visumbefreiung nach der EUVisaVO nach herrschender Auffassung bereits mit der Einreise in der Absicht der Arbeitsaufnahme, spätestens mit Aufnahme der Erwerbstätigkeit erloschen. Daher erfüllt der auf der Baustelle beschäftigte Moldauer nicht die Voraussetzungen für den Status des visumbefreiten Drittstaatsangehörigen und gehört nicht mehr in den Anwendungsbereich des Art. 20 I SDÜ.

bbb) Kurzaufenthalt

Art. 20 I SDÜ greift hinsichtlich der Aufenthaltsdauer den Kurzaufenthalt, also bis zu 90 Tagen innerhalb von 180 Tagen im Schengen-Raum, auf. Im vorliegenden Fall hat der Betroffene den Zeitraum von 90 Tagen weit überschritten (11.10.2017 bis 11.04.2018), fällt also auch als „Overstayer" nicht mehr unter Art. 20 I SDÜ.

ccc) Voraussetzungen des Art. 6 I a), c), d), e) SGK

Darüber hinaus verweist Art. 20 I SDÜ auf Art. 6 I SGK und führt damit die unmittelbar nur an der Außengrenze geltenden Einreisevoraussetzungen auch für den Aufgriff an der Binnengrenze und im Inlandsaufenthalt ein. Denn visumfreie Drittstaatsangehörige dürfen sich gem. Art. 20 I SDÜ im Schengen-Raum frei bewegen und aufhalten, soweit sie die Voraussetzungen des „Art. 5 I a), c), d) und e)" (SDÜ) erfüllen, was nach Art. 44 Satz 2 SGK in die Verweisung auf die aktuell geltenden Voraussetzungen des Art. 6 I a), c), d) und e) SGK umzudeuten ist.

Im vorliegenden Fall hat der moldauische Staatsangehörige durch Vorlage der Totalfälschung einer ID-Card von Rumänien versucht, Unionsstaatsangehörigkeit und die damit verbundene Arbeitnehmerfreizügigkeit vorzutäuschen. Diese Legendierung ist in sich stimmig, da die Amtssprache in Moldau ebenfalls Rumänisch (in der Unterart Moldovenesc) ist und durch die Sprachverwandtschaft die Legende glaubhaft erscheinen könnte. Außerdem stellt das rumänische Konsulat in Chişinău, Moldau, für rumänischstämmige Moldauer rumänische Pässe aus (s. o., Fall 1, ergänzende Hinweise), was in dem vorliegenden Fall aber offenbar nicht geschehen ist. Die ethnische Verwandtschaft zu Rumänien macht die Legende ebenfalls glaubhaft. Durch die Begehung eines Urkundendelikts nach § 267 I 3. Alt. StGB und die illegale Erwerbstätigkeit ohne den gem. § 4 III AufenthG erforderlichen Aufenthaltstitel mit Erwerbstätigkeitsgestattung besteht eine Störung der öffentlichen Sicherheit und damit die Gefahrenlage der Schadensvertiefung. Damit sind die in Art. 20 I SDÜ in Bezug genommenen Voraussetzungen des Art. 6 I c) und e) SGK nicht erfüllt.

ddd) Ergebnis

Art. 20 I SDÜ findet keine Anwendung. Der Moldauer ist daher nicht nach Unionsrecht von der Visumpflicht oder vom Erfordernis eines Aufenthaltstitels befreit, sodass er nach § 4 I Satz 1 AufenthG einen Aufenthaltstitel brauchen würde, aber nicht im Besitz des erforderlichen Aufwenthaltstitels ist. Mangels visafreien Aufenthaltsrechts tritt daher Ausreisepflicht nach § 50 I AufenthG ein (Nr. 50.1.9.1 AVwV-AufenthG).

3.) Aufenthaltsbeendung

Während an der Außengrenze die Einreiseverweigerung nach Art. 14 I SGK erfolgt, sind an Binnengrenze und im Inlandsaufgriff Aufenthaltsbeendungen zu prüfen. Diese richten sich nach nationalem Recht in Form der Regelungen der §§ 50–62b AufenthG.

a) Vollziehbare Ausreisepflicht

Voraussetzung jeder Aufenthaltsbeendung im Wege einer Zurückschiebung oder Abschiebung ist das Vorliegen vollziehbarer Ausreisepflicht. Ausreisepflicht liegt gem. § 50 I AufenthG vor, wenn ein erforderlicher Aufenthaltstitel nicht oder nicht mehr vorliegt. Da keine Visumbefreiung oder Befreiung vom Erfordernis eines Aufenthaltstitels vorliegt und auch kein Visum oder Aufenthaltstitel erteilt wurde, ist der Moldauer nicht im Besitz des erforderlichen Aufenthaltstitels. Ausreisepflicht liegt daher vor. Vollziehbar ist die Ausreisepflicht, wenn eine der Voraussetzungen des § 58 II AufenthG vorliegt. Im vorliegenden Fall liegt Vollziehbarkeit der Ausreisepflicht nach § 58 II Nr. 1 AufenthG infolge der unerlaubten Einreisen nach Deutschland nach § 14 I Nr. 2 AufenthG vor. Denn nach lebensnahem Sachverhaltsverständnis kann von einer Absicht der Erwerbstätigkeit bereits bei Einreise auszugehen sein. Außerdem ist davon auszugehen, dass bereits bei der Einreise ein Aufenthalt von mehr als 90 Tagen geplant war, was ebenfalls zum Erlöschen des visumfreien Einreise- und Aufenthaltsrechts aus Art. 20 I SDÜ führt (OVG Münster, Beschluss vom 11.11.2015 – 18 B 387/15; LG Hof, Urteil vom 20.04.2017 – 5 KLs 354 Js 1442/16).

b) Zurückschiebung

Die Tatbestandsvoraussetzungen einer Intra-Schengen-Zurückschiebung (§ 57 II 1. Alt. AufenthG liegen mangels Beteiligung eines Nachbarstaates nicht vor.

c) Abschiebung

Gemäß § 58 I AufenthG erfolgt die Abschiebung, wenn vollziehbare Ausreisepflicht besteht und die freiwillige Erfüllung der Ausreisepflicht nicht gesichert ist. Eine freiwillige Erfüllung der Ausreisepflicht darf gem. § 50 III AufenthG nur in den Herkunftsstaat oder einen anderen Drittstaat erfolgen, in einen anderen Schengen-Staat nur, wenn dort ein Einreiserecht besteht. Eine freiwillige Erfüllung der Ausreisepflicht durch Rückkehr nach Moldau ist nach der Nutzung einer totalgefälschten ID-Card gegenüber den Behörden nicht zu erwarten. Daher wird auch nach § 59 I Satz 2 Nr. 1 AufenthG keine Ausreisefrist zu gewähren sein. Allerdings ist der Betroffene gem. § 59 VIII AufenthG über seine Rechte der Einforderung tariflicher Lohnvergütung nach Art. 6 II, 13 der EU-Sanktionsrichtlinie RL 2009/51/EG zu unterrichten, da die Gesamtumstände den Verdacht einer untertariflichen Entlohnung nahelegen. Die Abschiebung fällt in die Zuständigkeit der Ausländerbehörde.

d) Gewahrsamnahme

Zu prüfen ist, ob Haft zur Sicherung der Abschiebung in Betracht kommt. Hierfür sprechen die ungeklärten Unterkunftsverhältnisse und der daher voraussichtlich erschwerte Zugriff der Ausländerbehörde, die Identitätstäuschung mit der gefälschten ID-Card sowie das offenkundige Motiv illegaler Arbeitsmigration und die damit verbundene Gefahr eines zu erwartenden Untertauchens.

Zu untersuchen ist, ob der Polizei eine rechtliche Möglichkeit einer Freiheitsentziehung zur Verfügung steht, bevor ein gerichtlicher Abschiebungshaftbeschluss erlassen werden kann.

Denn gem. § 62 III AufenthG ist ein ausreisepflichtiger Drittstaatsangehöriger erst auf richterliche Anordnung in Haft zu nehmen.

§ 62 V AufenthG gewährt das Festhalten und die vorläufige Gewahrsamnahme vor Erlass eines gerichtlichen Beschlusses.

aa) Zuständigkeit

Zuständig ist die für den Haftantrag zuständige Behörde. Die Zuständigkeit für einen Haftantrag liegt nach § 71 I AufenthG bei der Ausländerbehörde und nach § 71 III Nr. 1e) i. V. m. Nr. 1 bis 1b) AufenthG bei der Grenzpolizei für Fälle von Grenzraumaufgriffen. Die Zuständigkeit der Landespolizei ergibt sich aus § 71 V AufenthG.

bb) Gewahrsamstatbestand

Gemäß § 62 V Nr. 1 AufenthG müssen dringende Gründe für die Annahme eines Haftgrundes nach § 62 III Satz 1 AufenthG gegeben sein. Denkbar wäre der Rückgriff auf den hier auf den ersten Blick naheliegenden Haftgrund nach § 62 III Satz 1 Nr. 1 AufenthG. Dafür genügt das Feststellen vollziehbarer Ausreisepflicht aufgrund unerlaubter Einreise, hier nach §§ 14 I Nr. 2, 50 I, 58 II Nr. 1 AufenthG (s. o., 3.) a)).

Nach Art. 15 I Satz 1 a), b) EU-Rückführungsrichtlinie ist die Haft als letztes Mittel auf Fälle von Fluchtgefahr oder Umgehung des Rückführungsverfahrens durch den Drittstaatsangehörigen zu beschränken. Nach Art. 3 Nr. 7 EU-Rückführungsrichtlinie muss der nationale Gesetzgeber gesetzliche Kriterien schaffen, aus denen sich auf Fluchtgefahr schließen lässt. Daher muss als Haftgrund auf § 62 III Satz 1 Nr. 5 AufenthG, den Haftgrund der Fluchtgefahr, und auf die dazu vom Gesetzgeber seit 2015 in § 62 IV AufenthG geregelten gesetzlichen Anhaltspunkte zurückgegriffen werden. Im vorliegenden Fall ist infolge der Identitätstäuschung mit der totalgefälschten rumänischen ID-Card der Tatbestand der gesetzlichen – wenn auch im Einzelfall widerleglichen – Vermutung von Fluchtgefahr nach § 62 IIIa Nr. 1 AufenthG als auch des konkreten Anhaltspunktes für Fluchtgefahr nach § 62 IIIb Nr. 1 AufenthG (früher § 2 XIV Nr. 2 AufenthG a.F. 2015) erfüllt.

Des Weiteren muss nach § 62 V Nr. 2 AufenthG ein Spontanaufgriff vorliegen, in dem eine richterliche Entscheidung nicht im Voraus zu erlangen war. Das ist hier der Fall, weil im Voraus nicht bekannt sein konnte, die betroffene konkrete Person aufzugreifen. Nach § 62 V Nr. 3 AufenthG muss der begründete Verdacht vorliegen, der Betroffene werde sich der Haftanordnung entziehen, was bereits aus der Feststellung eines Haftgrundes folgt.

cc) Verfahren

Die Vorführung vor das zuständige Amtsgericht und das Erfordernis des Haftantrages richtet sich nach §§ 417ff. FamFG (Schmidt-Räntsch, NVwZ 2014, 110), wobei der Haftantrag Angaben zur vollziehbaren Ausreisepflicht, zum Zielstaat, zur Durchführbarkeit der Abschiebung, zur voraussichtlich erforderlichen Dauer der Abschiebungshaft und in Fällen des § 72 IV AufenthG zur erforderlichen Zustimmung der Staatsanwaltschaft enthalten muss (BGH, Beschluss vom 24.02.2011 – V ZB 202/10; BGH, Beschluss vom 26.01.2012 – V ZB 235/11; BGH, Beschluss vom 31.01.2013 – V ZB 20/12, Schmidt-Räntsch, NVwZ 2014, 110; Schott-Mehrings, 2019, S. 261).

Ergänzender Hinweis:

Auf der Grundlage von Art. 2 n) VO (EU) Nr. 604/2013 (Dublin-III-Verordnung) gilt nach § 2 XV i. V. m. § 2 XIV AufenthG dasselbe für die Feststellung der Fluchtgefahr bei der Dublin-III-VO unterliegenden Dublin-Nichtrückkehrern (s. u., Fall 31).

3.3 Kombination von Kurzaufenthalt und längerfristigem Aufenthalt

Praxisrelevant ist die für visumbefreite Drittstaatsangehörige attraktive Möglichkeit, einen visumfreien Kurzaufenthalt und einen Aufenthalt mit Aufenthaltstitel zu kombinieren.

Fall 23 – Vortouristische visumfreie Einreise

Sachgebiete

Außengrenze, Einreisekontrolle, EUVisaVO, Kombination Kurzaufenthalt und langfristiger Aufenthalt

Sachverhalt

Bundespolizeiinspektion Flughafen Berlin-Schönefeld (BER), 09.03.2019. Zur Einreise aus Kiew-Borispol (KBP), Ukraine, erscheint eine Reisende mit nachfolgend abgebildeter Dokumentenlage. Sie berichtet, von April 2019 an zwei Semester Erziehungswissenschaften an der Humboldt-Universität Berlin studieren zu wollen und für die Semesterferien einer Tätigkeit als Bibliothekshilfskraft für eine Dauer von 90 Tagen nachgehen zu wollen. Ausweislich einer Einladung und Verpflichtungserklärung eines in Berlin ansässigen Einladers werden Unterkunft und Verpflegung in der Wohnung des Einladers und dessen Familie als Gastfamilie gestellt. Die Studentin gibt an, drei Wochen vor Beginn des Semesters anzureisen, um sich in Berlin eingewöhnen und orientieren zu können. Prüfen Sie im Gutachtenstil, ob die Einreise zu gewähren oder zu verweigern ist.

Abbildung 20: Einreisekontrolle Kiew – Berlin-Schönefeld, Pass und Visum

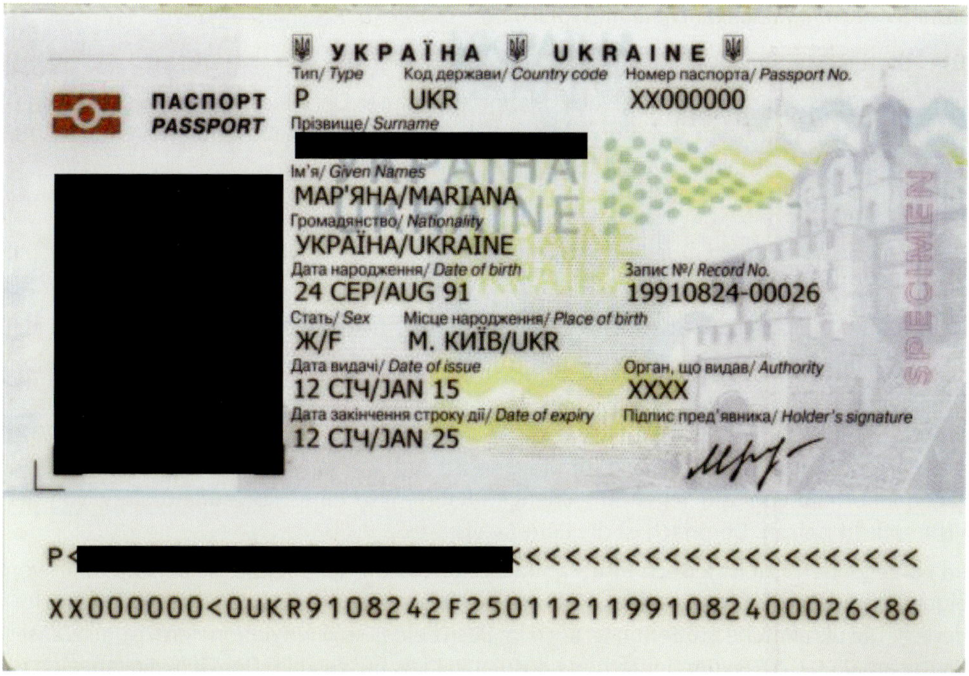

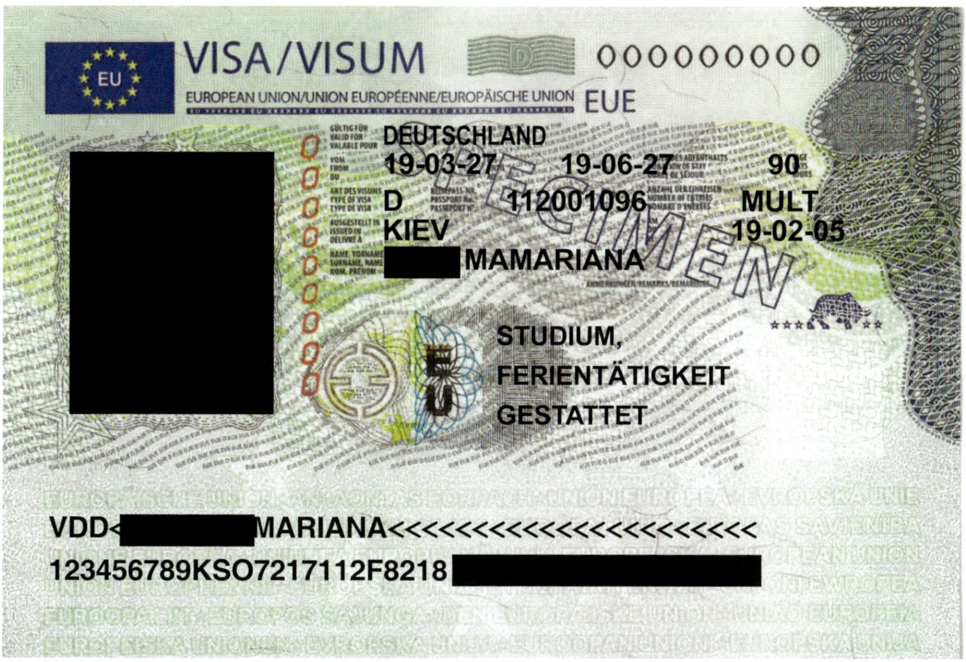

Bilder: © Bayerisches Landeskriminalamt, Dokumenteninformationssystem

Lösungsvorschlag und Entscheidungsvorschlag

1.) Statusfeststellung

Die Reisende ist Staatsangehörige der Ukraine und daher Drittstaatsangehörige. Sie unterliegt damit den Einreisebestimmungen des SGK für Kurzaufenthalte und des AufenthG für längerfristige Aufenthalte in Deutschland.

2.) Passpflicht

Die Reisende ist im Besitz eines gültigen Passes der Ukraine in Form eines ePasses und erfüllt daher die Einreisevoraussetzung nach Art. 6 I a) SGK und auf nationaler Ebene nach § 3 I AufenthG.

3.) Visumpflicht

Gemäß Art. 6 I b) SGK ist ein gültiges Visum erforderlich, soweit nach der EUVisaVO vorgeschrieben. Staatsangehörige der Ukraine, die im Besitz eines ePasses sind, sind seit 2017 nach Art. 4 I, Anhang II EUVisaVO für die Einreise zum Zweck eines Aufenthaltes bis zu 90 Tagen innerhalb von 180 Tagen im Schengen-Raum, also eines Kurzaufenthaltes, von der Visumpflicht befreit. Demnach ist die Einreise visafrei.

Im vorliegenden Fall ist jedoch insgesamt kein Kurzaufenthalt, sondern ein Aufenthalt von einem Jahr in Deutschland geplant. Dafür ist der Besitz eines nationalen Visums Typ D erforderlich. Die ukrainische Studentin ist auch im Besitz eines solchen nationalen Visums. Dieses wurde am 05.02.2019 vom deutschen Konsulat in Kiew ausgestellt. Der Gültigkeitsbeginn ist allerdings erst auf den 27.03.2019 datiert und – wie üblich – für drei Monate ausgestellt, für die Anschlusszeit muss die Studentin beim Landesamt für Bürger- und Ordnungsangelegenheiten Berlin, Ausländerbehörde, eine Aufenthaltserlaubnis nach § 16 I AufenthG beantragen. Da sie zur Einreise bereits am 09.03.2019 vorstellig wird, will sie jedoch deutlich früher, 18 Tage vor Beginn der Gültigkeit des Visums, einreisen.

Daher stellt sich die Frage, ob die Ukrainerin vor Beginn der Gültigkeit ihres nationalen Visums nach Anhang II EUVisaVO visafrei einreisen und sich auf dieser Grundlage bis zum Beginn der Gültigkeit des Visums im Schengen-Raum aufhalten darf. Das Problem liegt also in der Frage der Kombinierbarkeit eines Kurzaufenthaltes mit einem längerfristigen Aufenthalt. Nach Art. 6 II Satz 2 SGK bleiben für die Berechnung eines Kurzaufenthaltes die Zeiten eines rechtmäßigen längerfristigen Aufenthaltes auf der Grundlage eines nationalen Aufenthaltstitels oder eines nationalen Visums unberücksichtigt. Eine Anrechnung des Aufenthaltes zum Studium auf den dreiwöchigen Aufenthalt davor erfolgt also nicht. Danach darf die Studentin bereits vor Beginn der Gültigkeit ihres nationalen Visums auf der Grundlage von Anhang II EUVisaVO visumfrei einreisen, theoretisch also bis zu 90 Tage früher. Zugleich darf dieser visafreie Aufenthalt – auch als „vortouristischer Aufenthalt" bezeichnet – ohne Aus- und Wiedereinreise, also ununterbrochen mit dem langfristigen Aufenthalt, beginnend mit dem Gültigkeitszeitraum des nationalen Visums, kombiniert werden. Sie darf also durchgehend in Deutschland bleiben (Schott-Mehrings, 2019, S. 155; Nr. 6.1.8.3 AVwV-AufenthG).

Zu untersuchen ist, ob die geplante Tätigkeit als Bibliothekshilfskraft eine andere Beurteilung rechtfertigt. Diese ist jedoch nicht nur kraft Gesetzes nach § 16 III Satz 1 AufenthG von der noch zu beantragenden Aufenthaltserlaubnis zum Zweck des Studiums erfasst, sondern unterliegt in dem beabsichtigten Umfang nach §§ 14 II, 30 Nr. 2 BeschV auch nicht der Zustimmungspflicht durch die Bundesagentur für Arbeit, sodass die Frage der Visabefreiung nicht berührt wird.

4.) Zweck-Mittel-Nachweis

Der nach Art. 6 I c) SGK erforderliche Nachweis des Aufenthaltszwecks und der Nachweis finanzieller Mittel sind als erbracht anzusehen. Ebenso ist für den langfristigen Aufenthalt offenkundig der Unterhalt gesichert (§§ 2 III, 5 I Nr. 1 AufenthG).

5.) Weitere Einreisevoraussetzungen

Ausschreibungen in Dateien sind nicht ersichtlich, Gefahrentatbestände ebenfalls nicht, sodass auch die Einreisevoraussetzungen nach Art. 6 I d) und e) SGK erfüllt sind.

6.) Ergebnis

Die Einreise ist daher zu gewähren.

3.4 Visabefreiung für Inhaber dienstlicher Pässe

Ein besonders praxisrelevanter und sensibler Bereich ist die – nicht immer dem Gesetz zu entnehmende – Visumbefreiung für Inhaber von Dienstpässen und Diplomatenpässen.

Fall 24 – Veranstaltung vom Europarat

Sachgebiete

Außengrenze, Einreisekontrolle, EUVisaVO, Diplomatenpass, EU-Laissez-Passer, §§ 19, 20 AufenthV, Visaerleichterungs-Abkommen zwischen EU und Drittstaaten

Sachverhalt

Bundespolizeiinspektion Flughafen Frankfurt. Zu einer Veranstaltung des Europarats in Straßburg reisen Passagiere mit unterschiedlichen Flügen an, um mit Intra-Schengen-Verbindungen nach Straßburg weiterzufliegen. Die Inhaber von Dokument 1 und 3 gehören Mitgliedstaaten des Europarats an, in Dokument 3 ist die Staatsangehörigkeit von Aserbaidschan eingetragen. Der Inhaber von Dokument 2 wurde als externer Vertreter eines afrikanischen Staates zu der Veranstaltung eingeladen. Die Veranstaltung dauert fünf Tage, entsprechende Rückflugtickets für den Tag nach dem Veranstaltungsende werden von den Inhabern der Dokumente 1 und 2 vorgelegt, während die Inhaberin von Dokument 3 nur über ein Weiterflugticket nach Helsinki und von dort zwei Wochen später nach Berlin verfügt und die Rückkehr nach Baku erst später buchen will. Stellen Sie fest, was zu veranlassen ist.

Abbildung 21: Reiseweg Tiflis – Frankfurt – Straßburg, vorgelegtes Dokument 1

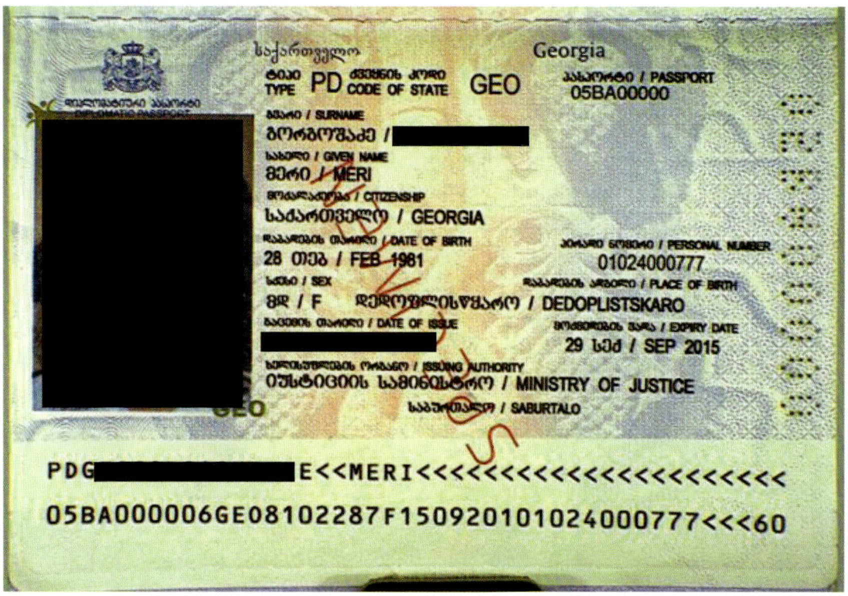

Bilder: © Bayerisches Landeskriminalamt, Dokumenteninformationssystem

Abbildung 22: Reiseweg Praia – Frankfurt – Straßburg, vorgelegtes Dokument 2

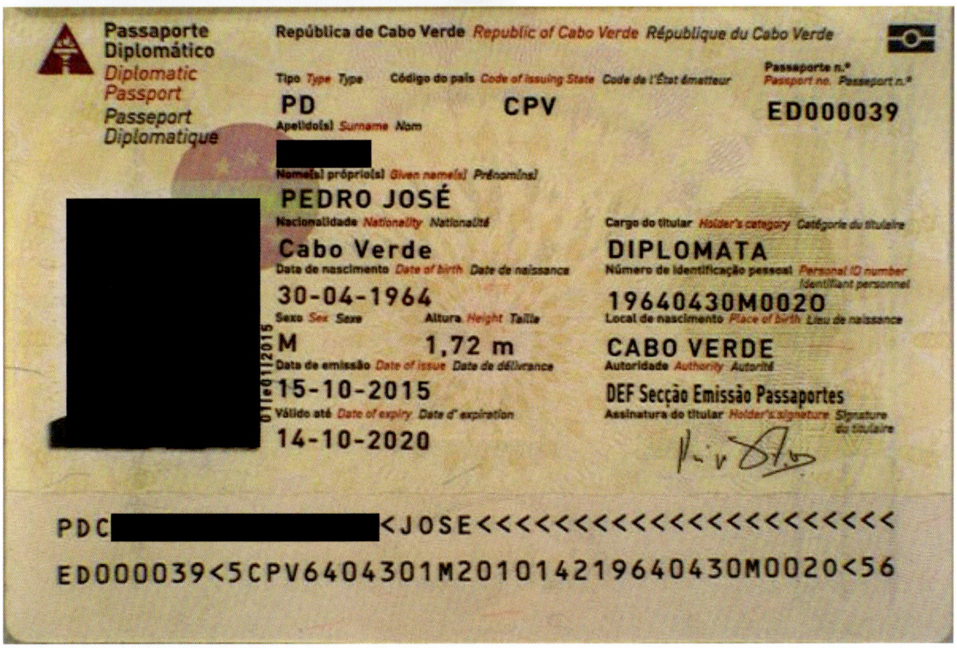

Bilder: © Bayerisches Landeskriminalamt, Dokumenteninformationssystem

Abbildung 23: Reiseweg Baku – Frankfurt – Straßburg, vorgelegtes Dokument 3

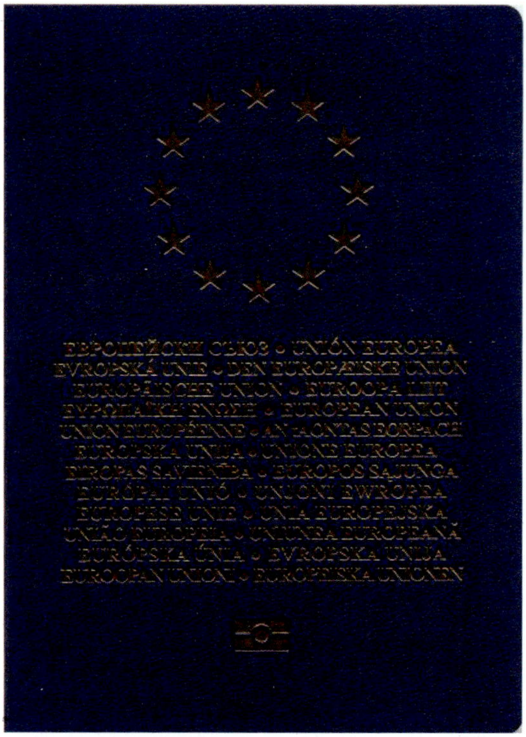

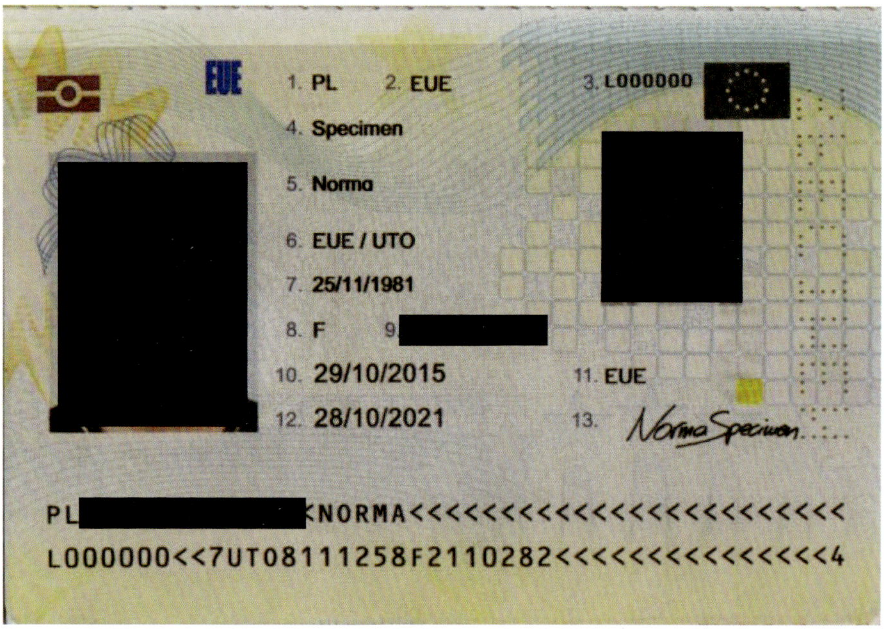

Bilder: © Bayerisches Landeskriminalamt, Dokumenteninformationssystem

Lösungsvorschlag und Entscheidungsvorschlag

1.) Statusfeststellung

Die drei Reisenden sind Staatsangehörige von Georgien, Kap Verde (Cabo Verde) und Aserbaidschan und damit Drittstaatsangehörige. Sie unterliegen damit den Einreisebestimmungen des SGK für Kurzaufenthalte und des AufenthG für längerfristige Aufenthalte in Deutschland.

2.) Passpflicht

Alle drei Reisenden sind im Besitz gültiger Pässe. Bei Dokument 1 handelt es sich um einen Diplomatenpass von Georgien (s. o., Fall 2), bei Dokument 2 um einen Diplomatenpass von Kap Verde und bei Dokument 3 um einen von der EU ausgestellten Laisser Passer.

3.) Visumpflicht

Gemäß Art. 6 I b) SGK müssen die Reisenden im Besitz gültiger Visa sein, soweit nach der EUVisaVO vorgeschrieben. Entsprechend müssen sie nach nationalem Recht nach § 4 I Satz 1 AufenthG im Besitz von Aufenthaltstiteln sein, soweit nicht durch Recht der EU oder die AufenthV etwas anderes bestimmt ist.

a) Dokument 1

Staatsangehörige von Georgien sind gem. Anhang II EUVisaVO für einen Kurzaufenthalt von der Visumpflicht befreit, sofern sie im Besitz eines ePasses sind. Bei dem als Dokument 1 vorgelegten Diplomatenpass handelt es sich jedoch um einen konventionellen nichtbiometrischen Pass. Insoweit greift jedoch eine Ausnahmeregelung ein. Gemäß Art. 6 I a) EUVisaVO können die Anwenderstaaten der EUVisaVO Inhaber von Diplomatenpässen, Dienstpässen oder Amtspässen von der Visumpflicht befreien. Die nationale Umsetzung dazu findet sich in Anlage B zu § 19 AufenthV. Dort werden in den Anlagen B Nr. 1 bis Nr. 8 die Inhaber dienstlicher Pässe bestimmter Staaten von der Visumpflicht befreit, auch wenn sie von der Staatsangehörigkeit her nach Anhang I EUVisaVO unter die Visumpflicht fallen würden. Gelistet sind hier auch die Staaten, deren Inhaber dienstlicher Pässe auf der Grundlage von Visa-Erleichterungsabkommen, die die EU mit Drittstaaten geschlossen hat, von der Visumpflicht befreit sind. Das ist auch in Bezug auf Georgien der Fall. Nach Art. 10 I des Abkommens zwischen der Europäischen Union und Georgien zur Erleichterung der Visa-Erteilung (ABl.-EU L 52/34 vom 25.02.2011) sind die Inhaber von Diplomatenpässen von Georgien von der Visumpflicht befreit. Daher wurde Georgien in Anlage B Nr. 2 zu § 19 AufenthV gelistet. Diese Visumbefreiung gilt unabhängig von der Qualität des Passes, also nicht nur für einen Diplomatenpass als ePass, sondern auch für einen konventionellen Diplomatenpass. Insoweit ist der Diplomatenpassinhaber im Vorteil gegenüber dem Inhaber eines gewöhnlichen Nationalpasses, der nur mit ePass visumfrei einreisen darf. Die Visumbefreiung gilt nach Art. 10 II des Abkommens und gem. § 19 AufenthV für eine Aufenthaltsdauer bis zu 90 Tagen innerhalb von 180 Tagen, also für einen Kurzaufenthalt. Der Aufenthalt in Straßburg ist also mit anzurechnen.

b) Dokument 2

Staatsangehörige von Kap Verde unterliegen gem. Anhang I EUVisaVO der Visumpflicht. Allerdings sind die Inhaber kapverdischer Diplomatenpässe und Dienstpässe nach Art. 8 I des Abkommens zwischen der Europäischen Union und der Republik Kap Verde zur Erleichterung der Erteilung von Visa für einen kurzfristigen Aufenthalt für Bürger der Republik Kap Verde und der Europäischen Union (ABl.-EU L 282/3 vom 24.10.2013) von der Visumpflicht befreit.

Die Visumbefreiung gilt nach Art. 8 II des Abkommens für eine Aufenthaltsdauer bis zu 90 Tagen innerhalb von 180 Tagen, also für einen Kurzaufenthalt. Der Aufenthalt in Straßburg ist also auch in diesem Fall mit anzurechnen. Trotz des Abkommens ist Kap Verde nicht in Anlage B Nr. 2 zu § 19 AufenthV gelistet. Der Grund dafür ist nicht bekannt. Im engen zeitlichen Zusammenhang mit Kap Verde wurden auch das Abkommen zwischen der Europäischen Union und der Republik Armenien zur Erleichterung der Visa-Erteilung (ABl.-EU L 289/2 vom 31.10.2013) und das Abkommen zwischen der Europäischen Union und der Republik Aserbaidschan zur Erleichterung der Visa-Erteilung (ABl.-EU L 128/49 vom 30.04.2014) geschlossen, deren jeweiliger Art. 10 der Abkommen die Inhaber von Diplomatenpässen für die Einreise zum Zweck eines Kurzaufenthaltes freistellt. Armenien und Aserbaidschan wurden im Anschluss an das Inkrafttreten der Abkommen in die Listung in Anlage B Nr. 2 zu § 19 AufenthV aufgenommen, Kap Verde hingegen nicht. Das Abkommen mit Kap Verde ist am 01.12.2014 in Kraft getreten, die Visabefreiung für Inhaber kapverdischer Diplomatenpässe und Dienstpässe gilt daher auf der Grundlage des Abkommens als unmittelbar geltendes Unionsrecht auch ohne nationale Listung in der AufenthV. Das bedeutet, dass die Listung in der AufenthV keine Gewähr für Vollständigkeit bietet und die Einreisekontrolle die Kenntnis des Abkommens oder eine Recherche in den polizeiinternen Informationsdatenbanken DOKIS, „Ausführliche Form“ und LIES erfordert.

c) Dokument 3

Staatsangehörige von Aserbaidschan unterliegen gem. Anhang I EUVisaVO der Visumpflicht. Allerdings sind Inhaber aserbaidschanischer Diplomatenpässe für Kurzaufenthalte visumfrei (Art. 10 des unter b) zitierten Abkommens, Anlage B Nr. 2 zu § 19 AufenthV). Im vorliegenden Fall legt die Reisende allerdings keinen aserbaidschanischen Diplomatenpass vor, sondern einen EU-Laissez Passer. Nach § 20 Nr. 1, Nr. 2 AufenthV sind die Inhaber von Ausweisen für Mitglieder und Bedienstete der Organe der EU oder der Parlamentarischen Versammlung des Europarats von der Visumpflicht befreit. Dieses gilt uneingeschränkt und nicht nur für einen Kurzaufenthalt. Das folgt im Umkehrschluss daraus, dass § 20 AufenthV nicht von einem Kurzaufenthalt spricht, sondern in Nr. 3 von 90 Tagen im Bundesgebiet (nicht von 90 Tagen innerhalb von 180 Tagen im Schengen-Raum) und in Nr. 1 und Nr. 2 keine zeitlichen Schranken regelt. Die Aufenthalte in Straßburg und Helsinki sind daher nicht mit anzurechnen.

Ergänzende Hinweise

Visa-Erleichterungsabkommen wie mit Georgien und Kap Verde bestehen auch mit Albanien, Armenien, Aserbaidschan, Bosnien und Herzegowina, Republik Moldau, Montenegro, Nordmazedonien (bis 11.02.2019 Ehemalige Jugoslawische Republik Mazedonien), der Russischen Föderation, Serbien und der Ukraine.

Mit Ausnahme von Armenien, Aserbaidschan, Kap Verde und der Russischen Föderation besteht ebenfalls Visumbefreiung für Inhaber von ePässen. Zusätzlich sind auf der Grundlage der Erweiterung der Abkommen von 2013 in Anlage B Nr. 5 zu § 19 AufenthV Inhaber biometrischer Dienstpässe der Republik Moldau und der Ukraine gelistet, was durch die allgemeine ePass-Visabefreiung vollständig überholt ist.

Nicht in Anlage B Nr. 2 zu § 19 AufenthV eingetragen ist ebenfalls (wie bei Kap Verde) die Visumbefreiung für Inhaber von Diplomatenpässen der Volksrepublik China auf der Grundlage von Art. 3 I Satz 2, 4 II des Abkommens zwischen der Europäischen Union und der Volksrepublik China über die Befreiung der Inhaber von Diplomatenpässen von der Visumpflicht für Kurzaufenthalte (ABl.-EU L 76/19 vom 23.03.2016). Auch die Volksrepublik China wurde – bisher – nicht in Anlage B Nr. 2 zu § 19 AufenthV gelistet, sodass das Abkommen als Unionsrecht unmittelbar gilt und die Kenntnis des Abkommens oder die Recherche in DOKIS, der „Ausführlichen Form" oder LIES erforderlich ist.

4. Nationale Aufenthaltsdokumente für längerfristige Aufenthalte

Neben dem Visum gibt es eine Reihe nationaler Aufenthaltsdokumente, die einen Aufenthaltsstatus genehmigen oder in deklaratorischer Weise bestätigen sowie mit Einreise- und unmittelbaren wie auch abgeleiteten Aufenthaltsrechten verbunden sein können.

4.1 Deutsche Aufenthaltsdokumente

Deutsche Aufenthaltstitel sind nach § 4 I Satz 2 AufenthG neben dem Visum Typ C und Typ D (§ 4 I Satz 2 Nr. 1 i. V. m. § 6 I, III AufenthG) die Aufenthaltserlaubnis (§ 4 I Nr. 2 i. V. m. § 7 AufenthG), die Blaue Karte-EU (§ 4 I Satz 2 Nr. 2a i. V. m. § 19a AufenthG), die ICT-Karte (§ 4 I Satz 2 Nr. 2b i. V. m. § 19b AufenthG), die Mobile ICT-Karte (§ 4 I Satz 2 Nr. 2c i. V. m. § 19d AufenthG), die Niederlassungserlaubnis (§ 4 I Satz 2 Nr. 3 i. V. m. § 9 AufenthG) und die Erlaubnis zum Daueraufenthalt-EU (§ 4 I Satz 2 Nr. 4 i. V. m. § 9a AufenthG). Diese werden ergänzt durch weitere Dokumente, die verschiedene Formen von Aufenthaltsstatus regeln.

Fall 25 – Gerichtstermin ausländischer Zeuginnen

Sachgebiete

Inlandaufenthalt, nationale Aufenthaltstitel, Aufenthaltskarte, Aufenthaltsgestattung, Duldung

Sachverhalt

Kriminalgericht Berlin-Moabit, Amtsgericht Berlin-Tiergarten, 23.03.2016. Anlässlich einer Hauptverhandlung wegen Verdachts einer Gewalttat erscheinen mehrere als Zeuginnen geladene Geschädigte, unbeteiligte Zeuginnen und Zuschauerinnen aus dem Umfeld der Opfer wie auch aus dem Umfeld des Angeklagten. Gerichtswachtmeister und wegen der Bedeutung der Sache als Unterstützung hinzugezogene Beamte der Landespolizei Berlin kontrollieren die Zeugenladungen und die vorgelegten Ausweisdokumente. Dabei werden auch die nachfolgend abgebildeten Dokumente vorgelegt. Die Polizei ist auch darauf eingestellt, im Fall von unerlaubt aufhältlich festgestellter Personen im Auftrag der Ausländerbehörde eine „Saalfestnahme" (Gewahrsamnahme im Gerichtssaal zur Vorführung vor das für die Anordnung von Abschiebungshaft zuständige Amtsgericht) durchführen zu müssen. Stellen Sie fest (unterstellt, Dokument 4 und 5 sind vollständig ausgefüllt und aktuell gültig), welcher Aufenthaltsstatus jeweils vorliegt und ob etwas zu veranlassen ist.

Abbildung 24: Identitätsfeststellung Amtsgericht Berlin-Tiergarten, Dokument 1

Bilder: © Bayerisches Landeskriminalamt, Dokumenteninformationssystem

Abbildung 25: Identitätsfeststellung Amtsgericht Berlin-Tiergarten, Dokument 2

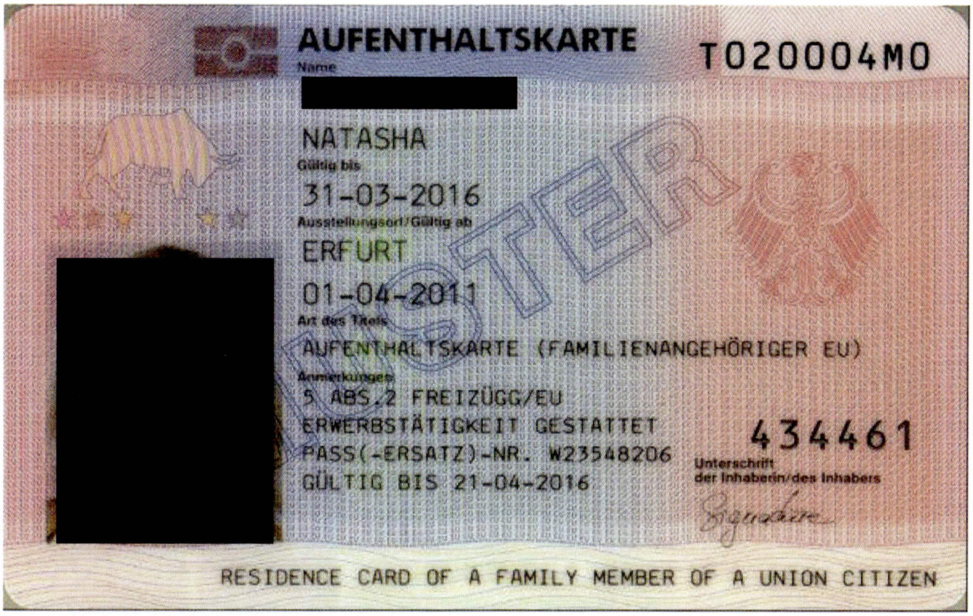

Bilder: © Bayerisches Landeskriminalamt, Dokumenteninformationssystem

Abbildung 26: Identitätsfeststellung Amtsgericht Berlin-Tiergarten, Dokument 3

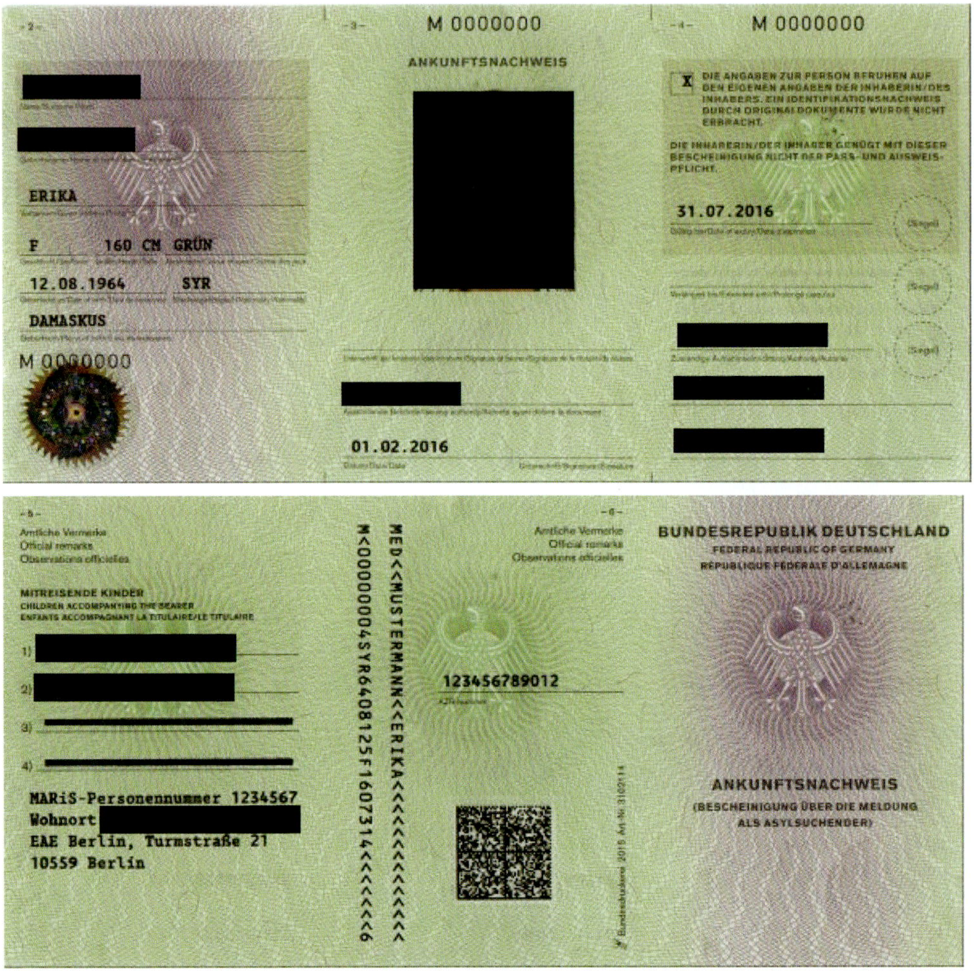

Bilder: © Bayerisches Landeskriminalamt, Dokumenteninformationssystem

Abbildung 27: Identitätsfeststellung Amtsgericht Berlin-Tiergarten, Dokument 4

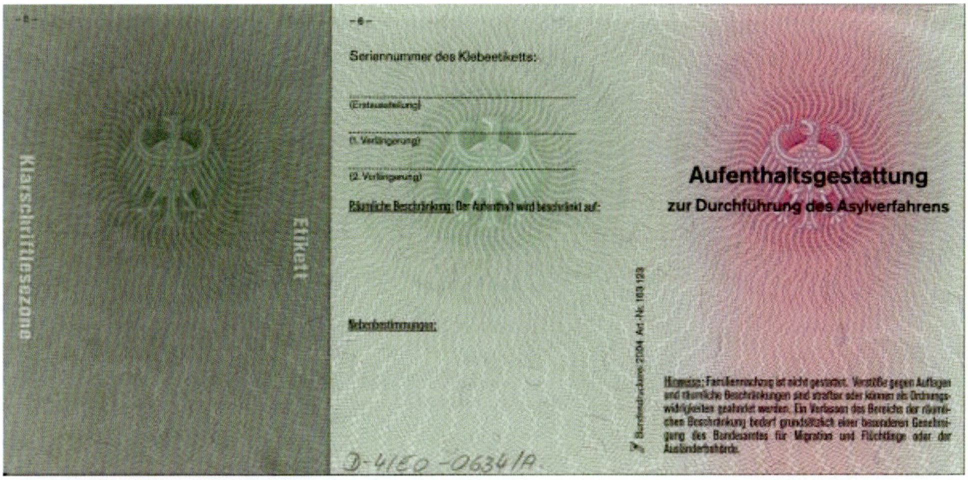

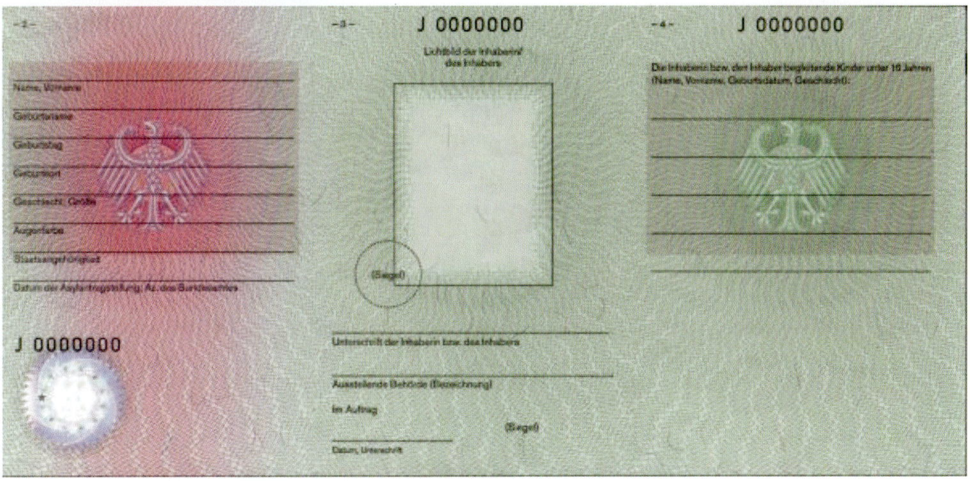

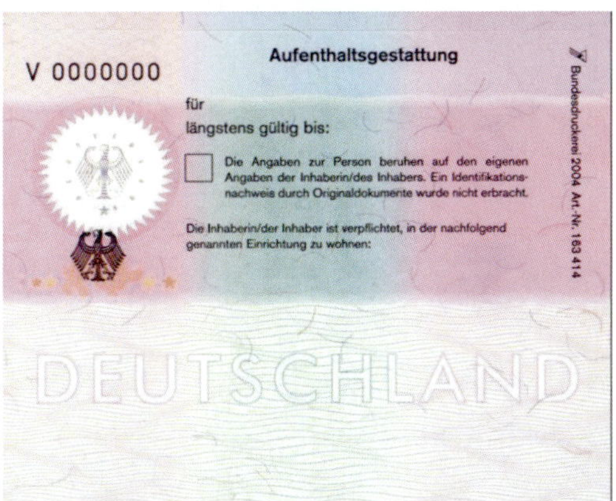

Bilder: © Bayerisches Landeskriminalamt, Dokumenteninformationssystem

Abbildung 28: Identitätsfeststellung Amtsgericht Berlin-Tiergarten, Dokument 5

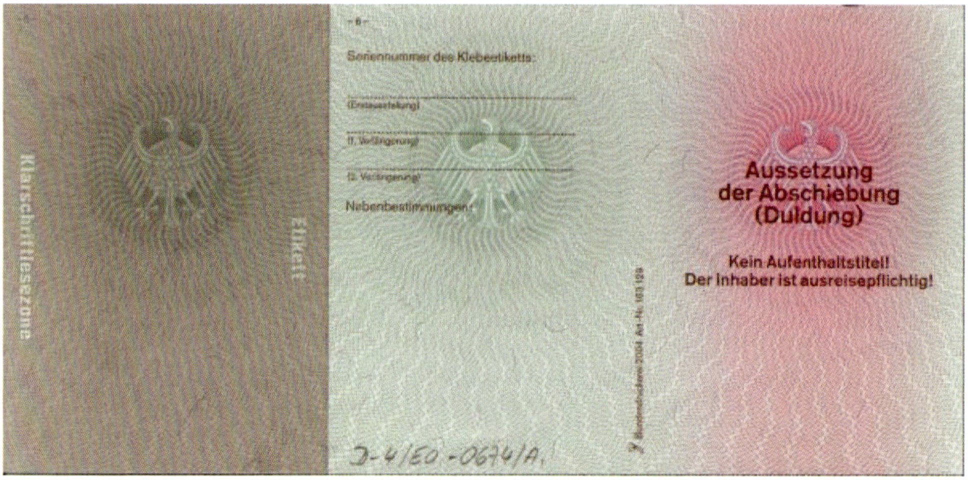

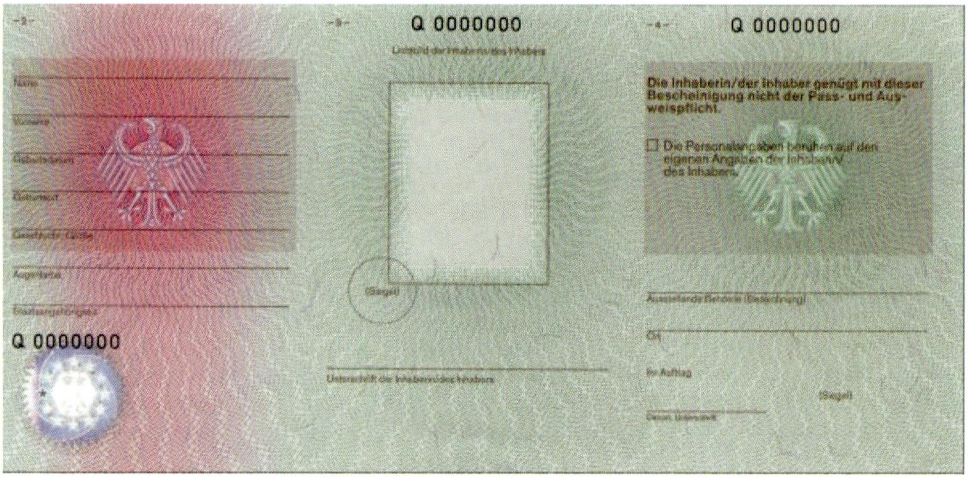

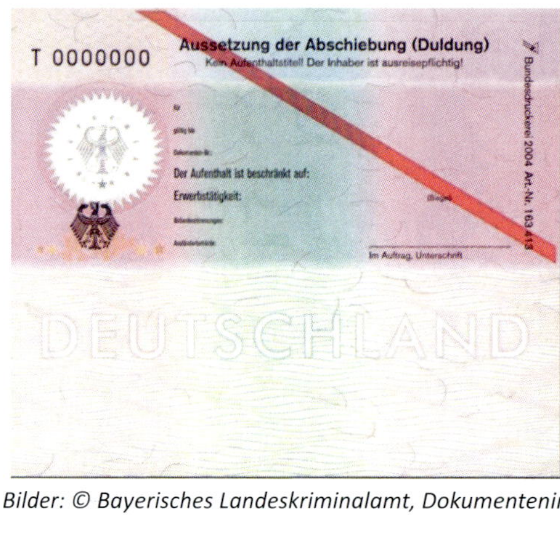

Bilder: © Bayerisches Landeskriminalamt, Dokumenteninformationssystem

Lösungsvorschlag und Entscheidungsvorschlag

1.) Dokument 1

Bei Dokument 1 handelt es sich um einen von einer deutschen Ausländerbehörde – in diesem Fall das Landesamt für Bürger- und Ordnungsangelegenheiten (LABO) Berlin, früher Landeseinwohneramt (LEA) Berlin – ausgestellten Aufenthaltstitel in Form einer Niederlassungserlaubnis nach § 4 I Nr. 3 i. V. m. § 9 AufenthG. Sie ergeht als konstitutiver Verwaltungsakt der Ausländerbehörde. Der Aufenthalt ist damit ein erlaubter Aufenthalt.

2.) Dokument 2

Dokument 2 ist eine Aufenthaltskarte nach § 5 I FreizügG/EU und bescheinigt den Aufenthaltsstatus für eine Familienangehörige eines Staatsangehörigen eines EU- oder sonstigen EWR-Staates oder der Schweiz, der selbst kein Deutscher sein kann. Das FreizügG/EU gilt für EU-Staatsangehörige anderer Unionsstaaten (also nicht von Deutschland) und damit auch nur für Familienangehörige anderer Unionsstaatsangehöriger. Dasselbe gilt gem. § 12 FreizügG/EU für Staatsangehörige von Island, Liechtenstein und Norwegen – für Staatsangehörige der Schweiz kommen § 28 AufenthV und das Freizügigkeitsübereinkommen EU/Schweiz unmittelbar zur Anwendung. Nimmt ein EU- oder sonstiger EWR-Staatsangehöriger oder Schweizer Staatsangehöriger sein Freizügigkeitsrecht in Anspruch und lebt in einem anderen Unionsstaat (EWR und Schweiz entsprechend), so dürfen bestimmte Familienangehörige vom stammberechtigten EU-/EWR-Staatsangehörigen abgeleitetes Freizügigkeitsrecht in Anspruch nehmen, wenn sie den Stammberechtigten begleiten oder ihm nachreisen. Auf der Grundlage des Dokuments 2 kann also ohne weitere Information die Aussage getroffen werden, dass die Inhaberin Familienangehörige eines Unions- oder sonstigen EWR-Staatsangehörigen sein muss, der selbst sein Freizügigkeitsrecht in Anspruch genommen hat und offensichtlich längerfristig mit der Angehörigen in Deutschland lebt. Nach § 5 I FreizügG/EU wird die Aufenthaltskarte von Amts wegen von der Ausländerbehörde ausgestellt. Die Behörde kann nach § 5 II FreizügG/EU die Glaubhaftmachung der Voraussetzungen verlangen. Die Aufenthaltskarte ist nur eine deklaratorische Bescheinigung des kraft Unionsrechts unmittelbar geltenden abgeleiteten Freizügigkeitsrechts. Es ist damit kein Verwaltungsakt und daher auch kein Aufenthaltstitel i. S. v. § 4 I Satz 2 AufenthG. Im Schengen-Recht dagegen wird nach Art. 2 Nr. 16 SGK auch die Aufenthaltskarte als Schengen-weite Reiserechte begründender Aufenthaltstitel verstanden.

3.) Dokument 3

Bei Dokument 3 handelt es sich um einen Ankunftsnachweis nach § 63a AsylG. Dieser wurde am 05.02.2016 eingeführt (allerdings teilweise bereits seit 01.02.2016 ausgestellt) und bescheinigt die Meldung als Asylsuchender. Asylsuchender ist, wer als Ausländer ein Asylgesuch oder ein Ersuchen um internationalen Schutz nach der GFK oder um internationalen subsidiären Schutz an eine Behörde gerichtet hat. Im vorliegenden Fall hat die Inhaberin des Ankunftsnachweises offenbar ein Asylgesuch oder Schutzersuchen gegenüber einer Behörde vorgebracht und ist dann nach § 18 I AsylG seitens der Grenzpolizei oder nach § 19 I AsylG seitens der Landespolizei an die zuständige Aufnahmeeinrichtung weitergeleitet worden. Nach § 55 I Satz 1 AsylG tritt mit Ausstellung des Ankunftsnachweises das gesetzliche Aufenthaltsrecht der Aufenthaltsgestattung ein. Es liegt daher ein durch die Aufenthaltsgestattung erlaubter Aufenthalt vor.

4.) Dokument 4

Sobald ein Asylsuchender oder Schutzsuchender seinen Asylantrag oder Antrag auf internationalen Schutz beim Bundesamt für Migration und Flüchtlinge (BAMF) gestellt hat, erhält er nach § 63 I AsylG die Bescheinigung über die Aufenthaltsgestattung, die aber nach § 55 I AsylG bereits mit der Ausstellung des Ankunftsnachweises eingetreten ist. Bei Dokument 4 handelt es sich um eine solche Bescheinigung über die Aufenthaltsgestattung nach § 63 I AsylG. Die Aufenthaltsgestattung ist kein Aufenthaltstitel, sondern ein Aufenthaltsrecht kraft Gesetzes. Es liegt daher auch insoweit ein erlaubter Aufenthalt vor (Schott-Mehrings, 2019, S. 240).

Bei Dokument 3 und 4 liegt kraft Gesetzes eine räumliche Beschränkung auf den Bezirk der Ausländerbehörde vor, in dem die zuständige Aufnahmeeinrichtung liegt. Ein Verlassen des Bezirks kann das Bundesamt für Migration und Flüchtlinge (BAMF) nach § 57 I, II AsylG für die Wahrnehmung wichtiger Termine genehmigen, für UNHCR-Besuche besteht eingeschränktes („soll"-)Ermessen. Die Wahrnehmung von Behörden- oder Gerichtsterminen darf gem. § 57 III AsylG ohne vorherige Genehmigung erfolgen. Soweit im Fall von Dokument 3 die Residenzpflicht noch auf Köln beschränkt ist, rechtfertigt die Zeugenladung – deren Missachtung durch unentschuldigtes Ausbleiben nach § 51 I StPO mit eingriffsintensiven Rechtsfolgen verbunden wäre (Kostentragung, Ordnungsgeld oder Ordnungshaft, zwangsweise Vorführung) – als solche die Anfahrt und den Aufenthalt in Berlin.

5.) Dokument 5

Dagegen handelt es sich bei Dokument 5 um eine Bescheinigung über eine Aussetzung der Abschiebung, kurz Duldung nach § 60a AufenthG. Diese setzt voraus, dass bereits eine Abschiebungsverfügung erlassen wurde, was wiederum bedeutet, dass der Inhaber unter Verstoß gegen seine Ausreisepflicht nach § 50 I i. V. m. § 58 II AufenthG in Inland aufhältlich ist. Wenn die Abschiebung bestandskräftig ist, können dennoch Gründe eintreten, die der Durchführbarkeit der Abschiebung entgegenstehen. Das können tatsächliche Gründe sein, aus denen die Abschiebung nicht durchführbar ist. Beispiele dafür sind krankheitsbedingte Reiseunfähigkeit, Passvernichtung und Unmöglichkeit der Beschaffung von Passersatzdokumenten, Ausfall von Flugverbindungen in Krisengebiete, Nichtzulassung von Charterflügen im Zielstaat und Ungeeignetheit für Linienflugrückführung. Darüber hinaus können einer Abschiebung aus rechtlichen Gründen Hindernisse entgegenstehen, die Abschiebungsverbote aus § 60 AufenthG. Diese verbieten die Abschiebung, wenn das Asylrecht und der internationale Schutz nach der GFK oder der internationale subsidiäre Schutz entgegenstehen (§ 60 I–III AufenthG), wobei diese Vorschriften nur noch anwendbar sind, wenn die vorrangige Anerkennung als Asylberechtigter oder Zuerkennung internationalen Schutzes (§§ 3, 4 AsylG, § 25 I, II AufenthG) aus Rechtsgründen nicht möglich ist. Daneben können Gründe des nationalen subsidiären Schutzes (§ 60 V, VII AufenthG) einer Abschiebung entgegenstehen. Nach § 60a II Satz 2 AufenthG ist die Abschiebung in diesen Fällen auszusetzen. Die Ausreisepflicht bleibt jedoch nach § 60a III AufenthG unberührt. Daher ist der Aufenthalt verwaltungsrechtlich ein unerlaubter Aufenthalt nach § 50 I AufenthG, also entgegen der Ausreisepflicht. Es liegt jedoch keine Straftat des unerlaubten Aufenthaltes nach § 95 I Nr. 2 AufenthG vor, da der Tatbestand nach § 95 I Nr. 2 c) AufenthG das Nichtvorliegen einer Aussetzung der Abschiebung voraussetzt (Schott-Mehrings, 2019, S. 190). Für die räumliche Beschränkung nach § 61 I AufenthG gilt nach § 12 V Satz 3 AufenthG dasselbe wie für die Aufenthaltsgestattung.

Im Ergebnis gibt es bei keiner der Dokumenteninhaberinnen Anlass für ein ausländerrechtliches Vorgehen.

4.2 Nationale Aufenthaltsdokumente anderer Schengen-Staaten

Aufenthaltstitel und nationale Visa anderer Schengen-Staaten können ebenso mit Einreise- und Aufenthaltsrechten in Deutschland verbunden sein. Anders als das unmittelbar Schengen-weit geltende Schengen-Visum Typ C gelten nationale Visa Typ D und nationale Aufenthaltstitel unmittelbar nur für das Hoheitsgebiet des Ausstellerstaates. Auf der Grundlage des SDÜ und des SGK treten jedoch visumfreie Einreise- und Aufenthaltsrechte für die Hoheitsgebiete der anderen Schengen-Staaten ein.

Fall 26 – Fährpassage aus Schweden

Sachgebiete

Binnengrenze, nationale Aufenthaltstitel, Reiserecht nach Art. 21 I SDÜ, Aufenthaltskarte, Asylkarte, Ausreiseaufforderung, Intra-Schengen-Zurückschiebung, Dublin III

Sachverhalt

Lübeck-Travemünde, Skandinavienkai, 07.02.2017. Mit der Fähre aus Malmö, Schweden, erscheinen zwei Reisende, die anlässlich einer Stichprobenkontrolle nachfolgend abgebildete Dokumente 1 und 2 vorlegen. Der Inhaber von Dokument 1 führt keinen Reisepass mit und erklärt, dieser liege in Norrköping in seiner Wohnung. Eine Abfrage bei der schwedischen Kontaktdienststelle bestätigt, dass der Reisende von den schwedischen Migrationsbehörden als Inhaber eines gültigen äthiopischen Nationalpasses registriert ist. Der Inhaber von Dokument 2 hat einen äthiopischen Nationalpass dabei. Beide geben an, einen Tag in Travemünde verbringen und danach in Hamburg an einem Festival teilnehmen und eine Woche später zurück nach Schweden fahren zu wollen. Dieses wird von beiden durch Vorlage gebuchter Retour-Bahnfahrkarten Lübeck-Travemünde-Strand – Hamburg und Fährtickets Travemünde – Malmö glaubhaft gemacht. Ein weiterer Reisender legt Dokument 3 vor und führt ebenfalls keinen Pass mit. Er gibt an, wegen der hohen Preise in Schweden in Deutschland einkaufen und mit der nächsten Fähre zurück nach Malmö fahren zu wollen. Auch er hat ein Retourticket für die zeitlich nächste Fähre nach Schweden. Schließlich legt ein weiterer Reisender Dokument 4 vor, auch ohne Pass. Er richtet ein Asylgesuch an die deutsche Grenzpolizei, weil sein Asylbegehren in Dänemark aussichtslos sei. Prüfen Sie im Gutachtenstil, ob jeweils ein erlaubter Aufenthaltsstatus vorliegt oder ob und welche grenzpolizeilichen ausländerrechtlichen Maßnahmen zu treffen sind.

Abbildung 29: Fähre Malmö – Lübeck-Travemünde, Dokument 1

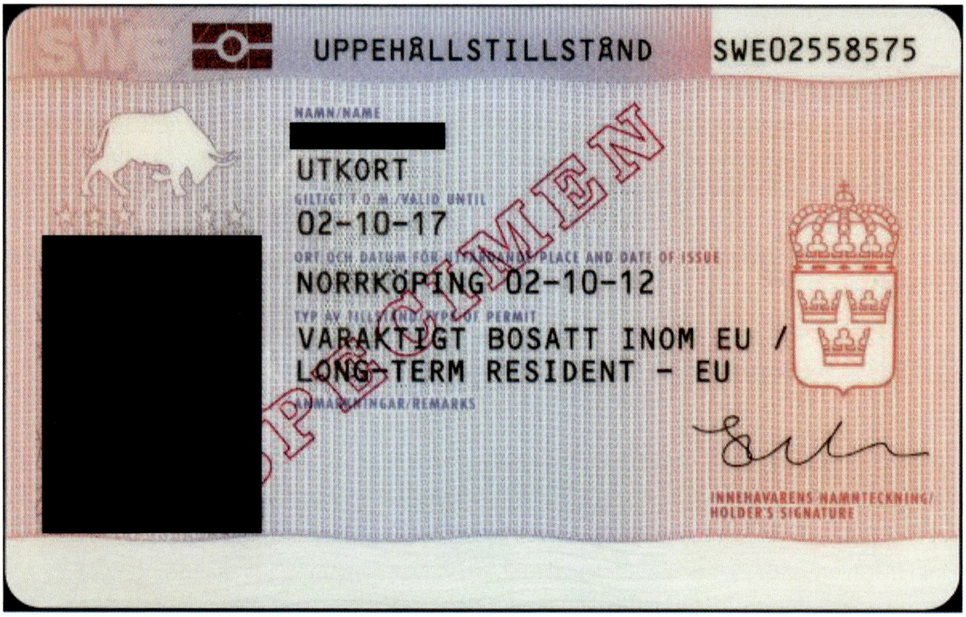

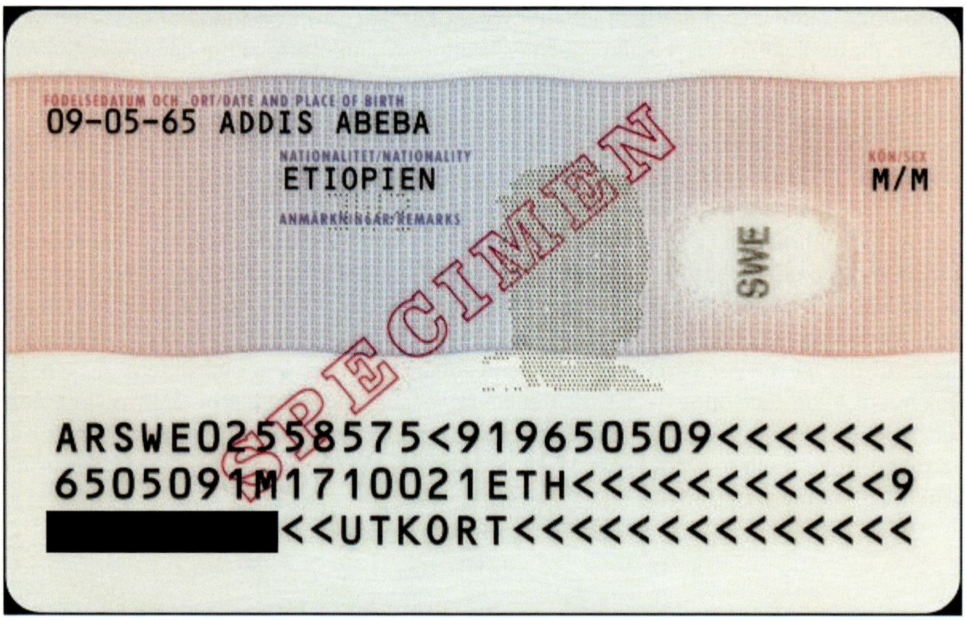

Bilder: © Bayerisches Landeskriminalamt, Dokumenteninformationssystem

Abbildung 30: Fähre Malmö – Lübeck-Travemünde, Dokument 2

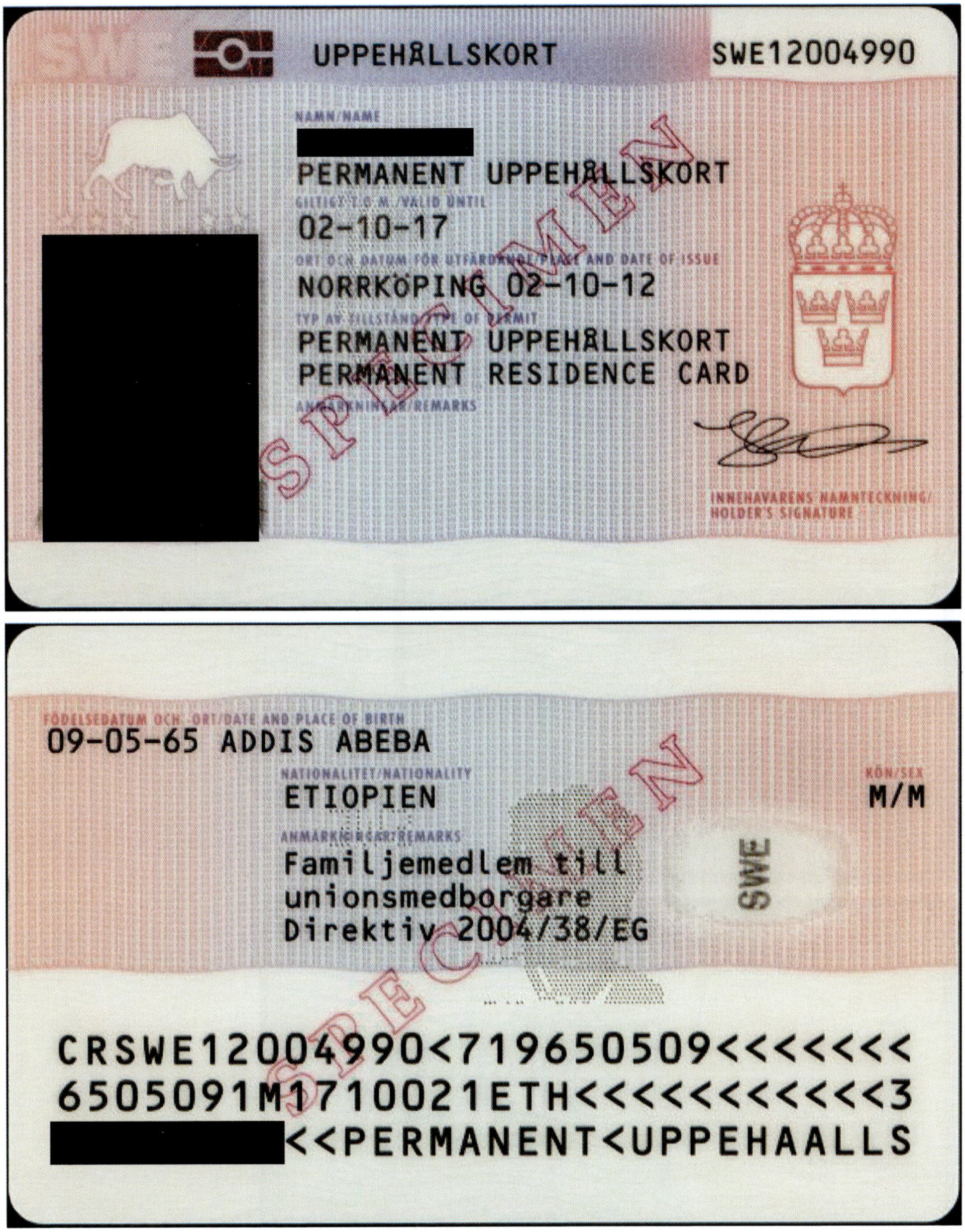

Bilder: © Bayerisches Landeskriminalamt, Dokumenteninformationssystem

Abbildung 31: Fähre Malmö – Lübeck-Travemünde, Dokument 3

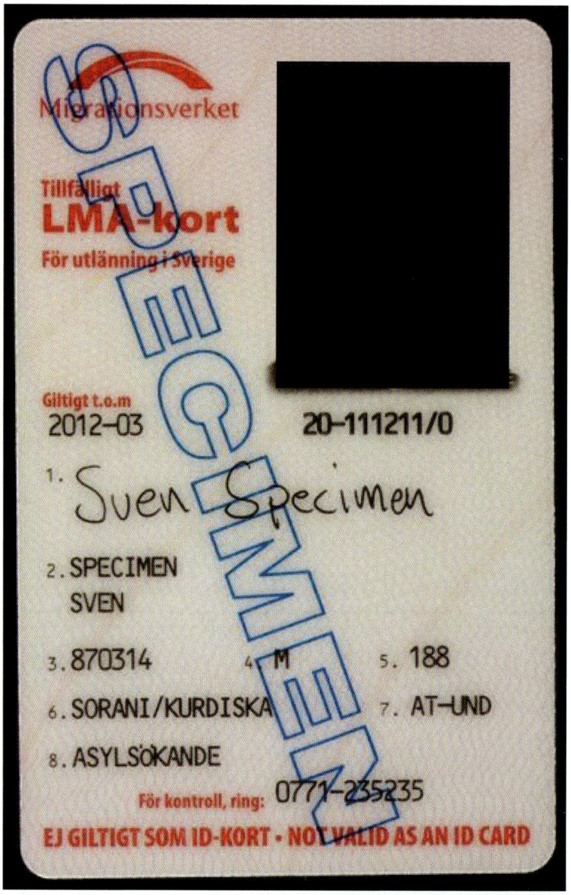

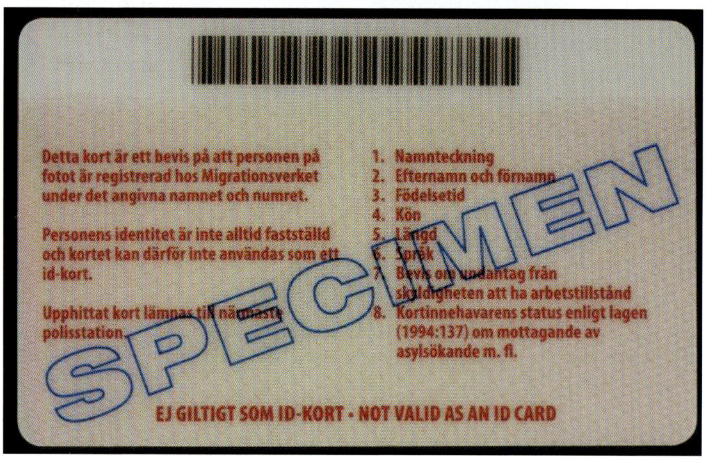

Bilder: © Bayerisches Landeskriminalamt, Dokumenteninformationssystem

Abbildung 32: Fähre Malmö – Lübeck-Travemünde, Dokument 4

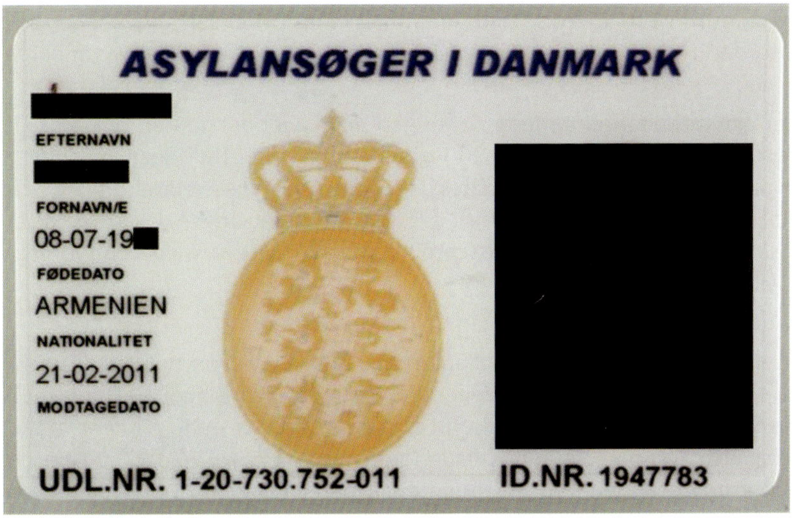

Bilder: © Bayerisches Landeskriminalamt, Dokumenteninformationssystem

Lösungsvorschlag und Entscheidungsvorschlag

1.) Statusfeststellung und Kontrollsituation

Alle drei Reisenden sind keine Unions- oder sonstigen EWR-Staatsangehörigen und daher Drittstaatsangehörige. Dokument 1 und 2 weisen ihre Inhaber als Staatsangehörige von Äthiopien aus, Dokument 3 weist im Feld 6 die Sprache als „Sorani", also Zentralkurdisch, aus, sodass von kurdischer Volkszugehörigkeit und Staatsangehörigkeit von Iran oder Nord-Irak ausgegangen werden muss. Dokument 4 weist die Staatsangehörigkeit von Armenien aus.

Aufgriffsort ist im vorliegenden Fall keine Schengen-Außengrenze nach Art. 2 Nr. 2 SGK, sondern eine Schengen-Binnengrenze infolge der Einreise über eine regelmäßige interne Fährverbindung an einem Seehafen nach Art. 2 I c) SGK (Scandlines-Fähre Rødby – Puttgarden). Der Schengener Einreisekontrollstandard nach Art. 6 I und Art. 8 SGK ist an der Binnengrenze nicht vorgesehen. Die Frage des Einreise- und Aufenthaltsrechts ist daher anhand von SDÜ und nationalem Recht zu prüfen. In den folgenden Arbeitsschritten erscheint es pragmatisch und strategisch sinnvoll, jeweils die Inhaber der – dem äußeren Erscheinungsbild nach – ähnlichen Dokumente zusammenzufassen und gemeinsam zu prüfen.

2.) Einreise- und Aufenthaltsvoraussetzungen für die Inhaber von Dokument 1 und 2

a) Passpflicht

Nach § 3 I AufenthG muss ein Drittstaatsangehöriger für Einreise und Aufenthalt in Deutschland im Besitz eines gültigen und anerkannten Passes oder Passersatzes sein, wenn keine Befreiung von der Passpflicht durch das Bundesministerium des Innern nach § 3 II AufenthG oder auf der Grundlage des § 14 AufenthV vorliegt.

Die Inhaber der Dokumente 1 und 2 sind im Besitz gültiger Pässe, auch wenn der Erste den Pass nicht mitführt.

b) Einreiserecht nach Art. 21 I SDÜ

Nach § 4 I Satz 1 AufenthG ist für Einreise und Aufenthalt eines Drittstaatsangehörigen ein Aufenthaltstitel erforderlich, soweit nicht durch EU-Recht oder die AufenthV etwas anderes bestimmt ist.

Inhaber nationaler Aufenthaltstitel anderer Schengen-Vollanwenderstaaten dürfen sich nach Art. 21 I SDÜ für einen Aufenthalt bis zu 90 Tagen innerhalb von 180 Tagen in anderen Schengen-Staaten außerhalb des Ausstellerstaates begeben, also in diese einreisen und sich dort aufhalten (s. o., Fall 4, 2.)). Voraussetzung ist, dass die Voraussetzungen des Art. 6 I a), c) und e) SGK erfüllt sind und keine nationale Ausschreibung zur Einreiseverweigerung vorliegt (Schott-Mehrings, 2019, S. 142).

aa) Nationaler Aufenthaltstitel eines Schengen-Vollanwenderstaates

Schengen-Vollanwenderstaaten sind alle EU-Staaten mit Ausnahme von Bulgarien, Großbritannien, Irland, Kroatien, Rumänien und Zypern sowie zusätzlich Island, Liechtenstein, Norwegen und die Schweiz. Aufenthaltstitel des Drittstaates Monaco stehen Aufenthaltstiteln von Frankreich gleich. Nationale Aufenthaltstitel sind nach Art. 2 Nr. 16 a) SGK die nach einheitlichem Muster ausgestellten und zum Aufenthalt berechtigenden Dokumente und nach Art. 2 Nr. 16 b) SGK der Kommission nach Art. 39 SGK mitgeteilten und zum Aufenthalt berechtigenden Dokumente, nach Art. 2 Nr. 16 b) i) SGK mit Ausnahme von Asylkarten und nach Art. 2 Nr. 16 b) ii) SGK mit Ausnahme von Visa (Schott-Mehrings, 2019, S. 141).

aaa) Dokument 1 (Uppehållstillstånd von Schweden)

Bei Dokument 1 handelt es sich um einen Uppehållstillstånd und damit einen von Schweden ausgestellten Aufenthaltstitel. Von der Aufschrift her ist er vergleichbar mit der deutschen Erlaubnis zum Daueraufenthalt-EU nach § 4 I Nr. 4 i. V. m. § 9a AufenthG. Es handelt sich dabei um einen nach einheitlichem Muster ausgestellten Aufenthaltstitel nach Art. 2 Nr. 16 a) SGK. Schweden ist Schengen-Vollanwenderstaat. Daher liegt ein Aufenthaltstitel vor, der den Tatbestandsvoraussetzungen des Art. 21 I SDÜ entspricht.

bbb) Dokument 2 (Uppehållskort von Schweden)

Dokument 2 ist als Uppehållskort betitelt und stellt daher eine von Schweden ausgestellte Aufenthaltskarte nach Art. 10 I der EU-Freizügigkeitsrichtlinie RL 2004/38/EG dar, vergleichbar der im deutschen Recht nach § 5 I FreizügG/EU ausgestellten Aufenthaltskarte für die Bescheinigung abgeleiteten Freizügigkeitsrechts eines drittstaatsangehörigen Familienangehörigen eines Unions- oder sonstigen EWR-Staatsangehörigen (s. o., Fall 25, Dokument 2). Der Inhaber des Dokuments ist demnach Familienangehöriger eines Unions- oder EWR-Staatsangehörigen und hat das von dem stammberechtigten EU- oder EWR-Staatsangehörigen abgeleitete Freizügigkeitsrecht in Schweden in Anspruch genommen. Der Reisende nimmt daher in Schweden abgeleitetes Freizügigkeitsrecht in Anspruch und ist damit in Schweden als Person, die nach Unionsrecht Anspruch auf freien Personenverkehr hat, nach Art. 2 Nr. 5 SGK anzusehen. Wenn er jedoch nach Deutschland reist, ohne den Unions- oder EWR-Staatsangehörigen zu begleiten oder nachzureisen, ist er wiederum als Drittstaatsangehöriger nach Art. 2 Nr. 6 SGK zu behandeln. Während die Aufenthaltskarte im deutschen Rechtsverständnis kein Aufenthaltstitel nach § 4 I Satz 2 AufenthG ist, stellt sie im Unionsrecht nach Art. 2 Nr. 16 a) SGK einen Aufenthaltstitel dar, der für andere Schengen-Staaten ein Einreise- und Aufenthaltsrecht nach Art. 21 I SDÜ begründet.

bb) Aufenthalt bis 90 Tage innerhalb von 180 Tagen

Art. 21 I SDÜ gewährt einen Aufenthalt bis zu 90 Tagen in 180 Tagen in den Hoheitsgebieten der anderen Schengen-Staaten mit Ausnahme des Ausstellerstaates. Für die Inhaber von Dokument 1 und 2 folgt aus der unter Vorlage von Fährtickets Travemünde – Malmö glaubhaft dargelegten Rückkehrabsicht, dass der Aufenthalt in Deutschland innerhalb des 90-Tage-Zeitraumes bleibt. Allerdings kann an der Binnengrenze mangels Dokumentation der Reisedaten durch Einreise- und Ausreisestempel nicht festgestellt werden, ob nicht in den letzten 180 Tagen bereits der 90-Tage-Aufenthalt ausgeschöpft worden ist. Dieses Risiko nimmt jedoch das Schengen-Recht zugunsten der Integration durch Gewährung von Reiserechten in Kauf. Daher ist es besser, statt an der Zahl von 90 Tagen sich eher an der Gefahr einer Sekundärmigration, also einer langfristigen Wohnsitzverlegung, zu orientieren. Für die Annahme eines solchen Risikos gibt der Sachverhalt keine Anhaltspunkte.

cc) Voraussetzungen des Art. 6 a), c) und e) SGK

Art. 21 I SDÜ macht das Reiserecht durch Verweisung von den unmittelbar nur an der Außengrenze geltenden Voraussetzungen des Art. 6 I a), c) und e) SGK und vom Nichtvorliegen einer Ausschreibung in einer nationalen Datenbank abhängig.

aaa) Art. 6 I a) SGK

Voraussetzung ist nach Art. 6 I a) SGK der Besitz eines zum Grenzübertritt berechtigenden gültigen Reisedokuments, entsprechend im nationalen Recht nach § 3 I AufenthG der Besitz eines gültigen und anerkannten Reisedokuments.

(1) Inhaber Dokument 1

Der Inhaber von Dokument 1 führt keinen Pass mit sich. Die Ausstellung von Aufenthaltstiteln als eAT im Plastikkartenformat führt dazu, dass der Anreiz besteht, den Pass nicht mehr mitzunehmen – anders als in Zeiten des konventionellen Aufenthaltstitels als Klebeetikett im Pass. Sowohl Art. 6 I a) SGK als auch § 3 I AufenthG verlangen den Passbesitz. Der Besitz besteht in der rechtlichen und tatsächlichen Sachherrschaft, die auch durch Aufbewahrung in der Wohnung ohne Mitführen gegeben ist. Allerdings verstößt der Reisende gegen die Passmitführungspflicht nach § 13 I Satz 2 AufenthG. Daher besteht der Verdacht einer Ordnungswidrigkeit nach § 95 III Nr. 3 AufenthG (s. o., Fall 4, 2.)). Die Passmitführungspflicht darf nach Art. 23 c) SGK auch an der Binnengrenze aufrechterhalten werden. Daher sind die Regelungen nach §§ 13 I Satz 2, 98 III Nr. 3 AufenthG mit Unionsrecht und dem kontrollfreien Binnengrenzverkehr vereinbar. Die Erfüllung der Passmitführungspflicht für den Grenzübertritt bei der Rückkehr nach Schweden kann durch die Ausstellung eines Notreiseausweises nach § 13 I Nr. 2 AufenthV sichergestellt werden (s. o., Fall 9).

(2) Inhaber Dokument 2

Der Inhaber von Dokument 2 legt einen gültigen Nationalpass seines Herkunftsstaates vor und erfüllt daher die Passpflicht.

bbb) Art. 6 I c) SGK

Am Zweck-Mittel-Nachweis bestehen laut Sachverhalt keine Zweifel, insbesondere liegen bereits Bahn- und Fährfahrkarten vor.

ccc) Art. 6 I e) SGK

Es darf keine Gefahr für die öffentliche Sicherheit vorliegen. Gefahrentatbestände sind nicht ersichtlich. Die fahrlässig begangene Ordnungswidrigkeit nach § 95 III Nr. 3 AufenthG bewegt sich auf so geringer Schwelle, dass keine Gefahr anzunehmen ist.

ddd) Nichtvorliegen nationaler Ausschreibung

Eine Ausschreibung in einer nationalen Datenbank – sowohl Teil von Art. 6 I e) SGK als auch gesonderte Voraussetzung des Art. 21 I SDÜ – wird offenbar nicht festgestellt. Die SIS-Ausschreibung wird in Art. 21 I SDÜ nicht mehr erwähnt, weil das Ausstellen nationaler Aufenthaltstitel nach Art. 25 SDÜ das Ersetzen einer SIS-Ausschreibung durch eine nationale Ausschreibung zur Folge haben soll (was in der Praxis nicht immer eingehalten wird).

c) Ergebnis

Die Inhaber von Dokument 1 und 2 nehmen ihr Einreise- und Aufenthaltsrecht aus Art. 21 I SDÜ in Anspruch, ihnen gegenüber ist nichts zu veranlassen.

3.) Einreise- und Aufenthaltsvoraussetzungen für die Inhaber von Dokument 3 und 4

a) Passpflicht

Nach § 3 I AufenthG muss ein Drittstaatsangehöriger für Einreise und Aufenthalt in Deutschland im Besitz eines gültigen und anerkannten Passes oder Passersatzes sein, wenn keine Befreiung von der Passpflicht durch das Bundesministerium des Innern nach § 3 II AufenthG oder auf der Grundlage des § 14 AufenthV vorliegt.

Die Inhaber der Dokumente 3 und 4 führen keine gültigen Pässe mit, und aus dem Sachverhalt ist auch nicht ersichtlich, dass sie im Besitz gültiger Pässe sind. Bereits an dieser Stelle wäre es vertretbar, die Prüfung abzubrechen, weil die Einreise über die deutsche Binnengrenze eine unerlaubte Einreise nach § 14 I Nr. 1 AufenthG ist. Da allerdings auch der Mangel eines fehlenden Passbesitzes über die Ausstellung eines Notreiseausweises nach § 14 II AufenthG, § 13 I AufenthV beseitigt werden könnte, bietet es sich an, auch hier die Möglichkeit eines Reiserechts nach Art. 21 I SDÜ zu prüfen.

b) Einreiserecht nach Art. 21 I SDÜ

Ein Einreiserecht nach Art. 21 I SDÜ setzt das Vorliegen eines nationalen Aufenthaltstitels und das Erfüllen der Voraussetzungen des Art. 6 I a), c) und e) SGK voraus.

aa) Nationaler Aufenthaltstitel eines Schengen-Vollanwenderstaates

Dafür müssten die Dokumente 3 und 4 nationale Aufenthaltstitel sein.

aaa) Dokument 3

Bei Dokument 3 handelt es sich um eine von Schweden ausgestellte Asylkarte für einen Drittstaatsangehörigen, der in Schweden Asyl oder internationalen Schutz beantragt hat. Die Abkürzung LMA steht auf Schwedisch für „Lag om mottagande av asylsökande" (1994:137, letzte Änderung 2018:346) – Gesetz über die Aufnahme Asylsuchender (https://www.riksdagen.se/sv/dokument-lagar/dokument/svensk-forfattningssamling/lag-1994137 https://www.riksdagen.se/sv/dokument-lagar/dokument/svensk-forfattningssamling/lag-1994137-om-mottagande-av-asylsokande-mfl_sfs-1994-137 – abgerufen 23.05.2019) – und entspricht dem deutschen AsylG. Die Asylkarte ist vergleichbar mit der deutschen Aufenthaltsgestattung nach §§ 55, 63 AsylG (s. o., Fall 25, Dokument 4). Diese Dokumente sind nach Art. 2

Nr. 16 b) i) SGK ausdrücklich aus dem Begriff des Aufenthaltstitels ausgenommen. Ein Einreise- und Aufenthaltsrecht nach Art. 21 I SDÜ wird daher nicht begründet (Schott-Mehrings, 2019, S. 247). Die Prüfung in Bezug auf Art. 21 I SDÜ ist daher an dieser Stelle abzubrechen.

bbb) Dokument 4

Auch Dokument 4 ist eine Asylkarte, hier von Dänemark. Die dänische Bezeichnung „Asylansøger i Danmark" bedeutet „Asylsuchender in Dänemark". Es gilt dasselbe wie bei Dokument 3, die Prüfung ist hier abzubrechen.

bb) Zwischenergebnis

Da die Asylkarten von Schweden und Dänemark gem. Art. 2 Nr. 16 b) SGK keine nationalen Aufenthaltstitel sind, können ihre Inhaber kein Einreise- und Aufenthaltsrecht nach Deutschland oder Schengen-weites Reiserecht nach Art. 21 I SDÜ in Anspruch nehmen. Darüber hinaus wäre bereits beim Inhaber von Dokument 4 ein 90 Tage übersteigender langfristiger Aufenthaltswunsch in Deutschland ersichtlich.

c) Einreiserecht nach Art. 21 II SDÜ

Umstritten ist, ob Art. 21 II SDÜ ein Einreise- und Aufenthaltsrecht auch für Inhaber von Asylkarten vorsieht. Das wäre der Fall, wenn die Asylkarte als vorläufiger Aufenthaltstitel anzusehen wäre. Unabhängig davon ist jedoch weitere Voraussetzung, dass der Ausstellerstaat auch ein Reisedokument ausgestellt hat, z. B. einen Fremdenpass. Das ist nicht ersichtlich, sodass auch kein Reiserecht nach Art. 21 II SDÜ besteht.

d) Ergebnis

Die beiden Inhaber der Dokumente 3 und 4 erfüllen weder die Passpflicht nach § 3 I AufenthG noch die Pflicht zum Besitz eines Aufenthaltstitels nach § 4 I Satz 1 AufenthG noch steht ihnen ein visumfreies Schengen-weites Einreise- und Aufenthaltsrecht nach Art. 21 I oder Art. 21 II SDÜ zur Seite. Beide Personen sind daher ausreisepflichtig nach § 50 I AufenthG und, da sie gem. § 14 I Nr. 1, Nr. 2 AufenthG unerlaubt eingereist sind, auch vollziehbar ausreisepflichtig nach § 58 II Nr. 1 AufenthG.

4.) Grenzpolizeiliche Maßnahmen

a) Inhaber Dokument 3

Gegenüber dem Inhaber von Dokument 3 sind rechtlich mehrere Maßnahmen denkbar.

aa) Ausreiseaufforderung nach § 50 III Satz 2 AufenthG

Denkbar ist, dass die Ausreisepflicht durch freiwillige Ausreise erfüllt werden kann. Nach dem Grundgedanken von Art. 6 I und Art. 6 II der EU-Rückführungsrichtlinie RL 2008/115/EG darf die Ausreisepflicht nur erfüllt werden durch Rückkehr in einen Drittstaat, in aller Regel in den Herkunftsstaat, oder ausnahmsweise in einen anderen EU- oder Schengen-Staat, in dem ein Einreise- und Aufenthaltsrecht besteht. Diese Regelung ist umgesetzt in § 50 III Satz 1 AufenthG.

Letzterenfalls ist der Drittstaatsanghörige zur Ausreise in diesen Unions- oder Schengen-Staat aufzufordern. Diese Regelung findet sich in § 50 III Satz 2 AufenthG. Ausweislich der schwedischen LMA-Karte steht dem Inhaber in Schweden ein der deutschen Aufenthaltsgestattung vergleichbares Aufenthaltsrecht zu. Er kann also nach § 50 III Satz 2 AufenthG zur Ausreise durch Rückreise nach Schweden aufgefordert werden.

bb) Intra-Schengen-Zurückschiebung nach § 57 II 1. Alt. AufenthG

Rechtlich zulässig wäre auch eine Zurückschiebung nach Schweden nach § 57 II 1. Alt. AufenthG. Voraussetzungen sind das Vorliegen vollziehbarer Ausreisepflicht (§§ 50 I, 58 II Nr. 1 AufenthG) und das Bestehen eines vor dem 13.01.2009 (Tag des Inkrafttretens der EU-Rückführungsrichtlinie) abgeschlossenen bilateralen Rückübernahmeabkommens. Diese Regelung ist die Umsetzung von Art. 6 III der EU-Rückführungsrichtlinie. Ein Abkommen mit Schweden aus dem Jahr 1954 liegt vor und sieht die Überstellung illegal Eingereister binnen 48 Stunden seit Grenzübertritt vor. Daher sind die tatbestandsmäßigen Voraussetzungen einer Zurückschiebung nach Schweden erfüllt.

cc) Dublin-Aufgriffs-Überstellung nach § 57 II 2. Alt. AufenthG

Zugleich liegen die Voraussetzungen für einen Dublin-Aufgriffsfall nach § 57 II 2. Alt. AufenthG vor. Ein Dublin-Aufgriffsfall liegt vor, wenn ein unerlaubter Aufenthalt festgestellt wird und Anhaltspunkte für die Zuständigkeit eines anderen Anwenderstaates der Verordnung (EU) Nr. 604/2013 – Dublin-III-VO – vorliegen. In aller Regel wird eine solche Zuständigkeit über einen Eurodac-Treffer durch Abgleich nach Art. 17 Verordnung (EU) Nr. 603/2013 – Eurodac-VO – und § 49 IX AufenthG festgestellt. Im vorliegenden Fall ergibt sich bereits aus der schwedischen Asylkarte ein Dublin-Fall zulasten von Schweden nach Art. 18 I a) Dublin-III-VO, weil Schweden verpflichtet ist, den Drittstaatsangehörigen, der in Schweden einen Antrag auf internationalen Schutz gestellt hat, zurückzunehmen. Da in Deutschland selbst kein Asylgesuch oder Schutzersuchen vorgebracht wird, richtet sich das Verfahren nicht nach dem AsylG, sondern nach dem AufenthG. Eine Dublin-Überstellung setzt jedoch ein vollständiges Dublin-Aufnahmeverfahren unter Beteiligung des Bundesamtes für Migration und Flüchtlinge (BAMF) voraus (Schott-Mehrings, 2019, S. 180).

dd) Auswahl der Maßnahme und Ergebnis

Aus Art. 24 II Dublin-III-VO wird die parallele Möglichkeit einer Vorgehensweise nach Art. 6 II der EU-Rückführungsrichtlinie (entspricht § 50 III Satz 2 AufenthG, s. o., aa)) und einer Dublin-Überstellung (s. o., cc)) gefolgert. Im vorliegenden Fall hat der Drittstaatsangehörige seine glaubhafte Bereitschaft zur schnellstmöglichen Rückreise nach Schweden bekundet. Jede andere Maßnahme, insbesondere ein Dublin-Verfahren, würde weit mehr Zeit in Anspruch nehmen und wäre unverhältnismäßig. Auch eine Zurückschiebung nach § 57 II 1. Alt. AufenthG wäre nach der glaubhaft gemachten Rückreiseabsicht unverhältnismäßig und würde die Beendung des unerlaubten Aufenthaltes in Deutschland nicht beschleunigen, da auch diese Überstellung erst mit der nächsten Fähre nach Schweden durchführbar wäre. Im Ergebnis ist daher auf das mildeste Mittel der Aufforderung zur Ausreise nach Schweden nach § 50 III Satz 2 AufenthG zurückzugreifen und als Frist der Abfahrtzeitpunkt der ohnehin gebuchten zeitlich nächsten Fährpassage zu bestimmen.

b) Inhaber Dokument 4

Da der Inhaber von Dokument 4 einen Asylantrag an die deutsche Grenzpolizei richtet, ist seine Aufenthaltsbeendung nach § 18 III AsylG zu beurteilen. Danach ist eine Zurückschiebung zulässig, wenn der Drittstaatsangehörige im grenznahen Raum in unmittelbarem Zusammenhang zu einer unerlaubten Einreise aufgegriffen wird und die Voraussetzungen für eine Einreiseverweigerung nach § 18 II AsylG vorliegen. Nach § 18 III i. V. m. § 18 II Nr. 1 AsylG ist die Zurückschiebung in einen „sicheren Drittstaat“ nach § 26a II AsylG, Anlage 1 vorgesehen. In diesem Sinne wird der Begriff „Drittstaat" nicht als „Nicht-EU-Staat", sondern als Staat, der nicht der Herkunftsstaat ist, behandelt. Im AsylG sind daher nur EU-Staaten, Norwegen und die Schweiz als sichere „Drittstaaten" gelistet. Die „Sichere-Drittstaaten"-Regelung wird jedoch von der Dublin-III-VO überlagert, die als Unionsrecht Vorrang hat. Nach § 18 III i. V. m. § 18 II Nr. 2 AsylG darf eine Zurückschiebung bei Vorliegen von Anhaltspunkten für eine Dublin-Zuständigkeit eines anderen Dublin-Staates angeordnet werden. Im vorliegenden Fall weist eine dänische Asylkarte auf das Vorliegen der Zuständigkeit Dänemarks hin. Da die Karte vor sehr langer Zeit – am 21.02.2011 – ausgestellt wurde und der Aufgegriffene von Aussichtslosigkeit oder Erfolglosigkeit seines Antrages in Dänemark spricht, ist die Annahme naheliegend, das Asylverfahren sei in Dänemark mit einer abschlägigen Entscheidung abgeschlossen worden. Auch in diesem Fall ist Dänemark im Rahmen eines Wiederaufnahmeverfahrens nach § 18 I d) Dublin-III-VO zur Rückübernahme verpflichtet. Da mit Dänemark eine bilaterale Verwaltungsvereinbarung i. S. v. Art. 36 I Dublin-III-VO besteht, kann die Grenzpolizei diese Maßnahme nach § 3 AsylZBV vorbereiten, braucht aber auch dafür eine Abschiebungsanordnung des Bundesamtes für Migration und Flüchtlinge (BAMF) nach § 34a AsylG (Schott-Mehrings, 2019, S. 234, 236).

5.) Strafverfolgung

In beiden Fällen besteht der Verdacht einer Straftat der unerlaubten Einreise nach § 95 I Nr. 3 AufenthG i. V. m. § 14 I Nr. 1, Nr. 2 AufenthG. Im Fall des Armeniers mit dänischer Asylkarte (Dokument 4) ist wegen des Asylgesuchs seitens der Staatsanwaltschaft der persönliche Strafaufhebungsgrund nach § 95 V AufenthG i. V. m. Art. 31 I GFK zu prüfen.

Fall 27 – Sekundärmigration aus Italien (VG München, Beschluss vom 08.02.2018)

Sachgebiete

Binnengrenze, nationaler Aufenthaltstitel, Reiserecht nach Art. 21 I SDÜ, Erlaubnisfiktion, Duldungsfiktion, Ausreisepflicht

Originalfall

VG München, Beschluss vom 08.02.2018 – M 12 S 18.476

Sachverhalt

Der Sachverhalt aus dem Originalfall ist in der Zuständigkeit der Ausländerbehörde angesiedelt. Er wurde daher umgeschrieben auf einen polizeirelevanten Fall.

Bundespolizeiinspektion Rosenheim, 12.10.2015. Im Grenzgebiet wird nach der Einreise im Eurocity aus Bolzano/Bozen, Italien, ein Reisender festgestellt, der im Besitz der nachfolgend abgebildeten, von Italien ausgestellten Dokumente und ausweislich der Eintragung im Reisedokument Staatsangehöriger von Gambia ist. Ein Rückkehrwille nach Italien kann nicht festgestellt werden. Der Reisende erklärt, in Italien unzumutbaren Zuständen und einer inhumanen Aufenthaltssituation ausgesetzt zu sein und in Deutschland einen langfristigen Aufenthalt anzustreben. Weiterhin werden fünf Gramm betäubungsmittelverdächtige Substanz bei ihm aufgefunden, die den Verdacht auf Cannabis begründet, während weder Bargeld noch eine ec-Karte festgestellt werden können. Als die Grenzpolizeibeamten ihm mitteilen, dass er für einen Aufenthalt in Deutschland nicht die dafür erforderlichen Dokumente besitzt, stellt der Reisende einen Antrag auf Erteilung einer Aufenthaltserlaubnis für Deutschland, hilfsweise eine Duldung. Der Antrag wird von der Grenzpolizei an die zuständige Ausländerbehörde weitergeleitet. Prüfen Sie im Gutachtenstil, ob ein erlaubter Aufenthalt vorliegt oder ob grenzpolizeiliche ausländerrechtliche Maßnahmen zu treffen sind.

Abbildung 33: Bundespolizeiinspektion Rosenheim, vorgelegte Dokumente

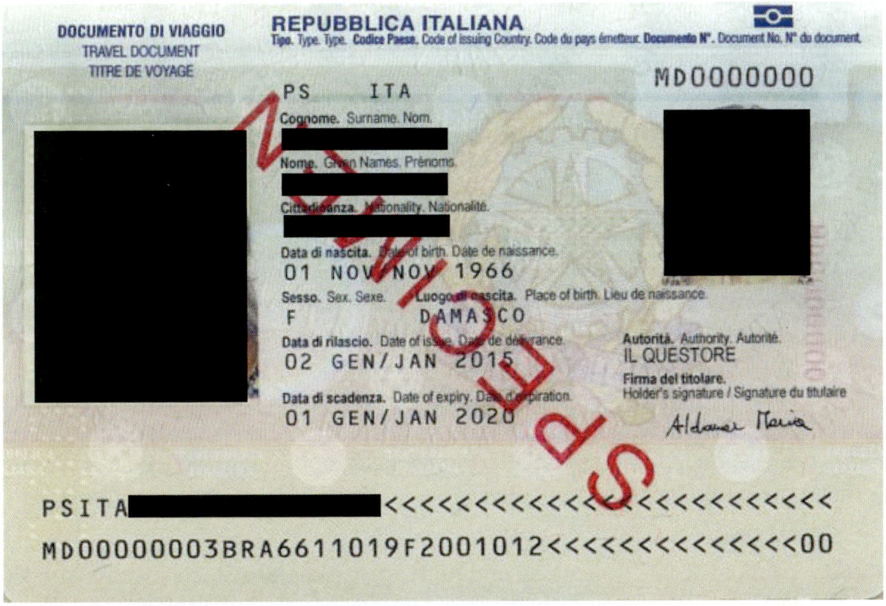

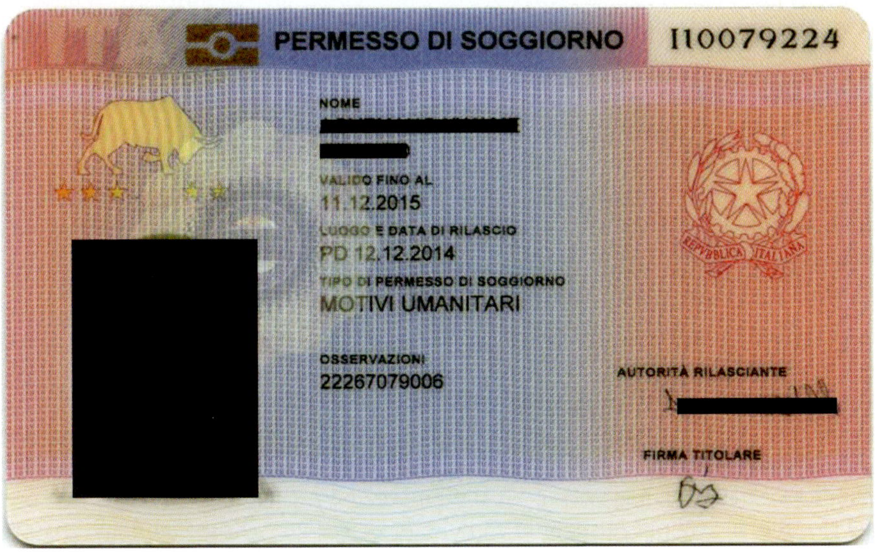

Bilder: © Bayerisches Landeskriminalamt, Dokumenteninformationssystem

Lösungsvorschlag und Entscheidungsvorschlag

1.) Statusfeststellung und Kontrollsituation

Der Reisende ist kein EU- oder sonstiger EWR-Staatsangehöriger und daher Drittstaatsangehöriger.

Aufgriffsort ist keine Schengen-Außengrenze nach Art. 2 Nr. 2 SGK, sondern eine Schengen-Binnengrenze infolge der Einreise über eine Landgrenze nach Art. 2 I a) SGK. Der Schengener

Einreisekontrollstandard nach Art. 6 I und Art. 8 SGK ist an der Binnengrenze nicht vorgesehen. Die Frage des Einreise- und Aufenthaltsrechts ist daher anhand von SDÜ und nationalem Recht zu prüfen.

2.) Einreise- und Aufenthaltsvoraussetzungen

a) Passpflicht

Nach § 3 I AufenthG muss ein Drittstaatsangehöriger für Einreise und Aufenthalt in Deutschland im Besitz eines gültigen und anerkannten Passes oder Passersatzes sein, wenn keine Befreiung von der Passpflicht durch das Bundesministerium des Innern nach § 3 II AufenthG oder auf der Grundlage des § 14 AufenthV vorliegt. Der Reisende ist im Besitz eines gültigen, von Italien ausgestellten Reiseausweises für Ausländer (Titolo di Viaggio per Stranieri). Dieser ist als Passersatz von Deutschland anerkannt, wenn eine Rückkehrberechtigung in Form eines Aufenthaltstitels von Italien besteht (Anerkennungslage des Bundesministeriums des Innern vom 06.04.2016, Bundesanzeiger AT vom 25.04.2016, S. 19). Da der Passinhaber zugleich einen italienischen Aufenthaltstitel (Permesso di Soggiorno) vorlegt, ist diese Voraussetzung erfüllt und der Besitz eines gültigen und anerkannten Passersatzes nachgewiesen.

b) Einreiserecht nach Art. 21 I SDÜ

Nach § 4 I Satz 1 AufenthG ist für Einreise und Aufenthalt eines Drittstaatsangehörigen ein Aufenthaltstitel erforderlich, soweit nicht durch EU-Recht oder die AufenthV etwas anderes bestimmt ist. Der Reisende besitzt keinen deutschen Aufenthaltstitel i. S. v. § 4 I Satz 2 AufenthG, sondern einen von Italien ausgestellten Permesso di Soggiorno.

Inhaber nationaler Aufenthaltstitel anderer Schengen-Vollanwenderstaaten dürfen sich nach Art. 21 I SDÜ für einen Aufenthalt bis zu 90 Tagen innerhalb von 180 Tagen in andere Schengen-Staaten außerhalb des Ausstellerstaates begeben, also in diese einreisen und sich dort aufhalten (s. o., Fall 4, 2.), Fall 26, 2.) b)). Dafür müssen die Voraussetzungen des Art. 6 I a), c) und e) SGK erfüllt sein und es darf keine nationale Ausschreibung zur Einreiseverweigerung vorliegen (Schott-Mehrings, 2019, S. 142).

aa) Nationaler Aufenthaltstitel eines Schengen-Vollanwenderstaates

Schengen-Vollanwenderstaaten sind alle EU-Staaten mit Ausnahme von Bulgarien, Großbritannien, Irland, Kroatien, Rumänien und Zypern sowie zusätzlich Island, Liechtenstein, Norwegen und die Schweiz. Nationale Aufenthaltstitel sind nach Art. 2 Nr. 16 a) SGK die nach einheitlichem Muster ausgestellten, zum Aufenthalt berechtigenden Dokumente und die nach Art. 2 Nr. 16 b) SGK der Kommission nach Art. 39 SGK mitgeteilten, zum Aufenthalt berechtigenden Dokumente, nach Art. 2 Nr. 16 b) i) SGK mit Ausnahme von Asylkarten und nach Art. 2 Nr. 16 b) ii) SGK mit Ausnahme von Visa (s. o., Fall 26; Schott-Mehrings, 2019, S. 141).

Das vorgelegte Dokument ist ein von Italien ausgestellter Aufenthaltstitel (Permesso di Soggiorno). Ausstellungsgrund sind humanitäre Gründe (motivi umanitari). Offenbar wurde dem Betroffenen in Italien eine Schutzform zugesprochen, wobei mangels Besitzes eines RAW 1951 kein Schutz nach der GFK, sondern eher nur eine Form nationalen subsidiären Schutzes zuerkannt worden ist. Zu untersuchen ist, ob die sonstigen Voraussetzungen eines Reiserechts nach Art. 21 I SDÜ erfüllt sind.

bb) Aufenthalt bis 90 Tage innerhalb von 180 Tagen

Art. 21 I SDÜ gewährt einen Aufenthalt bis zu 90 Tagen in 180 Tagen in den Hoheitsgebieten der anderen Schengen-Staaten mit Ausnahme des Ausstellerstaates. Im vorliegenden Fall plant der Reisende offensichtlich bereits bei seiner Einreise einen längerfristigen – 90 Tage übersteigenden – Aufenthalt in Deutschland. Es liegt also ein Fall geplanter Sekundärmigration vor. Wenn bereits bei der Einreise die Absicht besteht, einen Aufenthalt zu verfolgen, der 90 Tage überschreiten wird, erlischt das Einreiserecht aus Art. 21 I SDÜ bereits bei der Einreise (LG Hof, Urteil vom 20.04.2017 – 5 KLs 354 Js 1442/17; VGH Kassel, Beschluss vom 04.06.2014 – 3 B 785/14; VG Stuttgart, Beschluss vom 07.05.2014 – 5 K 4470/13; VG München, Beschluss vom 08.02.2018 – M 12 S 18.476).

Damit kann an dieser Stelle der Prüfung bereits festgestellt werden, dass das Reiserecht aus Art. 21 I SDÜ bei der Einreise nach Deutschland nicht bestanden hat. Dennoch sollen der Vollständigkeit wegen auch die übrigen Einreisevoraussetzungen angesprochen werden.

cc) Voraussetzungen des Art. 6 a), c) und e) SGK

Art. 21 I SDÜ macht das Reiserecht durch Verweisung von den unmittelbar nur an der Außengrenze geltenden Voraussetzungen des Art. 6 I a), c) und e) SGK und vom Nichtvorliegen einer Ausschreibung in einer nationalen Datenbank abhängig.

aaa) Art. 6 I a) SGK

Voraussetzung ist nach Art. 6 I a) SGK der Besitz eines zum Grenzübertritt berechtigenden gültigen Reisedokuments, entsprechend im nationalen Recht nach § 3 I AufenthG der Besitz eines gültigen und anerkannten Reisedokuments. Dieses liegt vor in Form des Reiseausweises für Ausländer (Titolo di Viaggio per Stranieri), der als Passersatz anerkannt ist (s. o., a)).

bbb) Art. 6 I c) SGK

Der Reisende scheitert hier infolge der geplanten Sekundärmigration und des Fehlens finanzieller Mittel am Zweck-Mittel-Nachweis nach Art. 6 I c) SGK. Infolge des geplanten Daueraufenthaltes kann er keinen von Art. 21 I SDÜ gedeckten Aufenthaltszweck glaubhaft machen. Weiterhin verfügt er nicht über ausreichende Mittel zum Bestreiten des Lebensunterhaltes.

ccc) Art. 6 I e) SGK

Es darf keine Gefahr für die öffentliche Sicherheit vorliegen. Neben dem Verdacht des unerlaubten Besitzes von Betäubungsmitteln nach § 29 I Nr. 3 BtMG besteht infolge der grenzüberschreitenden Bewegung auch der Verdacht der unerlaubten Einfuhr von Betäubungsmitteln nach § 29 I Nr. 3 BtMG. Da die Menge bei fünf Gramm liegt, kann eine Verbrechensqualifikation der Einfuhr von Betäubungsmitteln in nicht geringer Menge nach § 30 I Nr. 4 BtMG ausgeschlossen werden. Die nicht geringe Menge liegt bei Cannabis bei 7,5 Gramm des Wirkstoffs Tetrahydrocannabinol (THC). Die Einfuhr in nicht geringer Menge führt infolge der Mindeststrafdrohung von zwei Jahren in der Praxis regelmäßig zur Frage der Fluchtgefahr i. S. v. § 112 II Nr. 2 StPO infolge hoher Straferwartung bei zugleich nicht gesichertem Inlandswohnsitz. Das ist hier offenbar nicht der Fall, sodass nur der Verdacht der Einfuhr von Betäubungsmitteln nach § 29 I Nr. 1 BtMG vorliegt. Die Einfuhr von Betäubungsmitteln ist vollendet durch Verbringen der Betäubungsmittel über die Binnengrenze (dasselbe würde bereits bei der Außengrenze durch Verbringen über die Grenzlinie gelten, da die Einfuhr von Betäubungsmitteln unabhängig von einer Grenz- oder Zollkontrolle vollendet ist). Ein Ausnahme- und Erlaubnistatbestand nach Art. 75 SDÜ ist nicht ersichtlich. Bei lebensnahem Sachverhaltsverständnis ist von einer vorsätzlichen Tat nach § 29 I Nr. 1 BtMG auszugehen. Damit liegt ein Gefahrentatbestand nach Art. 6 I e) SGK vor.

dd) Zwischenergebnis

Die Voraussetzungen des Art. 21 I SDÜ sind nicht erfüllt.

c) Erlaubnisfiktion

Infolge des Antrages auf Erteilung eines Aufenthaltstitels könnte eine gesetzliche Erlaubnisfiktion nach § 81 III Satz 1 AufenthG eingetreten sein mit der Folge, dass der Aufenthalt bis zur Entscheidung der Ausländerbehörde als erlaubt gilt. Diese Folge tritt jedoch nur ein im Fall der Antragstellung aus einem erlaubten Aufenthalt heraus, denn § 81 III Satz 1 AufenthG verlangt den Antrag aus einem rechtmäßigen Aufenthalt heraus. Da hier jedoch mangels Aufenthaltsrechts nach Art. 21 I SDÜ kein erlaubter Aufenthalt vorliegt, tritt die Erlaubnisfiktion nicht ein.

d) Ergebnis

Es liegt keine Befreiung vom Erfordernis eines Aufenthaltstitels vor, sodass der Reisende ohne den gem. § 4 I Satz 1 AufenthG erforderlichen Aufenthaltstitel eingereist ist und sich ohne erforderlichen Aufenthaltstitel in Deutschland aufhält (VG München, Beschluss vom 08.02.2018 – M 12 S 18.476).

3.) Grenzpolizeiliche Maßnahmen

Die Grenzpolizei ist in diesem Fall zuständig für die Durchführung einer Abschiebung nach § 71 III Nr. 1a) AufenthG, denn der Aufgriffsgrenzraum ist zugleich der Einreisegrenzraum.

a) Ausreisepflicht

Der Reisende ist nach § 50 I AufenthG ausreisepflichtig, weil er sich ohne erforderlichen Aufenthaltstitel und insbesondere ohne Einreise- und Aufenthaltsrecht nach Art. 21 I SDÜ in Deutschland aufhält (Nr. 50.1.9.1 AVwV-AufenthG; VG München, Beschluss vom 08.02.2018 – M 12 S 18.476).

b) Vollziehbarkeit der Ausreisepflicht

Die Ausreisepflicht ist nach § 58 II Nr. 1 AufenthG vollziehbar, weil der Betroffene bereits bei der Einreise nicht im Besitz des erforderlichen Aufenthaltstitels war und daher nach § 14 I Nr. 2 AufenthG unerlaubt eingereist ist (VG München, Beschluss vom 08.02.2018 – M 12 S 18.476).

c) Abschiebungshindernisse

Zu prüfen ist, ob der Durchführbarkeit der Abschiebung rechtliche Hindernisse entgegenstehen. Die Ausführungen des Reisenden – insbesondere der Hilfsantrag auf eine Duldung – könnten den Rückschluss darauf zulassen, dass er nationalen subsidiären Schutz in Form der Berufung auf Abschiebungshindernisse nach § 60 V, VII AufenthG beantragen will. Über diesen entscheidet die Ausländerbehörde (Nr. 25.3.3.2 AVwV-AufenthG), lediglich nach § 31 III Satz 1 AsylG das Bundesamt für Migration und Flüchtlinge (BAMF) im Rahmen eines Asylverfahrens oder Verfahrens über einen Antrag auf internationalen Schutz. Unabhängig davon ist hier jedoch von der Grenzpolizei zu beachten, dass der Antrag auf Erteilung eines Aufenthaltstitels zwar nicht nach § 81 III Satz 1 AufenthG zu einer Erlaubnisfiktion, jedoch nach § 81 III Satz 2 AufenthG zu einer Duldungsfiktion führt. Das bedeutet, dass bis zur Entscheidung der Ausländerbehörde zwar nicht der Aufenthalt als erlaubt gilt, sondern es bei einem unerlaubten Aufenthalt bleibt, aber bis zur Entscheidung der Ausländerbehörde die Abschiebung als ausgesetzt gilt. Die Aussetzung der Abschiebung oder Duldung (s. o., Fall 25, Dokument 5) hat zur Folge, dass eine Abschiebung nicht durchgeführt werden kann.

d) Ausreiseaufforderung, Weiterleitung und Unterrichtung der Ausländerbehörde

Es bleibt daher nur die Möglichkeit, den Reisenden nach § 50 III Satz 2 AufenthG zur Ausreise und Rückkehr nach Italien aufzufordern. Diese Aufforderung wird nach der Sachlage erfolglos sein. Aus diesem Grund ist der Drittstaatsangehörige mit einer Anlaufbescheinigung zur Ausländerbehörde weiterzuleiten. Nach § 87 II Nr. 1, Nr. 3 AufenthG ist die Ausländerbehörde zu unterrichten.

Ergänzender Hinweis:

Im Originalfall war im späteren Inlandsaufenthalt seitens der Ausländerbehörde der Antrag auf Erteilung einer Aufenthaltserlaubnis abgelehnt und zusätzlich eine Ausweisung nach §§ 53 I, 54 II Nr. 3 AufenthG verfügt worden. Eine Ausweisung ist eine aufenthaltsbeendende Maßnahme, die die Ausreisepflicht nach § 50 I AufenthG begründet und diese erst mit Bestandskraft vollziehbar werden lässt. Das VG München hat jedoch in seinem Beschluss vom 08.02.2018 festgestellt, dass die Vollziehbarkeit der Ausreisepflicht infolge der unerlaubten Einreise bereits kraft Gesetzes nach § 58 II Nr. 1 AufenthG und damit vor und vollkommen unabhängig vom Eintritt der Bestandskraft der Ausweisung eingetreten ist.

Fall 28 – Passfreie Rückkehr

Sachgebiete

Binnengrenze, Reiseausweis für Flüchtlinge, Anerkennungslage bei Pässen, nationaler Aufenthaltstitel, Durchreiserecht

Sachverhalt

Bundespolizeiinspektion Flughafen Frankfurt, 06.01.2017. Mit einem Flug der Qatar Airways aus Doha (DOH), Katar, erscheint zur Einreise ein Reisender mit nachfolgend abgebildeter Dokumentenlage und einem Flugticket für eine Intra-Schengen-Flugverbindung nach Kopenhagen-Kastrup (CPH) und einem Bahnticket für den Øresundzug von Kopenhagen nach Malmö, Schweden. Prüfen Sie im Gutachtenstil, ob die Einreise zu gewähren oder zu verweigern ist.

Abbildung 34: Flughafen Frankfurt, Dokument 1

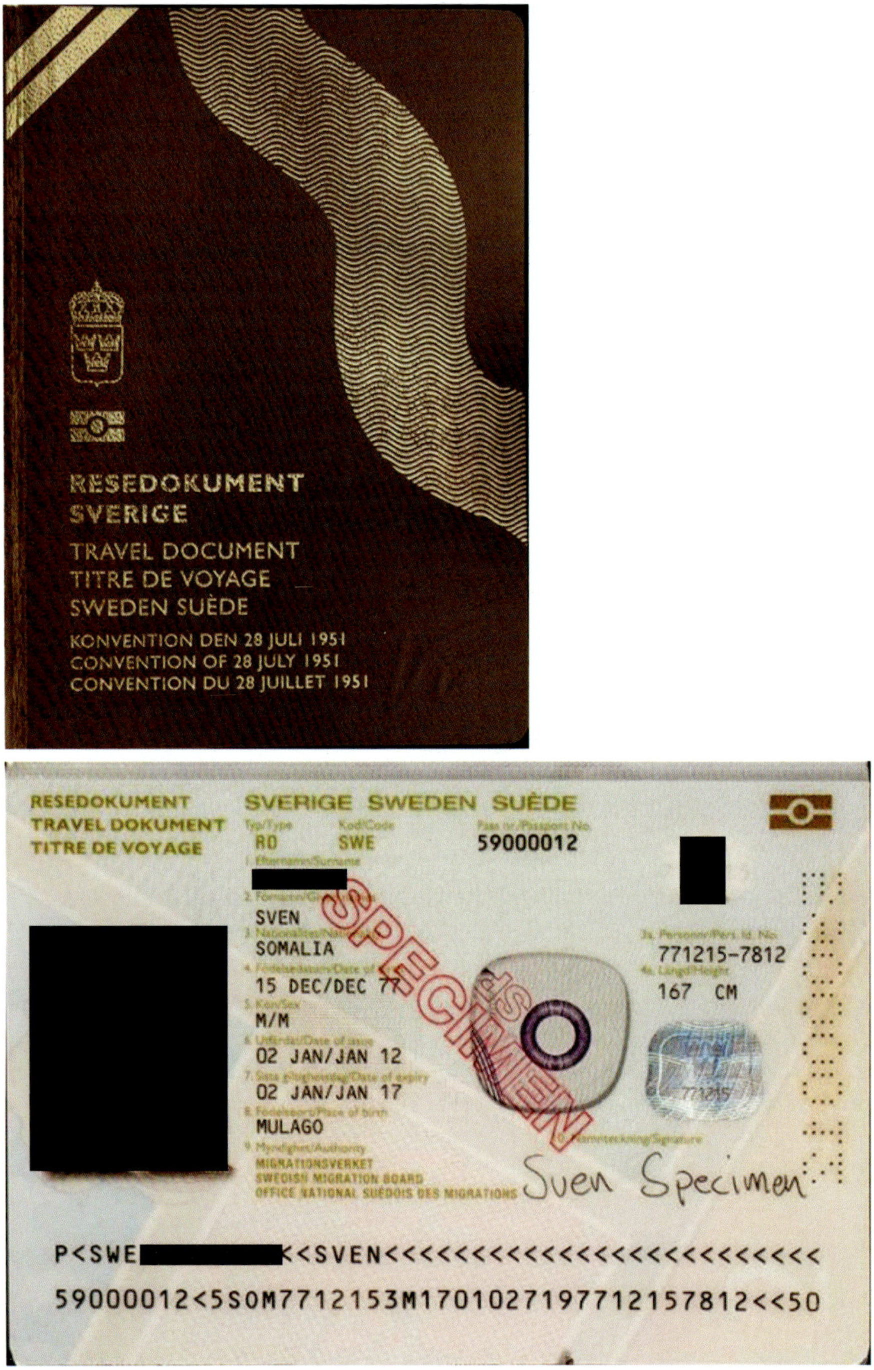

Bilder: © Bayerisches Landeskriminalamt, Dokumenteninformationssystem

Abbildung 35: Flughafen Frankfurt, Dokument 2

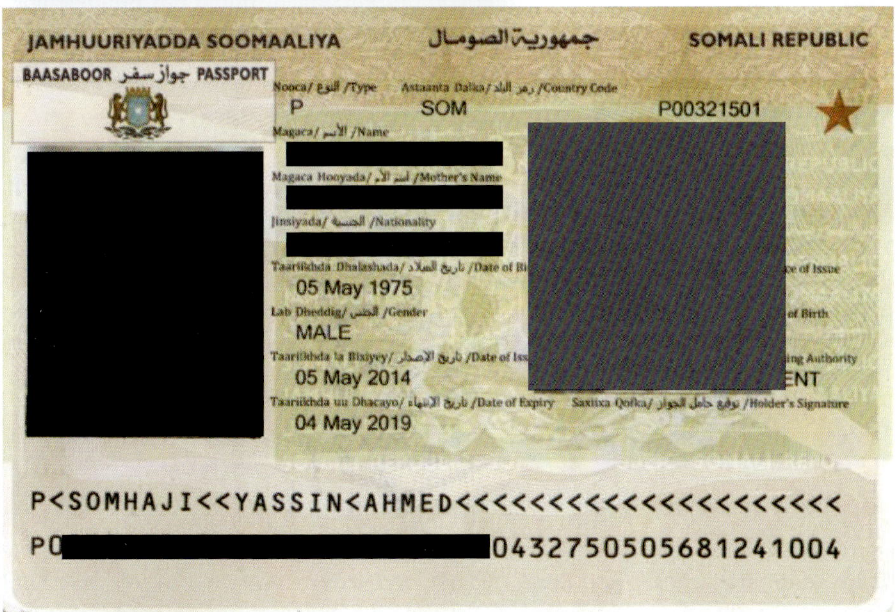

Bilder: © Bayerisches Landeskriminalamt, Dokumenteninformationssystem

Lösungsvorschlag und Entscheidungsvorschlag

1.) Statusfeststellung und Kontrollsituation

Der Reisende ist kein Unions- oder sonstiger EWR-Staatsangehöriger und daher Drittstaatsangehöriger. Aus beiden Reisedokumenten ist die Staatsangehörigkeit von Somalia ersichtlich. Daher kommen SGK und AufenthG zur Anwendung.

Aufgriffsort ist im vorliegenden Fall eine Schengen-Außengrenze nach Art. 2 Nr. 2 SGK.

2.) Einreise- und Aufenthaltsvoraussetzungen

a) Passpflicht

Art. 6 I a) SGK verlangt den Besitz eines zum Grenzübertritt berechtigenden Reisedokuments. Es ist bereits zweifelhaft, ob Art. 6 I a) SGK hier überhaupt Anwendung finden kann, denn Art. 6 I Satz 1 SGK bezieht die nachfolgend genannten Einreisevoraussetzungen auf einen Aufenthalt im Schengen-Raum bis zu 90 Tagen innerhalb von 180 Tagen, also einen Kurzaufenthalt. Der Reisende besitzt aber auch einen Aufenthaltstitel von Schweden (Uppehållstillstånd). Daraus folgt ein längerfristiger Aufenthalt in Schweden, sodass die Grenzen eines Kurzaufenthaltes in Bezug auf den Schengen-Raum ohnehin überschritten sind. Nach der Rechtsprechung des EuGH können die Voraussetzungen des SGK jedoch auch für Inhaber nationaler Aufenthaltsdokumente für längerfristige Aufenthalte zur Anwendung kommen. Dieses folgt daraus, dass unter dem Obersatz der Regelung von Art. 6 I Satz 1 SGK auch Regelungen für längerfristige Aufenthalte mit geregelt sind, so in Art. 6 I b) am Ende SGK und Art. 6 V a) SGK.

Entsprechend muss ein Drittstaatsangehöriger im nationalen Recht nach § 3 I AufenthG für Einreise und Aufenthalt in Deutschland im Besitz eines gültigen und anerkannten Passes oder Passersatzes sein, wenn keine Befreiung von der Passpflicht durch das Bundesministerium des Innern nach § 3 II AufenthG oder auf der Grundlage des § 14 AufenthV vorliegt.

aa) Rechtliche Einordnung der Reisedokumente

aaa) Reisedokument 1

Der Reisende legt einen von Schweden ausgestellten Reiseausweis für Flüchtlinge (RAW 1951) vor (s. o., Fall 6). Er ist also offensichtlich somalischer Staatsangehöriger, der in Schweden einen Asylantrag oder Antrag auf internationalen Schutz gestellt hatte und dem internationaler Schutz nach der GFK zuerkannt wurde. Das Beispiel zeigt, dass beim RAW 1951 auch Abweichungen vom Design des blauen Deckeinbandes mit schwarzen Querstreifen wie im Fall Dänemark (s. o., Fall 6, Abbildung 6) und Deutschland möglich sind und die Eigenschaft als RAW 1951 nicht vom Design, sondern von der Beschriftung mit dem Vermerk „Konvention vom 28. Juli 1951" abhängt. Die Gültigkeit des RAW 1951 ist jedoch am 02.01.2017 abgelaufen. Am Aufgriffstag, 06.01.2017, verfügt er damit nicht mehr über einen gültigen RAW 1951. Daher erfüllt er nicht die Passpflicht aus Art. 6 I a) SGK und § 3 I AufenthG.

bbb) Reisedokument 2

Der Reisende legt weiterhin einen von Somalia ausgestellten Nationalpass vor. Dieser ist zeitlich gültig. Er hat also auch nach Ausstellung des RAW 1951 von Schweden seinen somalischen Pass behalten und seine Reise mit beiden Dokumenten angetreten. Nach der deutschen Anerkennungslage sind alle nach Januar 1991 ausgestellten oder verlängerten

Pässe von Somalia – infolge des Zerfalls des Staatsgefüges in Clanwirtschaften und des Verlusts der Regierungszentralgewalt – nicht als Pass oder Grenzübertrittsdokument anerkannt (Anerkennungslage des Bundesministeriums des Innern vom 06.04.2016, Bundesanzeiger AT vom 25.04.2016, S. 41, 67). Entsprechend unterhält Deutschland auch kein Konsulat in Somalia, zuständig ist das deutsche Konsulat in Nairobi, Kenia. Damit erfüllt der Reisende nicht die im nationalen Recht geregelte Pflicht zum Besitz eines gültigen und anerkannten Passes oder Passersatzes und im Hinblick auf Art. 6 I a) SGK nicht die Pflicht zum Besitz eines zum Grenzübertritt berechtigenden Reisedokuments.

bb) Befreiung von der Passpflicht

Zu prüfen ist, ob eine Befreiung von der Passpflicht vorliegt.

aaa) Nationales Recht

Nach § 3 II AufenthG kann das Bundesministerium des Innern eine Befreiung von der Passpflicht erteilen (s. o., Fall 7), und nach § 14 AufenthV ist ein Ausländer im Fall grenzüberschreitender Inanspruchnahme oder Leistung von Hilfe in Rettungs-, Katastrophen- oder Notfällen von der Passpflicht befreit. Der vorliegende Sachverhalt bietet keine Anhaltspunkte für das Vorliegen einer dieser Voraussetzungen.

bbb) Durchreiserecht nach Art. 6 V a) SGK

Abweichend von Art. 6 I SGK gewährt Art. 6 V a) SGK die Einreise über die Außengrenze für Drittstaatsangehörige, die Inhaber eines nationalen Aufenthaltstitels oder eines nationalen Visums sind und in den Ausstellerstaat – und damit den Staat, in dem der ständige Aufenthalt besteht – zurückkehren wollen. Dieses Durchreiserecht zur Rückkehr in den Ausstellerstaat befreit daher von den Einreisevoraussetzungen nach Art. 6 I a) SGK. Daher sind die Ungültigkeit des RAW 1951 und die Nichtanerkennung des Nationalpasses keine Gründe, die der Einreise entgegenstehen. Das Durchreiserecht aus Art. 6 V a) SGK hat auch Vorrang vor der deutschen Passpflicht nach § 3 I AufenthG (Nr. 1.1.4, 1.3.3.2 AAH-SDÜ; Schott-Mehrings, 2019, S. 147).

Aus diesem Grund darf auch kein Notreiseausweis nach § 13 I Nr. 2 AufenthV ausgestellt werden, weil die damit verbundene Gebühr in Höhe von 18 Euro eine Belastung des Reisenden darstellen würde, er jedoch nach Art. 6 V a) SGK von der Passpflicht freigestellt ist.

b) Aufenthaltstitelpflicht

Nach Art. 6 I b) SGK ist für die Einreise ein Visum erforderlich, soweit nach der EUVisaVO vorgeschrieben – es sei denn, der Drittstaatsangehörige ist Inhaber eines nationalen Aufenthaltstitels eines Schengen-Staates oder eines nationalen Visums eines Schengen-Staates für den längerfristigen Aufenthalt. Der Reisende besitzt einen von Schweden ausgestellten Aufenthaltstitel.

Nach § 4 I Satz 1 AufenthG ist für Einreise und Aufenthalt eines Drittstaatsangehörigen ein Aufenthaltstitel erforderlich, soweit nicht durch EU-Recht oder die AufenthV etwas anderes bestimmt ist. Aufenthaltstitel in diesem Sinne sind nach § 4 I Satz 2 AufenthG – abgesehen vom Visum Typ C und Visum Typ D – nur von deutschen Ausländerbehörden ausgestellte Aufenthaltstitel, die unmittelbar für Deutschland gelten. Der Aufenthaltstitel von Schweden gehört nicht dazu. Der Reisende könnte jedoch durch EU-Recht von der Aufenthaltstitelpflicht befreit sein.

aa) Art. 21 I SDÜ

Inhaber nationaler Aufenthaltstitel anderer Schengen-Vollanwenderstaaten dürfen sich nach Art. 21 I SDÜ für einen Aufenthalt bis zu 90 Tagen innerhalb von 180 Tagen in anderen Schengen-Staaten außerhalb des Ausstellerstaates begeben, also in diese einreisen und sich dort aufhalten. Voraussetzung ist, dass die Voraussetzungen des Art. 6 I a), c) und e) SGK erfüllt sind und keine nationale Ausschreibung zur Einreiseverweigerung vorliegt. Die Voraussetzung des Art. 6 I a) SGK ist aber gerade nicht erfüllt (s. o., a) aa)).

bb) Art. 6 V a) SGK

Das Reiserecht für den Inhaber des schwedischen Aufenthaltstitels folgt aber auch in Bezug auf die Befreiung von der Visumpflicht für Deutschland aus Art. 6 V a) SGK (s. o., a) bb) bbb)). So wie Art. 6 V a) SGK von der Passpflicht befreit, gewährt diese Rechtsvorschrift auch ein Einreiserecht an jeder Schengen-Außengrenze – also nicht nur der Außengrenze des Ausstellerstaates Schweden – und ein Durchreiserecht durch den Schengen-Staat, an dessen Außengrenze die Einreise stattfindet, zum Zweck der Rückkehr in den Ausstellerstaat, hier Schweden. Das Durchreiserecht kann sich auch auf mehr als einen Staat erstrecken, hier nach Deutschland auch Dänemark, um Schweden zu erreichen.

c) Zwischenergebnis

Es ist daher weder ein anerkannter Pass noch ein Visum oder Aufenthaltstitel für Deutschland erforderlich.

3.) Ergebnis

Die Einreise zum Zweck der Durchreise ist daher zu gewähren.

4.3 Abgeleitete Freizügigkeit im Rückkehrfall

Drittstaatsangehörige, die im Verhältnis zu einem EU-, EWR- oder Schweizer Staatsangehörigen Familienangehörige i. S. v. § 3 II FreizügG/EU sind, dürfen nach §§ 2 I, 3 I FreizügG/EU abgeleitetes Freizügigkeitsrecht in Anspruch nehmen, wenn sie dem stammberechtigten Unions- oder EWR-Bürger oder Schweizer nachreisen oder diesen begleiten. Nach §§ 1, 12 FreizügG/EU gilt das FreizügG/EU nur für Staatsangehörige anderer Unionsstaaten (also mit Ausnahme von Deutschland) sowie von Island, Liechtenstein und Norwegen und deren freizügigkeitsberechtigte Familienangehörigen. Die drittstaatsangehörigen Angehörigen von Deutschen fallen demnach nicht darunter, sondern unter die Regelungen über den Familiennachzug nach §§ 28ff. AufenthG. Eine Ausnahme gilt für die Rückkehr-Fälle, in denen ein Deutscher sich zeitweise in einem anderen Unionsstaat aufhält, dort ein Familienangehörigkeitsverhältnis mit einem Drittstaatsangehörigen begründet und dann in dessen Begleitung nach Deutschland zurückkehrt. Infolge der freizügigkeitsvergleichbaren Lage findet hier der Rechtsgedanke des Freizügigkeitsrechts oder das FreizügG/EU analoge Anwendung (EuGH, Urteil vom 07.07.1992 – Rs. C 370/90; Nr. 1.3 Satz 4, 2.4.2.1 Satz 6, Satz 7, 11.1.2.1 AVwV-FreizügG/EU; Schott-Mehrings, 2019, S. 271). Die Rechtsprechung hat dazu Kriterien entwickelt, um einem Missbrauch dieses Rechts durch kurzfristige Einreisen in andere Unionsstaaten entgegenzutreten. Einer dieser Fälle wird unter dem Schlagwort „Dänemark-Ehe" geführt.

Fall 29 – Dänemark-Ehe (BayVGH München, Beschluss vom 26.01.2016)

Sachgebiete

Binnengrenze, nationaler Aufenthaltstitel, Rückkehrfall, abgeleitetes Freizügigkeitsrecht, Nachhaltigkeit der Ausübung des Freizügigkeitsrechts

Originalfall

BayVGH, Beschluss vom 26.01.2016 – 10 Cs 16.64; vergleichbare Fälle zu diesem Sachgebiet: BVerwG, Urteil vom 16.11.2010 – 1 C 17.09; BVerwG, Urteil vom 11.01.2011 – 1 C 23.09; EuGH, Urteil vom 12.03.2014 – Rs. C 456/12; EuGH, Urteil vom 12.03.2014 – Rs. C 457/12

Sachverhalt

Der Sachverhalt aus dem Originalfall ist in der Zuständigkeit der Ausländerbehörde angesiedelt. Er wurde daher umgeschrieben auf einen polizeirelevanten Fall, bezieht aber die rechtlichen Würdigungen des BayVGH mit ein.

Bundespolizeiinspektion Flensburg, 11.09.2015. Im Grenzgebiet an der B 5 zwischen Tønder, Dänemark, und Niebüll wird ein junges Paar angetroffen. Die Frau weist sich mit einem deutschen Personalausweis aus, ihr Begleiter mit einem nigerianischen Pass und einem von Italien ausgestellten Aufenthaltstitel (Permesso di Soggiorno). Beide weisen nach, dass sie am Morgen desselben Tages nach Dänemark zur Eheschließung im Standesamt von Tønder gefahren sind und sich jetzt auf dem Rückweg zu ihrem gemeinsamen Wohnsitz in München befinden. Ein Rückkehrwille des Nigerianers nach Italien ist nicht feststellbar. Prüfen Sie im Gutachtenstil, ob ein erlaubter Aufenthalt vorliegt und ob grenzpolizeiliche ausländerrechtliche Maßnahmen zu treffen sind.

Lösungsvorschlag und Entscheidungsvorschlag

1.) Statusfeststellung und Kontrollsituation

Der Reisende ist kein Unions- oder sonstiger EWR-Staatsangehöriger und daher Drittstaatsangehöriger. Aufgriffsort ist im vorliegenden Fall eine Schengen-Binnengrenze nach Art. 2 Nr. 1 a) SGK.

2.) Einreise- und Aufenthaltsvoraussetzungen

a) Passpflicht

§ 3 I AufenthG verlangt den Besitz eines gültigen und anerkannten Passes oder Passersatzes. Die Passbesitzpflicht wird nach der Sachlage erfüllt.

b) Einreise- und Aufenthaltsrecht

Nach § 4 I Satz 1 AufenthG ist für Einreise und Aufenthalt eines Drittstaatsangehörigen ein Aufenthaltstitel erforderlich, soweit nicht durch EU-Recht oder die AufenthV etwas anderes bestimmt ist. Der Reisende besitzt keinen deutschen Aufenthaltstitel i. S. v. § 4 I Satz 2 AufenthG, sondern einen von Italien ausgestellten Permesso di Soggiorno.

aa) Einreiserecht nach Art. 21 I SDÜ

Inhaber nationaler Aufenthaltstitel anderer Schengen-Vollanwenderstaaten dürfen sich nach Art. 21 I SDÜ für einen Aufenthalt bis zu 90 Tagen innerhalb von 180 Tagen in anderen

Schengen-Staaten außerhalb des Ausstellerstaates begeben, also in diese einreisen und sich dort aufhalten (s. o., Fall 4, 2.), Fall 26, 2.) b)). Dafür müssen die Voraussetzungen des Art. 6 I a), c) und e) SGK erfüllt sein, und es darf keine nationale Ausschreibung zur Einreiseverweigerung vorliegen (Schott-Mehrings, 2019, S. 142).

aaa) Nationaler Aufenthaltstitel eines Schengen-Vollanwenderstaates

Nationale Aufenthaltstitel sind nach Art. 2 Nr. 16 a) SGK die nach einheitlichem Muster ausgestellten, zum Aufenthalt berechtigenden Dokumente und die nach Art. 2 Nr. 16 b) SGK der Kommission nach Art. 39 SGK mitgeteilten, zum Aufenthalt berechtigenden Dokumente, nach Art. 2 Nr. 16 b) i) SGK mit Ausnahme von Asylkarten und nach Art. 2 Nr. 16 b) ii) SGK mit Ausnahme von Visa (s. o., Fall 26; Schott-Mehrings, 2019, S. 141). Das vorgelegte Dokument ist ein von Italien ausgestellter Aufenthaltstitel (Permesso di Soggiorno) und damit ein Aufenthaltstitel, der geeignet ist, das Reiserecht aus Art. 21 I SDÜ zu begründen.

bbb) Aufenthalt bis 90 Tage innerhalb von 180 Tagen

Art. 21 I SDÜ gewährt einen Aufenthalt bis zu 90 Tagen in 180 Tagen in den Hoheitsgebieten der anderen Schengen-Staaten mit Ausnahme des Ausstellerstaates. Im vorliegenden Fall ist aber offenkundig sowohl bei der vorangegangenen Einreise Italien – Deutschland als auch bei der aktuellen Einreise Dänemark – Deutschland ein langfristiger Aufenthalt am gemeinsamen deutschen Ehewohnsitz geplant. Es liegt also auch hier (wie in Fall 27) ein Fall geplanter Sekundärmigration vor. Wenn bereits bei der Einreise beabsichtigt ist, einen Aufenthalt zu verfolgen, der 90 Tage übersteigen wird, erlischt das Einreiserecht aus Art. 21 I SDÜ bereits bei der Einreise oder ist gar nicht erst entstanden (LG Hof, Urteil vom 20.04.2017 – 5 KLs 354 Js 1442/17; VGH Kassel, Beschluss vom 04.06.2014 – 3 B 785/14; VG Stuttgart, Beschluss vom 07.05.2014 – 5 K 4470/13; VG München, Beschluss vom 08.02.2018 – M 12 S 18.476).

Damit kann an dieser Stelle der Prüfung bereits festgestellt werden, dass das Reiserecht aus Art. 21 I SDÜ bei der Einreise nach Deutschland nicht bestanden hat.

ccc) Voraussetzungen des Art. 6 a), c) und e) SGK

Von den in Art. 21 I SDÜ in Bezug genommenen Voraussetzungen des Art. 6 I a), c) und e) SGK ist infolge des geplanten Daueraufenthaltes der Nachweis eines vom Schengener Reiserecht gedeckten Aufenthaltszwecks nach Art. 6 I c) SGK nicht erfüllt.

ddd) Zwischenergebnis

Ein Einreise- und Aufenthaltsrecht aus Art. 21 I SDÜ besteht nicht.

bb) Abgeleitetes Freizügigkeitsrecht nach § 3 II i. V. m. §§ 2 I, 3 I FreizügG/EU

Zu untersuchen ist, ob durch die grenzüberschreitende Bewegung in einen anderen EU-Staat und Rückkehr ein abgeleitetes Freizügigkeitsrecht begründet wurde.

Vom Grundsatz her kann sich eine abgeleitete Freizügigkeit für drittstaatsangehörige Familienangehörige von Unionsbürgern aus Art. 21 I AEUV und nach nationalem Recht nach §§ 2 I, 3 I FreizügG/EU ergeben, wenn die deutsche Ehepartnerin aus einem EU-Staat, dessen Staatsangehörigkeit sie nicht besitzt, also einem anderen Unionsstaat (hier Dänemark), in den Unionsstaat zurückkehrt, dessen Staatsangehörigkeit sie besitzt (hier Deutschland), und dabei von ihrem Ehepartner begleitet wird. Denn anderenfalls würde die Ausübung des Freizügigkeitsrechts eingeschränkt werden, wenn der Unionsbürger nicht sicher sein könnte, einen Familienangehörigen bei Rückkehr aus dem Unionsausland mitbringen zu können (EuGH, Urteil vom 12.3.2014 – Rs. C-456/12). Dazu sagt das VGH-Urteil im Wortlaut :

„Nach Art. 21 I AEUV hat jeder das Recht, sich im Hoheitsgebiet der Unionsmitgliedstaaten vorbehaltlich der in den Verträgen und in den Durchführungsvorschriften vorgesehenen Beschränkungen und Bedingungen frei zu bewegen und aufzuhalten." Daher gewährt Art. 21 I AEUV einem Drittstaatsangehörigen, der Familienangehöriger eines Unionsbürgers ist, der sich in Ausübung dieses Rechts, insbesondere als Arbeitnehmer (EuGH, Urteil vom 07.07.1992 – Rs. C-370/90, „Singh"; EuGH, Urteil vom 11.12.2007 – Rs. C-291/05, „Eind"), in einem anderen Mitgliedstaat aufgehalten hat, bei der Rückkehr des Unionsbürgers in den Mitgliedstaat, dessen Staatsangehörigkeit er besitzt, ein abgeleitetes Aufenthaltsrecht in diesem Mitgliedstaat (EuGH, Urteil vom 12.03.2014 – Rs. C-456/12). Dazu führt der VGH München wörtlich aus: „Denn ohne ein solches Aufenthaltsrecht für seine Familienangehörigen würde der Unionsbürger davon abgehalten, den Mitgliedstaat, dessen Staatsangehörigkeit er besitzt, zu verlassen, um sein Aufenthaltsrecht nach Art. 21 I AEUV in einem anderen Mitgliedstaat auszuüben, weil er nicht die Gewissheit hätte, mit seinen nahen Verwandten im Herkunftsstaat ein etwa durch Heirat oder Familienzusammenführung entwickeltes oder gefestigtes Familienleben fortzusetzen" (EuGH, Urteil vom 11.12.2007 – Rs. C-291/05, „Eind"; EuGH, Urteil vom 12.03.2014 – Rs. C-456/12; BayVGH, Beschluss vom 20.01.2016 – 10 C 15.723).

Jedoch setzt die Anerkennung eines solchen Aufenthaltsrechts des Familienangehörigen dem VGH zufolge voraus, „dass der Unionsbürger von seinem Freizügigkeitsrecht in so nachhaltiger Weise Gebrauch gemacht hat, dass die praktische Wirksamkeit seines Freizügigkeitsrechts als Unionsbürger es erfordert, seinem Ehepartner einen unionsrechtlichen Nachzugsanspruch zuzubilligen", was auch bereits in vorausgegangener Rechtsprechung festgestellt wurde (BVerwG, Urteil vom 22.06.2011 – 1 C 11.10). Erforderlich ist, dass der Aufenthalt im Aufnahmemitgliedstaat von solcher Dauer ist, dass der Unionsbürger dort ein Familienleben entwickeln oder festigen kann (EuGH, Urteil vom 12.03.2014 – Rs. C-456/12). Dazu genügt eine kurzzeitige Ausreise und Wiedereinreise nicht, denn darin liegt keine nachhaltige Ausübung des Freizügigkeitsrechts (BVerwG, Urteil vom 16.11.2010 – 1 C 17.09; BVerwG, Urteil vom 11.01.2011 – 1 C 23.09) und kein Aufenthalt im Aufnahmemitgliedstaat, der es ermöglicht, ein Familienleben zu entwickeln oder zu festigen (EuGH, Urteil vom 12.03.2014 – Rs. C-456/12). Letzteres kann nur angenommen werden, wenn der Aufenthalt im Aufnahmemitgliedstaat drei Monate übersteigt. Daher führt die kurzzeitige Ausreise zur Eheschließung und Wiedereinreise nicht zur Begründung eines abgeleiteten Freizügigkeitsrechts (EuGH, Urteil vom 12.03.2014 – Rs. C 456/12, Urteil vom 12.03.2014 – Rs. C 457/12; BVerwG, Urteil vom 16.11.2010 – 1 C 17.09; BVerwG, Urteil vom 11.01.2011 – 1 C 23.09; BayVGH, Beschluss vom 26.01.2016 – 10 Cs 16.64; Schott-Mehrings, 2019, S. 272).

3.) Grenzpolizeiliche Maßnahme

Nach § 50 III Satz 2 AufenthG ist der Nigerianer zur Ausreise und Rückkehr nach Italien aufzufordern.

5. Internationaler Schutz

Internationaler Schutz umfasst Schutz nach der Genfer Flüchtlingskonvention (GFK) und internationalen subsidiären Schutz nach Art. 15 der EU-Qualifikationsrichtlinie RL 2011/95/EU. Im deutschen Recht wird beides im Asylverfahren nach §§ 3, 4 AsylG geprüft. Für die Polizeibehörden ergeben sich Aufgriffssituationen, weil die Polizei, insbesondere die Grenzbehörden, in der Praxis oft den ersten Behördenkontakt für Schutzsuchende stellt. Die relevantesten Vorschriften für die Polizei im Asylrecht sind in den §§ 15, 16 AsylG allgemein sowie in den §§ 18, 18a für die Grenzpolizei und § 19 AsylG für die Landespolizei geregelt.

5.1 Flughafenverfahren und Dublin-Verfahren an der Außengrenze

An der Außengrenze ist eine Einreiseverweigerung nicht nach Art. 14 I SGK, sondern nur unter den Voraussetzungen des § 18 II Nr. 2 AsylG zulässig. Eine Besonderheit für die Grenzpolizeibehörde ist das Flughafenverfahren nach § 18a AsylG. Nach aktueller Rechtslage sind Einschränkungen durch die europäische Regelung in der EU-Verfahrensrichtlinie RL 2013/32/EU zu beachten.

Fall 30 – Asylantrag nach Identitätstäuschung (HessVGH, Beschluss vom 22.01.2019)

Sachgebiete

Außengrenze, Einreise, Asylgesuch, Flughafenverfahren, Sichere-Herkunftsstaaten-Regelung, Identitätstäuschung, Sichere-Drittstaaten-Regelung, Eurodac-Treffer, Dublin III

Originalfall

HessVGH, Beschluss vom 22.01.2019 – 5 A 1223/18.Z

Sachverhalt

Der Sachverhalt aus dem Originalfall wurde vereinfacht dargestellt und auf die Situation der grenzpolizeilichen Arbeit umgeschrieben.

Bundespolizeiinspektion Flughafen Frankfurt. Mit dem Flug aus Casablanca (CAS), Marokko, erscheint ein Staatsangehöriger von Kamerun, der sich mit einer auf eine andere Person ausgestellten französischen ID-Karte ausweist (Reisender 1). Als die Grenzpolizei bemerkt, dass das Lichtbild im Ausweis eine andere Person zeigt und der Reisende nicht zur Vorlage des Ausweises autorisiert ist, stellt dieser ein Asylgesuch. Er hat keinen Pass, aber Dokumente, die die kamerunische Staatsangehörigkeit ergeben. Die Grenzpolizei leitet den Reisenden an die Außenstelle des Bundesamtes für Migration und Flüchtlinge (BAMF) weiter, wo er einen Asylantrag stellt, und lässt ihn in der Flughafenunterkunft Cargo City Süd unterbringen. Am selben Tag erscheint mit dem Flug aus Larnaca, Republik Zypern, ein Staatsangehöriger von der Côte d'Ivore (Elfenbeinküste), der sich mit einer gefälschten französischen ID-Karte ausweist, sich jedoch der Grenzpolizei gegenüber offenbart und seine tatsächliche Staatsangehörigkeit offenlegt (Reisender 2). Er erklärt, die ID-Karte nur für den Zugang zum Luftfahrzeug genutzt zu haben, und stellt einen Asylantrag. Zugleich legt er Auszüge seiner Asylakte und Behördenbescheide aus Zypern vor, aus denen die Ablehnung seines dort vorgebrachten Asylantrages hervorgeht. Eine erkennungsdienstliche Behandlung und Abfrage über das

BKA bei der Eurodac-Zentraleinheit ergibt eine Eurodac-Teffermeldung der Kategorie 1 für Zypern. Auch Reisender 2 wird in der Flughafenunterkunft Cargo City Süd untergebracht. Prüfen Sie im Gutachtenstil, ob diese Unterbringungen rechtmäßig sind.

Lösungsvorschlag und Entscheidungsvorschlag

1.) Reisender 1

a) Statusfeststellung und Kontrollsituation

Das AsylG differenziert anders als § 1 II Nr. 1 AufenthG, § 1 FreizügG/EU nicht zwischen Unions- und Drittstaatsangehörigen. Asylanträge von EU-Staatsangehörigen werden allerdings über die Sichere-Herkunftsstaaten-Regelung in § 29a I, II AsylG als offensichtlich unbegründet behandelt. Da aber das Gemeinsame Europäische Asylsystem (GEAS), zu dem insbesondere die VO (EU) 603/2013 (Eurodac-VO), die VO (EU) Nr. 604/2013 (Dublin-III-VO) und die RL 2013/32/EU (EU-Verfahrensrichtlinie) gehören, nur für Drittstaatsangehörige und Staatenlose Anwendung findet und in einigen Bereichen das nationale Recht überlagert, ist auch insoweit eine Statusfeststellung sinnvoll. Der Reisende ist kein Unions- oder sonstiger EWR-Staatsangehöriger und daher Drittstaatsangehöriger. Aufgriffsort ist im vorliegenden Fall eine Schengen-Außengrenze nach Art. 2 Nr. 2 SGK.

b) Grenzpolizeiliche Maßnahmen

aa) Einreiseverweigerung nach Art. 14 I i. V. m. Art. 6 I SGK

Der Reisende erfüllt zwar nicht die Einreisevoraussetzungen nach Art. 6 I a), b), c) und e) SGK, jedoch ist eine Einreiseverweigerung nach Art. 14 I Satz 1 SGK unzulässig. Dieses folgt aus dem Zurückweisungsverbot nach Art. 33 I GFK und aus dem Vorrang der Vorschriften über die Behandlung eines Antrages auf internationalen Schutz nach Art. 14 I Satz 2 SGK.

bb) Weiterleitung an die zuständige Aufnahmeeinrichtung nach § 18 I AsylG

Der vom Gesetzgeber vorgesehene Regelfall ist die Weiterleitung des Asylsuchenden oder Schutzsuchenden an die nächste oder zuständige Aufnahmeeinrichtung, im Fall Flughafen Frankfurt die Aufnahmeeinrichtung Gießen. Die Weiterleitung erfolgt, wenn an der Außengrenze keine Gründe für die Voraussetzungen einer Einreiseverweigerung nach § 18 II AsylG oder die Anwendung des Flughafenverfahrens nach § 18a AsylG bestehen.

cc) Einreiseverweigerung nach § 18 II Nr. 2 AsylG

Zu prüfen ist, ob eine Einreiseverweigerung nach § 18 II Nr. 2 AsylG zulässig ist. Tatbestandsvoraussetzungen sind das Vorliegen eines Einreiseversuchs aus einem sicheren Drittstaat nach § 18 II Nr. 1 AsylG, Anhaltspunkte für das Vorliegen einer Zuständigkeit eines anderen Staates nach der VO (EU) Nr. 604/2013 (Dublin-III-VO) nach § 18 II Nr. 2 AsylG oder das Vorliegen eines Gefährderfalls nach § 18 II Nr. 3 AsylG. Nr. 1 und Nr. 3 sind in der gesetzlich geregelten Form nicht anwendbar. Die Sichere-Drittstaaten-Regelung wird von der als EU-Recht gem. Art. 288 AEUV vorrangigen Dublin-III-VO überlagert, denn die vom Gesetzgeber in § 26a II AsylG und Anlage 1 AsylG gelisteten sicheren „Drittstaaten" sind alle Unionsstaaten, Norwegen und die Schweiz. Da diese Staaten keine Drittstaaten im Sinne des Unionsrechts sind (sondern nur i. S. v. „Nicht-Herkunftsstaaten") und zugleich Anwenderstaaten der Dublin-III-VO, hat diese Vorrang. Nr. 3 ist ebenfalls nicht mit Unionsrecht vereinbar. Nach Art. 9 II der EU-Verfahrensrichtlinie RL 2013/32/EU (ABl.-EU L 180/60 vom 29.06.2013) ist die Verweigerung von Einreise und Aufenthalt im Rahmen eines Verfahrens über einen Antrag auf internationalen Schutz in abschließender Regelung auf bestimmte Fälle beschränkt, zu denen der Gefährderfall nicht gehört. Die Richtlinie ist am 19.07.2013 in Kraft getreten, die Umsetzungsfrist ist zwei Jahre später abgelaufen, ohne dass sie in Deutschland umgesetzt wurde, sodass die Bestimmung unmittelbar anzuwenden ist. Daher bleibt nur § 18 II Nr. 2 AsylG zur Anwendung. Im vorliegenden Fall liegt jedoch kein Anhaltspunkt für eine Zuständigkeit eines anderen Dublin-Staates vor.

dd) Flughafenverfahren nach § 18a AsylG

Unter den Voraussetzungen des § 18a AsylG kann das Asylverfahren oder Schutzverfahren in der Flughafentransitzone als Flughafenverfahren durchgeführt werden, wenn ein Sicherer-Herkunftsstaaten-Fall oder ein Fall des Nichtausweisens mit einem gültigen Pass oder Passersatz vorliegt, eine Flughafenunterkunft zur Verfügung steht und kein Fall von § 18 II Nr. 2 AsylG vorliegt (HessVGH, Beschluss vom 22.01.2019 – 5 A 1223/18.Z). Zu beachten ist jedoch die unionsrechtlich vorrangige Regelung in Art. 31 VIII EU-Verfahrensrichtlinie RL 2013/32/EU.

aaa) Anreise auf dem Luftweg und Vorhandensein einer Unterkunft

Voraussetzung ist die Anreise auf dem Luftweg und dass der Asylsuchende noch nicht eingereist ist. Das ist bei dem Flug Casablanca – Frankfurt der Fall. Der Asylsuchende hat die Grenzübergangsstelle noch nicht passiert und ist nach § 13 II Satz 1 AufenthG noch nicht eingereist. Eine Unterbringung in der Flughafenasylunterkunft ist daher nach der Ausweitung der Nichteinreisefiktion gem. § 13 II Satz 2 AufenthG möglich. Weitere Voraussetzung ist das Vorhandensein einer Unterkunft, was am Flughafen Frankfurt der Fall ist.

bbb) Sicherer-Herkunftsstaaten-Fall (§ 18a I Satz 1 AsylG)

Ein Flughafenverfahren ist anwendbar, wenn der Asylsuchende aus einem sicheren Herkunftsstaat stammt. Diese Regelung ist in Art. 31 VIII b) EU-Verfahrensrichtlinie RL 2013/32/EU vorgesehen und daher mit Unionsrecht vereinbar. Herkunftsland ist der Staat, dessen Staatsangehörigkeit der Betroffene besitzt. Es kommt also nicht auf die Anreise vom marokkanischen Flughafen Casablanca aus an, sondern auf die kamerunische Staatsangehörigkeit. Kamerun ist nicht als sicherer Herkunftsstaat gelistet. Sichere Herkunftsstaaten sind nach § 29a II AsylG und Anlage 2 AsylG Albanien, Bosnien und Herzegowina, Ghana, Kosovo, Montenegro, Nordmazedonien (bis 11.02.2019 Ehemalige Jugoslawische Republik Mazedonien), Senegal und Serbien. Ein Sicherer-Herkunftsstaaten-Fall liegt daher nicht vor.

ccc) Passlosigkeit (§ 18a I Satz 2 AsylG, Art. 31 VIII c), d) RL 2013/32/EU)

Nach § 18a I Satz 2 AsylG ist das Flughafenverfahren auch anwendbar, wenn der Reisende sich nicht mit einem gültigen Pass oder Passersatz ausweist. Das ist hier der Fall. Jedoch muss der Gesetzeswortlaut einschränkend unter Beachtung von Art. 31 VIII c) und d) EU-Verfahrensrichtlinie RL 2013/32/EU ausgelegt werden (Schott-Mehrings, 2019, S. 238). Danach ist ein Flughafentransitzonenverfahren nur zulässig, wenn

„... c) der Antragsteller die Behörden durch falsche Angaben oder Dokumente oder durch Verschweigen wichtiger Informationen oder durch Zurückhalten von Dokumenten über seine Identität und/oder Staatsangehörigkeit, die sich negativ auf die Entscheidung hätten auswirken können, getäuscht hat, oder

d) angenommen werden kann, dass der Antragsteller ein Identitäts- oder ein Reisedokument, das die Feststellung seiner Identität oder Staatsangehörigkeit ermöglicht hätte, mutwillig vernichtet oder beseitigt hat, ...“.

Diese einschränkende Voraussetzung ist im Fall des Reisenden 1 erfüllt, da er versucht hat, die Grenzpolizei über Identität und Grenzübertrittsberechtigung zu täuschen.

ddd) Ergebnis

Die Anwendung des Flughafenverfahrens ist daher rechtmäßig.

2.) Reisender 2

a) Statusfeststellung und Kontrollsituation

Auch Reisender 2 ist kein Unions- oder sonstiger EWR-Staatsangehöriger und daher Drittstaatsangehöriger. Aufgriffsort ist im vorliegenden Fall eine Schengen-Außengrenze nach Art. 2 Nr. 2 SGK. Der Flug kommt aus Larnaca aus der Republik Zypern (der Flughafen Nikosia, gelegen in Lefkoşa, Türkische Republik Nordzypern, ist geschlossen). Die Republik Zypern wendet den Schengen-Besitzstand nicht vollständig an. Daher liegt keine Binnengrenze nach Art. 2 Nr. 1 SGK und daher im Umkehrschluss – wenn es sich auch um EU-Binnenverkehr handelt – eine Außengrenzkontrolllage mit Vollkontrolle aller Reisenden vor.

b) Grenzpolizeiliche Maßnahmen

Die Einreiseverweigerung nach Art. 14 I Satz 1 SGK ist aus Gründen des Art. 14 I Satz 2 SGK unzulässig. Fraglich ist, ob eine Einreiseverweigerung oder ein Flughafenverfahren durchgeführt werden können.

aa) Flughafenverfahren nach § 18a AsylG

Ein Flughafenverfahren scheidet bereits aus, weil der Asylsuchende nicht die Staatsangehörigkeit eines sicheren Herkunftsstaates besitzt und auch die Voraussetzung des § 18a I Satz 2 AsylG unter der einschränkenden Auslegung nach Art. 31 VIII c) und d) EU-Verfahrensrichtlinie RL 2013/32/EU (s.o, 1 b) dd) ccc)) mangels Identitätstäuschung oder Passvernichtung nicht vorliegen.

bb) Einreiseverweigerung nach § 18 II Nr. 1 AsylG

Eine Einreiseverweigerung nach § 18 II Nr. 1 AsylG ist nicht anwendbar. Zwar ist die Republik Zypern nach § 26a II AsylG sicherer „Drittstaat“, jedoch hat die Dublin-VO als Unionsrecht Vorrang vor der nationalen Regelung.

cc) Einreiseverweigerung nach § 18 II Nr. 2 AsylG

Zu prüfen ist, ob die Einreise verweigert werden kann, weil Anhaltspunkte für die Zuständigkeit eines anderen Dublin-Staates nach der Dublin-III-VO bestehen.

aaa) Anhaltspunkte für einen Dublin-Fall

(1) Dublin-Zuständigkeitskriterien

Die Dublin-Zuständigkeitskriterien ergeben sich aus Art. 8–15 Dublin-III-VO mit Vorrang des Minderjährigenschutzes und der Familienzusammenführung (Art. 8–11 Dublin-III-VO) und nachrangig dem Verantwortungsprinzip des Staates, der für die Ausstellung eines Aufenthaltstitels oder Visums verantwortlich ist oder über dessen Außengrenze die Einreise erfolgt ist oder in dessen Transitzone ein Antrag auf internationalen Schutz gestellt wird (Art. 12–15 Dublin-III-VO). Im vorliegenden Fall liegt die Annahme nahe, dass auf Zypern das Kriterium des Ersteinreisestaates nach Art. 13 Dublin-III-VO zutrifft.

(2) Anhaltspunkte

Nach Anhang II Verzeichnis VO (EU) Nr. 118/2014 (ABl.-EU L 39/1 vom 08.02.2014) sind Kriterien als Beweismittel und Indizien gelistet. Im vorliegenden Fall liegen drei Anhaltspunkte vor.

(a) Eurodac-Treffer

Unter einem Eurodac-Treffer ist die auf der Grundlage eines Abgleichs durch das Zentralsystem festgestellte Übereinstimmung zwischen den in der Datenbank gespeicherten Fingerabdruckdaten und den übermittelten, beim Asylsuchenden erhobenen Fingerabdruckdaten zu verstehen. Die Kategorie 1 bedeutet: „Antrag auf internationalen Schutz gestellt“ (Art. 9 Eurodac-VO). Rechtsgrundlage für die Eurodac-Fingerabdruckabnahme ist § 16 I AsylG i. V. m. Art. 9 VO (EU) Nr. 603/2013 (Eurodac-VO). Die Eurodac-Treffermeldung für Zypern beweist, dass in Zypern ein Antrag auf internationalen Schutz gestellt wurde und spricht für Zypern als Ersteinreisestaat nach Art. 13 Dublin-III-VO.

(b) Reisewegrecherche

Eine Indizwirkung kommt der Reisewegrecherche zu. Da der Asylsuchende unmittelbar aus Zypern anreist, liegt ein weiteres Indiz für einen Dublin-Fall in Bezug auf Zypern vor.

(c) Unterlagen

Gemäß § 15 II Nr. 4, Nr. 5 AsylG ist der Asylsuchende verpflichtet, alle entscheidungserheblichen Unterlagen vorzulegen und der Behörde, an die er sein Asylgesuch richtet, zu überlassen. Der Asylsuchende hat hier seine Asylunterlagen aus Zypern freiwillig übergeben. Es besteht daher eine weitere Indizwirkung für die Zuständigkeit Zyperns.

Aus den Unterlagen ergibt sich, dass das Asylverfahren in Zypern mit einer abschlägigen Entscheidung abgeschlossen wurde. Auch nach abgeschlossenem Asylverfahren ist Zypern nach Art. 18 I d) Dublin-III-VO zur Rückübernahme des Asylsuchenden verpflichtet.

bbb) Einleitung eines Wiederaufnahmeverfahrens

Weitere Voraussetzung ist, dass ein Dublin-Verfahren in Form eines Aufnahmeverfahrens oder Wiederaufnahmeverfahrens eingeleitet wird. Hier hat die Grenzpolizei das BAMF zu konsultieren, dort ist ein Wiederaufnahmeverfahren einzuleiten.

ccc) Ergebnis

Die Voraussetzungen für eine Einreiseverweigerung nach § 18 II Nr. 2 AufenthG liegen daher vor.

cc) Unterbringung

Die Unterbringung in der Flughafenunterkunft beruht in diesem Fall nicht auf § 18a AsylG, sondern auf der Rechtsgrundlage für die Transitunterbringung nach § 15 VI AsylG.

Ergänzender Hinweis:

Unterkünfte für Flughafenverfahren bestehen an den Flughäfen Berlin-Schönefeld (Berlin-Brandenburg), Düsseldorf, Frankfurt am Main, Hamburg und München. Die Unterbringung in der Flughafenunterkunft stellt sich nicht als Freiheitsentziehung, sondern nur als Freiheitsbeschränkung dar, wenn weder die 30-Tage-Frist nach § 15 VI Satz 2 AsylG abgelaufen noch im Verfahren nach § 18a AsylG über den Asylantrag entschieden ist (BGH, Beschluss vom 16.03.2017 – V ZB 170/16). Wird nach Abschluss des Flughafenverfahrens durch Ablehnung des Asylantrages als offensichtlich unbegründet die Einreise nach § 18a III Satz 1 AsylG verweigert, so haftet der Flugbeförderungsunternehmer auch insoweit verschuldensunabhängig nach §§ 64 I, 66, 67 AufenthG für die Rückbeförderungskosten (HessVGH, Beschluss vom 22.01.2019 – 5 A 1223/18.Z; s. o., Fall 15, 3.) c), Fall 16, 3.) c)).

5.2 Dublin-Verfahren und Freiheitsentziehungsverfahren an der Binnengrenze

An einer Binnengrenze liegt in den meisten Fällen ein Dublin-Fall vor, weil zuvor Gebietskontakt mit anderen Dublin-Staaten bestanden hat. Die Überstellung richtet sich nach § 18 III AsylG (Antragsfall) oder § 57 II 2. Alt. AufenthG (Aufgriffsfall). Daneben besteht die Möglichkeit der Freiheitsentziehung zur Vorbereitung von Sicherungshaft nach § 62 V AufenthG (Fall 31). Ist, wie an der deutsch-österreichischen Binnengrenze in Kiefersfelden, Freilassing und Passau-Pocking, die Grenzkontrolle nach Art. 25 SGK wieder eingeführt, richten sich die Maßnahmen nach den Vorschriften über die Außengrenze (Fall 32).

Fall 31 – Dublin-III-Nichtrückkehrer (BGH, Beschluss vom 16.02.2017)

Sachgebiete

Asylgesuch, Einreise, Binnengrenze, Aufgriffsfall, Eurodac-Treffer, Dublin III, Gewahrsam bei Dublin-Nichtrückkehrern

Originalfall

BGH, Beschluss vom 16.02.2017 – V ZB 115/16

Sachverhalt

Bundespolizeirevier Passau, 17.06.2016. Ein irakischer Staatsangehöriger wird nach der Einreise mit Pass, aber ohne Visum oder Aufenthaltstitel aufgegriffen. Eine Eurodac-Abfrage ergibt eine Eurodac-Treffermeldung der Kategorie 1 für Ungarn. Der Reisende erklärt, unter keinen Umständen nach Ungarn zurückkehren, sondern in Deutschland oder Schweden leben zu wollen. Er stellt jedoch in Deutschland kein Asylgesuch. Es wird ermittelt, dass er für eine Schleusung aus der Türkei über Ungarn nach Deutschland 8.000 US-Dollar an einen Schleuser gezahlt hat. Der Angetroffene wird in Gewahrsam genommen. Prüfen Sie gutachterlich, ob die Maßnahme rechtmäßig ist.

Lösungsvorschlag und Entscheidungsvorschlag

1.) Statusfeststellung und Kontrollsituation

Das AsylG differenziert anders als § 1 II Nr. 1 AufenthG, § 1 FreizügG/EU nicht zwischen Unions- und Drittstaatsangehörigen. Asylanträge von EU-Staatsangehörigen werden allerdings über die Sichere-Herkunftsstaaten-Regelung in § 29a I, II AsylG als offensichtlich unbegründet behandelt. Da aber das Gemeinsame Europäische Asylsystem (GEAS), zu dem insbesondere die VO (EU) 603/2013 (Eurodac-VO), die VO (EU) Nr. 604/2013 (Dublin-III-VO) und die RL 2013/32/EU (EU-Verfahrensrichtlinie) gehören, nur für Drittstaatsangehörige und Staatenlose Anwendung findet und in einigen Bereichen das nationale Recht überlagert, ist auch insoweit eine Statusfeststellung sinnvoll. Der Reisende ist kein Unions- oder sonstiger EWR-Staatsangehöriger und daher Drittstaatsangehöriger. Aufgriffsort ist im vorliegenden Fall eine Schengen-Außengrenze nach Art. 2 Nr. 1 a) SGK.

2.) Zuständigkeit der Grenzpolizei

Zuständig ist die für den Haftantrag zuständige Behörde. Die Zuständigkeit für einen Haftantrag liegt nach § 71 I AufenthG bei der Ausländerbehörde und nach § 71 III Nr. 1e) i. V. m. Nr. 1a) und 1b) AufenthG bei der Grenzpolizei für Fälle von Zurückschiebungen und Abschiebungen nach Grenzraumaufgriffen. Zu prüfen ist also zunächst, ob überhaupt eine dieser Maßnahmen Anwendung findet. § 62 V AufenthG gewährt das Festhalten und die vorläufige Gewahrsamnahme vor Erlass eines gerichtlichen Beschlusses.

a) Zuständigkeit für eine Zurückschiebung nach § 18 III i. V. m. § 18 II Nr. 2 AsylG

Denkbar wäre, dass eine Zurückschiebung nach § 18 III i. V. m. § 18 II Nr. 2 AsylG in Betracht kommt. Dafür müssten ein Aufgriff im grenznahen Raum im unmittelbaren Zusammenhang mit einer unerlaubten Einreise (§ 18 III AsylG) und Anhaltspunkte für die Zuständigkeit eines anderen Dublin-Staates nach der Dublin-III-VO (§ 18 III i. V. m. § 18 II Nr. 2 AsylG) vorliegen. Voraussetzung für die Anwendung des AsylG ist jedoch das Vorliegen eines Asylgesuchs oder Ersuchens im internationalen Schutz. Der Aufgegriffene richtet jedoch gerade kein Schutzersuchen an die Grenzpolizei.

b) Zuständigkeit für eine Zurückschiebung nach § 57 II 2. Alt. AufenthG

Mangels Schutzersuchen liegt ein Aufgriffsfall vor. Die Befugnis zur Dublin-Überstellung richtet sich daher nicht nach § 18 III AsylG, sondern nach § 57 II 2. Alt. AufenthG. Die Regelung ist vom Gesetzgeber im Zusammenhang mit der Intra-Schengen-Zurückschiebung nach § 57 II 1. Alt. AufenthG (s. o., Fall 26, 4.) a) bb)) platziert. Tatbestandsvoraussetzungen sind auch hier ein Aufgriff im grenznahen Raum im unmittelbaren Zusammenhang mit einer unerlaubten Einreise und Anhaltspunkte für die Zuständigkeit eines anderen Dublin-Staates nach der Dublin-III-VO.

aa) Aufgriffssituation

Ein Grenzraumaufgriff liegt vor. Der Aufgriff erfolgt unmittelbar nach einer unerlaubten Einreise. Unerlaubt ist eine Einreise, wenn sie eines der Merkmale nach § 14 I Nr. 1 bis Nr. 3 AufenthG erfüllt. Im vorliegenden Fall ist die Einreise unerlaubt nach § 14 I Nr. 2 AufenthG, also ohne das erforderliche Visum oder ohne erforderlichen Aufenthaltstitel.

bb) Anhaltspunkte für Dublin-Fall

Die Eurodac-Treffermeldung der Kategorie 1 („Antrag auf internationalen Schutz gestellt“) gilt nach Anhang II Verzeichnis A VO (EU) Nr. 118/2014 als Beweismittel. Die Eurodac-Erkennungsdienstbehandlung und die Eurodac-Abfrage waren rechtmäßig. Rechtsgrundlage für den Aufgriffsfall ist nicht § 16 I AsylG i. V. m. Art. 9 Eurodac-VO, sondern – da kein Asylgesuch vorliegt – § 49 IX AufenthG i. V. m. Art. 17 Eurodac-VO.

c) Ergebnis

Die Grenzpolizei ist daher für eine Zurückschiebung zuständig nach § 71 III Nr. 1, 2. Alt. AufenthG und daher auch für den Haftantrag zuständig nach § 71 III Nr. 1 e) AufenthG und deshalb zuständige Behörde i. S. v. § 62 V AufenthG.

3.) Gewahrsamstatbestand

Gemäß § 62 V Nr. 1 AufenthG müssen dringende Gründe für die Annahme eines Haftgrundes nach § 62 III Satz 1 AufenthG gegeben sein. Denkbar wäre der Rückgriff auf den hier auf den ersten Blick naheliegenden Haftgrund nach § 62 III Satz 1 Nr. 1 AufenthG. Dafür genügt das Feststellen vollziehbarer Ausreisepflicht aufgrund unerlaubter Einreise, nach §§ 14 I Nr. 2, 50 I, 58 II Nr. 1 AufenthG (s. o., 1.) b) aa)).

Nach Art. 28 I Dublin-III-VO darf ein Drittstaatsangehöriger nicht allein deshalb in Haft genommen werden, weil er einer Dublin-Überstellung unterliegt. Damit ist der Haftgrund nach § 62 III Satz 1 Nr. 1 AufenthG nicht unionskonform. Nach Art. 28 II Dublin-III-VO ist die Haft als letztes Mittel auf Fälle erheblicher Fluchtgefahr beschränkt. Nach Art. 2 n) Dublin-III-VO muss der nationale Gesetzgeber gesetzliche Kriterien schaffen, aus denen sich auf Fluchtgefahr schließen lässt (entsprechend Art. 3 Nr. 7 EU-Rückführungsrichtlinie im gewöhnlichen Rückführungsverfahren; s. o., Fall 22, 3.) c)). Daher muss als Haftgrund auf § 62 III Satz 1 Nr. 5 AufenthG, den Haftgrund der Fluchtgefahr, und die dazu vom Gesetzgeber seit 2015 in § 2 XIV, XV AufenthG geregelten gesetzlichen Anhaltspunkte zurückgegriffen werden. Gemäß § 2 XV Satz 1 AufenthG gelten die in § 2 XIV AufenthG genannten Anhaltspunkte für Fluchtgefahr im Rückführungsverfahren (s. o., Fall 22, 3.) c)) entsprechend für die Begründung einer Fluchtgefahr im Dublin-Verfahren. Im vorliegenden Fall ist infolge der Geldaufwendungen in Höhe von 8.000 Dollar für die Schleusung der Tatbestand des § 2 XIV Nr. 4 AufenthG erfüllt. Damit diese Aufwendungen nicht vergebens waren, besteht ein hoher Anreiz für den Aufgegriffenen, sich der Dublin-Überstellung zu entziehen. Darüber hinaus begründet nach § 2 XV Satz 2 AufenthG die Dublin-Rückkehr-Verweigerung ebenfalls die Annahme von Fluchtgefahr.

Des Weiteren muss nach § 62 V Nr. 2 AufenthG ein Spontanaufgriff vorliegen, in dem eine richterliche Entscheidung nicht im Voraus zu erlangen war. Das ist hier der Fall, weil im Voraus nicht bekannt sein konnte, die betroffene konkrete Person aufzugreifen. Nach § 62 V Nr. 3 AufenthG muss der begründete Verdacht vorliegen, der Betroffene werde sich der Haftanordnung entziehen, was bereits aus der Feststellung eines Haftgrundes folgt.

Die Gewahrsamnahme ist daher rechtmäßig.

4.) Verfahren

Die Vorführung vor das zuständige Amtsgericht und das Erfordernis des Haftantrages richten sich nach §§ 417ff. FamFG (Schmidt-Räntsch, NVwZ 2014, 110), wobei der Haftantrag Angaben zur vollziehbaren Ausreisepflicht, zum zuständigen Dublin-Staat als Zielstaat, zur Durchführbarkeit der Überstellung und zur voraussichtlich erforderlichen Dauer der Dublin-Überstellung nach Ungarn enthalten muss (Schmidt-Räntsch, NVwZ 2014, 110; Schott-Mehrings, 2019, S. 261; s. o., Fall 22, 3.) c) dd)).

Fall 32 – Wiedereinreise nach abgelehntem Asylantrag (BGH, Beschluss vom 12.04.2018)

Sachgebiete

Asylgesuch, Einreise, Binnengrenze unter Wiedereinführung von Grenzkontrollen, Einreiseverweigerungshaft

Originalfall

BGH, Beschluss vom 12.04.2018 – V ZB 162/17

Sachverhalt

Bundespolizeirevier Kiefersfelden, 26.06.2017. Nach Art. 25 SGK sind Grenzkontrollen wieder eingeführt und zuletzt auf der Grundlage des Durchführungsbeschlusses (EU) 2017/246 vom 07.02.2017 zur Verlängerung zeitlich befristeter Kontrollen an den Binnengrenzen unter außergewöhnlichen Umständen, die das Funktionieren des Schengen-Raums insgesamt gefährden (ABl.-EU L 36/59 vom 11.02.2017), verlängert worden. Ein pakistanischer Staatsangehöriger wird mit Pass, aber ohne Visum oder Aufenthaltstitel im grenzüberschreitenden Zug beim Versuch, von Österreich nach Deutschland einzureisen, aufgegriffen. Es wird ermittelt, dass der Reisende am 10.11.2015 in Deutschland einen Asylantrag gestellt hatte, den das Bundesamt für Migration und Flüchtlinge (BAMF) mit Bescheid vom 15.02.2017 abgelehnt hatte. Mit Verfügung vom 27.06.2017 verweigert die Grenzpolizei die Einreise. Am selben Tag stellte die Grenzpolizeibehörde einen Haftantrag beim AG Rosenheim und beantragte die Anordnung von Zurückweisungshaft. Für die beantragte Haftdauer von zwölf Wochen wurden folgende Arbeitsschritte und veranschlagte zeitliche Aufwendungen im Haftantrag dargelegt: Zwei Wochen für die Zusammenstellung, Prüfung und Übergabe der Unterlagen für das Rückführungsersuchen an die pakistanischen Behörden, weitere acht Wochen für die Prüfung des Ersuchens durch diese und anschließend weitere zwei Wochen und drei Tage für die Organisation einer begleiteten Rückführung, die Flugbuchung und tatsächliche Durchführung sowie die Nutzung des nächst erreichbaren Frontex-Chartertermins am 20.09.2017. Der Aufgegriffene befand sich daher vom selben Tag an auf Antrag der Grenzpolizei und auf der Grundlage des Beschlusses des AG Rosenheim vom selben Tag, bestätigt durch Beschwerdebeschluss des LG Traunstein, bis zum 15.09.2017 in Zurückweisungshaft. Stellen Sie fest, ob der polizeiliche Haftantrag rechtmäßig ist.

Lösungsvorschlag und Entscheidungsvorschlag

Infolge der Wiedereinführung von Grenzkontrollen ist nach Art. 32 SGK eine Einreiseverweigerung nach Art. 14 I Satz 1 SGK zulässig. Für Haft und Transitunterbringung kann auf die nationalen Regelungen nach § 15 V und § 15 VI AufenthG zurückgegriffen werden, weil Art. 14 SGK dazu keine Regelung enthält. Die als milderes Mittel vorgesehene Unterbringung im Transitbereich eines Flughafens nach § 15 VI AufenthG ist an der Landgrenze mangels eingerichteter Transitzone nicht möglich. Daher bleibt nur die Zurückweisungshaft nach § 15 V AufenthG (in der Terminologie des EU-Rechts als Einreiseverweigerungshaft zu bezeichnen), wenn die Einreiseverweigerung anders nicht gesichert werden kann.

Entgegen anderer Auffassungen (Winkelmann in Bergmann/Dienelt, 2018, § 15 AufenthG, Rdnr. 42, 49) setzt die Anordnung von Zurückweisungshaft nach § 15 V Satz 1 AufenthG nicht den begründeten Verdacht einer unerlaubten Einreise des Drittstaatsangehörigen voraus, falls er nicht durch Haft daran gehindert würde (BGH, Beschluss vom 12.04.2018 – V ZB 162/17). Anders als bei der Zurückschiebungshaft und Abschiebungshaft (s. o., Fall 22, Fall 31) erfordert die Zurückweisungshaft nach § 15 V AufenthG auch nicht die Feststellung von Anhaltspunkten für Fluchtgefahr i. S. v. §§ 2 XIV, 62 III Satz 1 Nr. 5 AufenthG.

Dazu führt der BGH in seinem Beschluss vom 12.04.2018 aus:

„Der Gesetzgeber hat mit § 15 V AufenthG für die Anordnung von Zurückweisungshaft ein abschließendes Sonderregime geschaffen. Von über die Voraussetzungen in § 15 V AufenthG hinausgehenden Voraussetzungen ist die Anordnung von Zurückweisungshaft auch mit Blick auf das Verhältnismäßigkeitsprinzip nicht abhängig zu machen. ... Im Unterschied zur Abschiebungshaft wird die Notwendigkeit der Zurückweisungshaft, wie sich aus der Ausgestaltung von § 15 V Satz 1 AufenthG ergibt, gesetzlich vermutet ... . Das schließt nicht nur die geforderte entsprechende Anwendung der für die Anordnung von Abschiebungs- oder Zurückschiebungshaft nach § 57 III und § 62 III AufenthG und von Rücküberstellungshaft nach Art. 28 II Dublin-III-Verordnung erforderlichen Haftgründe ..., sondern auch deren Substitution durch solchen Haftgründen funktionell entsprechende zusätzliche Voraussetzungen und insbesondere durch den begründeten Verdacht der unerlaubten Einreise, aus. Solche zusätzlichen Voraussetzungen hat der Gesetzgeber bewusst nicht vorgesehen, weil er sie in der Situation, in der Zurückweisungshaft nach § 15 V AufenthG angeordnet werden soll, nicht für nötig hielt." Auch das Zustimmungserfordernis der Staatsanwaltschaft nach § 72 IV AufenthG gilt für die Zurückweisungshaft nicht (BGH, Beschluss vom 11.10.2017 – V ZB 41/17; BGH, Beschluss vom 12.04.2018 – V ZB 162/17).

Der Haftantrag und die Haftanordnung waren daher rechtmäßig.

6. Einschleusen von Drittstaatsangehörigen

Das Einschleusen von Drittstaatsangehörigen ist tatbestandssystematisch nach § 96 I AufenthG als haupttatakzessorische Anstiftung oder Beihilfe i. S. v. §§ 26, 27 StGB zur Haupttat eines Drittstaatsangehörigen ausgestaltet, die zu einer tatbestandlich verselbstständigten täterschaftlichen Tat qualifiziert wird, wenn eines der in § 96 I Nr. 1 a), b), Nr. 2 AufenthG genannten Schleusermerkmale erfüllt ist (BGH, Beschluss vom 30.05.2013 – 5 StR 130/13; BGH, Urteil vom 22.07.2015 – 2 StR 389/13; BGH, Beschluss vom 24.10.2018 – 1 StR 212/18; LG Hof, Urteil vom 20.04.2017 – 5 KLs 354 Js 1442/16; Gericke, 2018, § 96 AufenthG, Rdnr. 2; Kretschmer, NJW 2016, 423 ; Kretschmer, NJW 2018, 3660; Schott-Mehrings, 2019, S. 309; Winkelmann in Bergmann/Dienelt, 2018, § 96 AufenthG, Rdnr. 5).

Die Prüfung der Strafbarkeit wegen Schleusung setzt also die Feststellung einer Haupttat, die Anstiftung oder Beihilfe und das Vorliegen eines Schleusermerkmals voraus. Ist der Grundtatbestand des § 96 I AufenthG erfüllt, ist unter Umständen das Vorliegen der Merkmale eines oder mehrerer der Qualifikationstatbestände nach §§ 96 II, 97 I, II AufenthG zu prüfen.

6.1 Schleusung durch Einreise- und Aufenthaltsunterstützung

Nach § 96 I Nr. 1 AufenthG erfüllt die Anstiftung oder Beihilfe zu einer unerlaubten Einreise nach § 95 I Nr. 3 AufenthG oder § 95 II Nr. 1 a) AufenthG den Schleusertatbestand, wenn der Täter a) dafür einen Vorteil erhält oder sich versprechen lässt oder b) wiederholt oder zugunsten mehrerer Drittstaatsangehöriger handelt. Ist die Bezugstat oder Haupttat jedoch ein nicht einreisebezogenes Delikt, sondern der passlose oder unerlaubte Aufenthalt (§ 95 I Nr. 1, Nr. 2 AufenthG), die illegale Erwerbstätigkeit (§ 95 Ia AufenthG) oder das Erschleichen eines Aufenthaltstitels (§ 95 II Nr. 2 AufenthG), so wird die Anstiftung oder Beihilfe dazu nur zur Schleusung, wenn der Täter dafür einen Vermögensvorteil erhält oder sich versprechen lässt.

Fall 33 – Transportschleusung und Behältnisschleusung (BGH, Urteil vom 24.10.2018)

Sachgebiete

Unerlaubte Einreise, Einschleusen von Drittstaatsangehörigen, Vorteilsverschaffung, gewerbsmäßige Schleusung, gefährliche Schleusung, unmenschliche oder erniedrigende Schleusung

Originalfall

BGH, Urteil vom 24.10.2018 – 1 StR 212/18; vergleichbare Fälle: BGH, Urteil vom 04.05.2017 – 3 StR 69/17; LG Hof, Urteil vom 20.04.2017 – 5 KLs 354 Js 1442/16

Sachverhalt

Der Sachverhalt aus dem Originalfall wurde vereinfacht dargestellt, auf zwei Tatverdächtige begrenzt und auf die Sichtweise der Grenzpolizei und auf die Situation des grenzpolizeilichen Aufgriffs umgeschrieben.

Bundespolizeirevier Passau, 22.07.2015. Ein aus Richtung Innkreis, Österreich, kommender Pkw Kia Carnival wird von der Grenzpolizei kontrolliert. Als Fahrer wird der Tatverdächtige TV 01, rumänischer Staatsangehöriger, festgestellt. Auf den in drei Sitzreihen vorhandenen sechs Sitzplätzen mit Rückhaltesystemen befinden sich dicht gedrängt 13 syrische Staatsangehörige, die keine Pässe und keine zur Einreise und zum Aufenthalt im Schengen-Raum berechtigenden Dokumente besitzen, unter ihnen vier Kinder im Alter unter sieben Jahren und zwei Kinder im Alter zwischen sieben und 13 Jahren. Das Fahrzeug war von Budapest aus vier Stunden unterwegs gewesen.

Grenzgebiet Sohland an der Spree, 27.07.2015. Ein aus Richtung Šluknov-Rožany, Tschechische Republik, kommender Kleinlastwagen wird von der Grenzpolizei kontrolliert. Auf der Ladefläche mit einer Größe von sechs Quadratmetern befinden sich 28 syrische und irakische Staatsangehörige ohne Pässe und ohne Aufenthaltsdokumente für den Schengen-Raum. Das Fahrzeug war acht Stunden unterwegs gewesen.

In beiden Fällen sind die Fahrten ohne Unterbrechung und ohne Pause und für die beförderten Ausländer ohne Toilettenzugang und ohne Lebensmittelversorgung durchgeführt worden.

Beide Fahrten wurden vom Tatverdächtigen TV 02, ebenfalls rumänischer Staatsangehöriger, in Budapest organisiert. Dieser hat die Kontakte hergestellt, die Fahrzeuge beschafft und die Fahrer eingesetzt. Von den Syrern und Irakern hat er sich zwischen 400 und 600 Euro pro Person auszahlen lassen und dem Fahrer TV 01 einen Lohn von 1.200 Euro versprochen. TV 02 waren die Umstände des Transports bekannt. Er hat von Anfang an die Absicht verfolgt, auch künftig Fahrten dieser Art durchführen zu lassen, um sich daraus eine dauerhafte Einnahmequelle zu verschaffen. TV 02 wird später in Deutschland vorläufig festgenommen.

Ein Teil der Syrer und Iraker sucht um Asyl nach.

Prüfen Sie im Gutachtenstil, wie sich TV 01 und TV 02 strafbar gemacht haben. TV 01 und TV 02 stehen für einen der Fahrer und den Organisator der Fahrten, der Fahrer des Kleinlasters soll daher unberücksichtigt bleiben. Trotz der Tatzeit 2015 soll die aktuelle Fassung des § 96 AufenthG verwendet werden.

Lösungsvorschlag und Entscheidungsvorschlag

1.) Strafbarkeit von TV 01 nach § 11 I FreizügG/EU, § 96 I Nr. 1, II Satz 1 Nr. 5 AufenthG

Zu untersuchen ist, ob sich TV 01 wegen Einschleusens von Ausländern nach § 96 I AufenthG in der Qualifikation nach § 96 II Satz 1 Nr. 5 AufenthG strafbar gemacht hat.

a) Täterqualifikation nach § 11 I FreizügG/EU

TV 01 ist Staatsangehöriger von Rumänien und daher EU-Staatsangehöriger. Die Täterschaft in § 96 AufenthG ist offen gefasst („... wer ...") und bezieht sich also auf alle Personen, die der Anwendung des AufenthG unterliegen. Das trifft auf Drittstaatsangehörige, Deutsche (soweit die Vorschrift vom Sinn her nicht nur auf Ausländer anwendbar ist, was beim Schleusertatbestand zutrifft) und Schweizer Staatsangehörige zu. Staatsangehörige anderer EU-Staaten sowie von Island, Liechtenstein und Norwegen dagegen unterliegen gem. § 1 II Nr. 1 AufenthG, §§ 1, 12 FreizügG/EU nicht unmittelbar dem AufenthG, sondern dem FreizügG/EU. Die Anwendung des AufenthG ist beschränkt auf die Rückverweisungen in § 11 I FreizügG/EU. Nach § 11 I FreizügG/EU sind die Schleusertatbestände §§ 96, 97 AufenthG auch auf freizügigkeitsberechtigte Unionsstaatsangehörige anwendbar. Nach § 11 I FreizügG/EU unterliegt TV 01 also der Tätergruppe aus § 96 AufenthG.

b) Grundtatbestand § 96 I Nr. 1 AufenthG

Zu prüfen ist, ob der Grund-Tatbestand des Einschleusens vorliegt.

aa) Objektiver Tatbestand

aaa) Haupttat § 95 I Nr. 3 AufenthG

Voraussetzung einer Schleusung ist, dass eine der in § 96 I Nr. 1, Nr. 2 AufenthG genannten teilnahmefähigen Haupttaten begangen wurde. Im vorliegenden Fall besteht der Verdacht einer unerlaubten Einreise nach § 95 I Nr. 3 AufenthG durch die im Pkw beförderten Personen.

(1) Tatbestand des § 95 I Nr. 3 AufenthG

(a) Objektiver Tatbestand

Die Beförderten sind Staatsangehörige der Arabischen Republik Syrien und daher Drittstaatsangehörige. Sie unterliegen daher den Einreisevoraussetzungen des AufenthG.

Tatbestandsmäßig ist die unerlaubte Einreise nach § 14 I Nr. 1 oder Nr. 2 AufenthG. Die Tathandlung der Einreise und ihre Vollendung richten sich nach § 13 II AufenthG.

Die Drittstaatsangehörigen sind mit Überfahren der Binnengrenze nach § 13 II Satz 3 AufenthG eingereist. Der Fall ist nicht in der nach Art. 25 SGK wieder eingerichteten Grenzübergangsstelle Passau-Pocking angesiedelt, sodass nicht § 13 II Satz 1 AufenthG, sondern § 13 II Satz 3 AufenthG Anwendung findet.

Unerlaubt im Sinne des Tatbestandes des § 95 I Nr. 3 AufenthG ist eine Einreise, wenn sie eines der Merkmale des § 14 I Nr. 1 oder Nr. 2 AufenthG erfüllt. Nach § 14 I Nr. 1 AufenthG ist die Einreise unerlaubt, wenn der Drittstaatsangehörige nicht die Passpflicht nach § 3 I AufenthG erfüllt. Dem Sachverhalt zufolge besitzen die beförderten Drittstaatsangehörigen keine Pässe. Andere etwa vorhandene Dokumente wie ID-Cards oder Kinderausweise reichen nicht aus. Nach § 14 I Nr. 2 AufenthG ist die Einreise unerlaubt, wenn der Drittstaatsangehörige nicht den erforderlichen Aufenthaltstitel besitzt. Da Staatsangehörige von Syrien nach Anhang I EUVisaVO visumpflichtig sind und auch sonst keine Befreiung vom Erfordernis eines Aufenthaltstitels vorliegt, und die Syrer keine Visa oder Aufenthaltstitel besitzen, ist die Einreise auch unter diesem Aspekt unerlaubt.

Keine Tathandlung in Form eines strafrechtlich relevanten Verhaltens liegt allerdings bei den vier unter sieben Jahre alten Kindern vor. Diese sind im strafrechtlichen Sinne nicht handlungsfähig und können daher keine teilnahmefähigen Haupttaten begehen.

(b) Subjektiver Tatbestand

Die Beförderten müssten mit Vorsatz gehandelt haben. Bei lebensnaher Sachverhaltsauslegung ist davon auszugehen, dass sie infolge der Gesamtumstände mindestens bedingten Vorsatz im Hinblick auf ihre Einreise nach Deutschland haben. Selbst wenn sie den aktuell letzten Grenzübertritt über die deutsche Binnengrenze mangels Wahrnehmbarkeit nicht bewusst reflektiert haben – mit Ausnahme der durch EU-Logo designten Ausschilderung an der Staatsgrenze, die aber nicht zwingend während der Fahrt wahrgenommen sein musste – ist davon auszugehen , dass sie die Beförderung nach Deutschland in Auftrag gegeben haben, diese gewollt haben und den Grenzübertritt unabhängig davon, ob sie diesen aktuell reflektiert haben, zustimmend in Kauf genommen haben. Die Beförderten hatten auch Kenntnis der Unerlaubtheit ihrer Einreise durch Nichtbesitz eines Visums oder Aufenthaltstitels. Dieses ergibt sich aus den Gesamtumständen der überteuerten Entlohnung einer Fahrt in einem überbesetzten Fahrzeug unter Umgehung regulärer Beförderungsmittel.

Im Hinblick auf die handlungsfähigen, aber kraft Alters und mangelnder Reife in ihrer Fähigkeit, Tatumstände zu reflektieren, eingeschränkten Kinder zwischen sieben und 13 Jahren hat der BGH gefordert, dass in der Beweiserhebung besonders präzise festgestellt werden muss, ob die Kinder die Verbringung in ein anderes Land in ihre subjektive Vorstellung von dem Geschehen mit aufgenommen haben (Urteil vom 24.10.2018 – 1 StR 212/18).

(2) Rechtswidrigkeit

Rechtfertigungsgründe liegen nicht vor. Auch ein begründetes Asylbegehren oder Ersuchen um internationalen subsidiären Schutz aus Angst vor einem ernsthaften Schaden i. S. v. Art. 15 der EU-Qualifikationsrichtlinie, § 4 AsylG – im Fall Syrien die Gefahr für die Zivilbevölkerung durch einen bewaffneten Konflikt – führt nicht zu einem Rechtfertigungsgrund nach § 34 StGB. Die Einreisen waren daher rechtswidrig.

(3) Irrelevanz von Schuld und Strafaufhebungsgründen

(a) Schuld

§§ 26, 27 StGB verlangen als Haupttat eine tatbestandsmäßige vorsätzliche und rechtswidrige Haupttat. Auf die Schuldhaftigkeit der Haupttatbegehung kommt es nicht an, diese ist nicht erforderlich. Daher sind auch die Einreisehandlungen der beiden bis 13 Jahre alten und damit gem. § 19 StGB strafunmündigen und schuldunfähigen Kinder teilnahmefähige Haupttaten.

(b) Art. 31 I GFK

Den Syrern, die um Asyl nachsuchen, steht die Strafbefreiung nach § 95 V AufenthG i. V. m. Art. 31 I GFK zur Seite. Dabei handelt es sich um einen persönlichen Strafaufhebungsgrund. Dieser kommt dem Schleuser nicht zugute und berührt daher die Tatbestandsmäßigkeit nach § 96 AufenthG nicht (BGH, Urteil vom 04.05.2017 – 3 StR 69/17).

(c) EU-Rückführungsrichtlinie

Soweit die syrischen Staatsangehörigen kein Asylgesuch stellen, unterliegen sie damit dem Rückkehrverfahren in ihren Herkunftsstaat. Nach der Rechtsprechung des EuGH zu Art. 3 Nr. 3, 6 I der EU-Rückführungsrichtlinie hat die Rückführung in den Herkunftsstaat Vorrang vor allen anderen Maßnahmen, sodass eine Strafvorschrift, die ein Strafverfahren mit der denkbaren Folge einer Freiheitsstrafe vorsieht, insoweit dem Unionsrecht entgegensteht (EuGH, Urteil vom 28.04.2011 – RS. C-61/11, „El Dridi“; EuGH, Urteil vom 06.12.2011 – RS. C-329/11, „Achughbabian“; EuGH, Urteil vom 06.12.2012 – Rs. C-430/11, „Sagor“; Gericke, 2018, § 95 AufenthG, Rdnr. 30; KG Berlin, Beschluss vom 26.03.2012 – (4) 1 Ss 393/11 (20/12); Hörich in Huber, 2016, § 95 AufenthG, Rdnr. 51; Schott-Mehrings, 2019, S. 290). Das trifft auf den Straftatbestand des unerlaubten Aufenthaltes nach § 95 I Nr. 2 AufenthG zu, im Fall eines Aufenthaltes unmittelbar nach vollendeter Einreise auch auf den Straftatbestand der unerlaubten Einreise nach § 95 I Nr. 3 AufenthG. Der Vorrang des Rückkehrverfahrens ist aber nicht als Tatbestandsausschluss anzusehen, sondern als persönlicher Strafausschließungsgrund oder – sofern der Ausreisepflichtige sich nicht durch Untertauchen außerhalb des Rückkehrverfahrens stellt – als persönlicher Strafaufhebungsgrund zu behandeln. Dieser wiederum gilt – wie Art. 31 I GFK – nicht für den Schleuser (BGH, Beschluss vom 08.03.2017 – 5 StR 333/16; BGH, Urteil vom 04.05.2017 – 3 StR 69/17; Winkelmann in Bergmann/Dienelt, 2018, § 96 AufenthG, Rdnr. 5).

(4) Zwischenergebnis

Eine teilnahmefähige Haupttat liegt daher vor.

bbb) Beihilfe

Weiterhin müsste TV 01 Anstiftung (§ 26 StGB) oder Beihilfe (§ 27 StGB) geleistet haben. In Betracht kommt hier die Beihilfe durch die Beförderung. Unter Beihilfe ist jedes Fördern der Haupttat zu verstehen. Die Transport- und Beförderungsleistung von Budapest bis kurz vor Passau ist eine solche Unterstützung der unerlaubten Einreise.

ccc) Schleusermerkmal

Die Beihilfe wird erst dadurch zur Schleusung, dass eines der in § 96 I Nr. 1 a), b) AufenthG genannten Schleusermerkmale erfüllt ist.

(1) Erhalt oder Sichversprechenlassen eines Vorteils

Die vorteilsbezogene Schleusung ist in § 95 I Nr. 1 a) AufenthG geregelt. Unter einem Vorteil ist jede materielle oder immaterielle Besserstellung zu verstehen, auf die der Täter keinen Anspruch hat. Im Unterschied zum Begriff des Vermögensvorteils in § 96 I Nr. 2 AufenthG, der sich auf ausschließlich materiell-gewinnorientiertes Handeln bezieht, ist der Vorteil der Oberbegriff für materielle und immaterielle Zuwendungen. Im vorliegenden Fall hat sich TV

01 von TV 02 eine Geldzahlung in Aussicht stellen lassen. Daher hat er sich einen Vorteil – insoweit in Form eines Vermögensvorteils – versprechen lassen. Dass die Leistung noch nicht gewährt wurde, ist unerheblich. Ebenso ist unerheblich, ob der Vorteil von den Geschleusten oder von einer übergeordneten Schleuserorganisation geleistet oder in Aussicht gestellt wird. Die Entgeltvereinbarung mit dem Organisator der Fahrten, TV 02, erfüllt daher das Merkmal des Sichversprechenlassens eines Vorteils.

(2) Handlung zugunsten Mehrerer

Darüber hinaus liegt hier das Merkmal der Einreisehilfe zugunsten mehrerer Drittstaatsangehöriger nach § 96 I Nr. 1 b), 2. Alt. AufenthG vor. Dieses ist bereits ab zwei Geschleusten erfüllt.

bb) Subjektiver Tatbestand

TV 01 kannte die Umstände seiner Handlung und hat bei lebensnaher Sachverhaltsauslegung auch die Tatsache der unerlaubten Einreise der von ihm Beförderten in seine Vorstellung mit aufgenommen. Daher hat er mit Vorsatz hinsichtlich aller objektiven Tatbestandsmerkmale gehandelt.

c) Qualifikation § 96 II Satz 1 Nr. 5 AufenthG

Die Umstände der Transportschleusung begründen den Verdacht einer qualifizierten Schleusung nach § 96 II Satz 1 Nr. 5 AufenthG. Die Geschleusten wurden einer das Leben gefährdenden Behandlung ausgesetzt. Dafür reicht eine abstrakte Gefährdung. Der Qualifikationstatbestand setzt ebenso wenig wie § 224 I Nr. 5 StGB voraus, dass eine konkrete Lebensgefahr eingetreten ist (BGH, Urteil vom 24.10.2018 – 1 StR 212/18; Bergmann in Huber, 2016, § 96 AufenthG, Rdnr. 59). Der als Transportmittel genutzte Pkw verfügte nicht über eine ausreichende Anzahl an Sitzen und Rückhaltevorrichtungen für die Geschleusten.

Dazu führt der BGH in seinem Beschluss vom 24.10.2018 aus:

„Allerdings genügt das bloße Fehlen von Rückhaltesystemen nicht stets, um bereits eine Lebensgefahr durch die Schleusung zu begründen. Hier rechtfertigt aber die Gesamtheit der im Fall 1 festgestellten Umstände diese Annahme. So war das Fahrzeug mit einer Vielzahl von Personen, die sich in sehr beengten Verhältnissen aufhielten, überbesetzt und zudem überladen. Die vom Landgericht festgestellte Fahrtzeit von etwa vier Stunden für die Strecke von Budapest nach Passau belegt hohe Geschwindigkeiten des Fahrzeugs, sodass bei einer Gefahrbremsung, einem Ausweichmanöver und erst recht bei einer Kollision lebensgefährliche Verletzungen drohten. Dies gilt nicht nur für die ungesicherten Personen, sondern aufgrund des drohenden Zusammenpralls mit diesen oder mit Gegenständen auch für die angeschnallten Geschleusten. Eine Einwilligung der geschleusten Personen konnte – sollte der Qualifikationstatbestand nicht ohnehin (auch) Gemeininteressen schützen ... selbst ohne konkrete Todesgefahr nach den festgestellten, die Sittenwidrigkeit der Taten begründenden Gesamtumständen (... BGH, Beschluss vom 20. Februar 2013 - 1 StR 585/12)."

TV 01 hat auch die Qualifikationsmerkmale mit in seinen Vorsatz aufgenommen, da ihm die Umstände der Beförderung bewusst waren.

d) Rechtswidrigkeit und Schuld

Mangels Rechtfertigungs-, Entschuldigungs- und Schuldausschlussgründen ist das Tatverhalten von TV 01 rechtswidrig und schuldhaft begangen worden.

e) Ergebnis

Gegen TV 01 besteht der Verdacht einer Straftat nach § 96 I Nr. 1, II Satz 1 Nr. 5 AufenthG.

2.) Strafbarkeit von TV 02 nach § 11 I FreizügG/EU, § 96 I Nr. 1, II Satz 1 Nr. 1, Nr. 5 AufenthG

a) Täterqualifikation

In Bezug auf TV 02 ist, da er rumänischer Staatsangehöriger ist, ebenfalls § 11 I FreizügG/EU anzuwenden, der auf die Anwendbarkeit der §§ 96, 97 AufenthG verweist.

b) Anwendbarkeit deutschen Strafrechts

Die Handlung von TV 02 ist eine Auslandstat. § 3 StGB gilt insoweit jedoch, weil die unerlaubte Einreise ein Erfolgsdelikt darstellt und der tatbestandsmäßige Erfolg durch die vollendete Einreise nach Deutschland (§ 13 II AufenthG) auf deutschem Hoheitsgebiet eintreten sollte und auch eingetreten ist. Nach § 9 II i. V. m. § 9 I StGB ist Tatort auch der Erfolgsort. Das Organisieren einer im Ausland startenden Schleuserfahrt, die auf Einreise in Deutschland gerichtet ist, fällt daher unter deutsches Strafrecht (LG Hof, Urteil vom 20.04.2017 – 5 KLs 354 Js 1442/16). Damit unterliegt das Handeln von TV 02 der Anwendbarkeit deutschen Strafrechts.

c) Tatbestand

aa) Grundtatbestand § 96 I AufenthG

aaa) Objektiver Tatbestand

(1) Haupttaten

Als Haupttaten liegen hier zwei tatbestandsmäßige und rechtswidrige unerlaubte Einreisen nach § 95 I Nr. 3 AufenthG vor, die vom 22.07.2015 (mit dem Pkw Kia Carnival) und vom 27.07.2015 (mit dem Kleinlaster). Auch insoweit gilt, dass persönliche Strafaufgehungsgründe und Strafausschließungsgründe nach § 95 V AufenthG i. V. m. Art. 31 I GFK und der EuGH-Rechtsprechung zur EU-Rückführungsrichtlinie dem Schleuser TV 02 nicht zugute kommen.

(2) Beihilfe

Indem TV 02 diese Fahrten organisiert, die Fahrzeuge ausgesucht und die beförderten Drittstaatsangehörigen den Fahrern zugewiesen hat, hat er die Einreisen gefördert und unterstützt und daher Beihilfe (§ 27 StGB) dazu geleistet.

(3) Schleusermerkmale

Durch den Empfang von Geldzahlungen seitens der Beförderten und infolge der Anzahl der Beförderten sind die Voraussetzungen der Schleusermerkmale „Erhalt eines Vorteils“ und „zugunsten Mehrerer“ erfüllt.

bbb) Subjektiver Tatbestand

TV 02 hat vorsätzlich gehandelt.

bb) Qualifikationstatbestand § 96 II Satz 1 AufenthG

aaa) § 96 II Satz 1 Nr. 1 AufenthG

Es besteht der Verdacht gewerbsmäßigen Vorgehens. Gewerbsmäßig handelt, wer sich aus fortgesetzter Tatbegehung eine nicht nur unerhebliche und nicht nur vorübergehende Einnahmequelle eröffnen will (Bergmann in Huber, 2016, § 96 AufenthG, Rdnr. 37). Dieses

Qualifikationsmerkmal ist nach der Sachverhaltsermittlung bei TV 01 erfüllt und bereits bei der ersten Tat vom 22.07.2015 gegeben (BGH, Urteil vom 24.10.2018 – 1 StR 212/18).

Da die Gewerbsmäßigkeit auf der Absicht dauerhafter Einnahmeverschaffung beruht, ist daher auch der subjektive Qualifikationstatbestand erfüllt.

bbb) § 96 II Satz 1 Nr. 5 AufenthG

TV 02 waren die Umstände der Transportfahrten bewusst. Er hatte die Fahrzeuge ausgesucht und die Geschleusten jeweils auf die Fahrzeuge verteilt. TV 02 muss sich daher die Qualifikation einer das Leben gefährdenden Behandlung im Fall der Fahrt mit dem Pkw Kia Carnival am 22.07.2015 zurechnen lasssen.

Auch im „Ladeflächen-Fall“ vom 27.07.2015 ist die Qualifikation einer das Leben gefährdenden Behandlung nach § 96 II Satz 1 Nr. 5 AufenthG erfüllt, weil eine Kleinlasterladefläche kein zum Aufenthalt von Menschen vorgesehener Raum ist und keine sichere Beförderung ermöglicht. In diesem Fall liegt auch die Qualifikation einer unmenschlichen oder erniedrigenden Behandlung nach § 96 II Satz 1 Nr. 5 AufenthG vor. Eine solche liegt vor, wenn sie beim Geschleusten Gefühle der Angst, Ohnmacht und Minderwertigkeit erzeugt und daher zu einer Herabwürdigung und Demütigung führt. Nach der Wertung des LG wurden die Geschleusten auf der Ladefläche „wie Vieh oder Stückgut“ transportiert und mussten eine Fahrtzeit von etwa acht Stunden ohne Möglichkeit zum Toilettengang und unter äußerst beengten räumlichen Verhältnissen erleben. Auch insoweit fallen diese Qualifikationen nicht nur dem Fahrer, sondern auch TV 02 zur Last, der das Fahrzeug ausgesucht und die Geschleusten dem Wagen zugewiesen hat (BGH, Urteil vom 24.10.2018 – 1 StR 212/18).

Da TV 02 die Umstände der Überfrachtung der Fahrzeuge bekannt waren, hat er auch in Bezug auf die Qualifikationen mit Vorsatz gehandelt.

d) Rechtswidrigkeit und Schuld

Mangels Rechtfertigungs-, Entschuldigungs- und Schuldausschlussgründen ist das Tatverhalten von TV 01 rechtswidrig und schuldhaft begangen worden.

e) Ergebnis

Gegen TV 02 besteht der Verdacht des Einschleusens nach § 96 I Nr. 1, II Satz 1 Nr. 1, Nr. 5 AufenthG in zwei Fällen.

Fall 34 – Durchschleusung und Ausschleusung (BGH, Beschluss vom 12.12.2017)

Sachgebiete

Unerlaubte Einreise, unerlaubter Aufenthalt, Einschleusen von Drittstaatsangehörigen, Vorteilsverschaffung, gewerbsmäßige Schleusung, gefährliche Schleusung, unmenschliche oder erniedrigende Schleusung

Originalfall

BGH, Beschluss vom 12.12.2017 – 3 StR 303/17

Sachverhalt

Die in Deutschland lebende Tatverdächtige irakischer Staatsangehörigkeit hatte vergeblich versucht, ihre Mutter und ihren Bruder aus dem Irak auf legalem Wege nach Deutschland zu holen. Daraufhin nahm sie Kontakt zu einer Schleusergruppe auf, um die Schleusung ihrer Angehörigen nach Deutschland zu organisieren. Da sie die geforderten 46.000 Euro nicht aufbringen konnte, ließ sie sich darauf ein, als Gegenleistung für die Angehörigenschleusung Hilfsdienste zugunsten der Schleusergruppe zu erbringen. Diese schleuste iranische Staatsangehörige ohne Visa oder Aufenthaltstitel aus dem Iran über Deutschland nach Kanada. In fünf Fällen beteiligte sich die Tatverdächtige an der Betreuung unerlaubt ins deutsche Inland verbrachter Iraner und Organisation von deren Weiterreise nach Kanada. Prüfen Sie im Gutachtenstil, wie sich die Tatverdächtige strafbar gemacht hat.

Lösungsvorschlag und Entscheidungsvorschlag

1.) Einschleusen von Drittstaatsangehörigen nach § 96 I AufenthG

a) Tatbestand

aa) Objektiver Tatbestand

aaa) Haupttat

Der Verdacht eines Einschleusens setzt eine der in § 96 I AufenthG genannten teilnahmefähigen Haupttaten voraus.

(1) Unerlaubte Einreise nach § 95 I Nr. 3 AufenthG

Die Iraner sind nach Deutschland unerlaubt eingereist nach § 95 I Nr. 3 i. V. m. § 14 I Nr. 2 AufenthG, weil sie keine erforderlichen Aufenthaltstitel haben.

(2) Unerlaubter Aufenthalt nach § 95 I Nr. 2 AufenthG

In Deutschland haben die Iraner den Tatbestand des unerlaubten Aufenthaltes nach § 95 I Nr. 2 AufenthG erfüllt. Auch der Aufenthalt in Deutschland zur Vorbereitung der Ausreise und illegalen Einreise nach Kanada ist ein unerlaubter Aufenthalt nach § 95 I Nr. 2 a) bis c) AufenthG. Die Iraner haben keine Aufenthaltstitel gehabt und waren infolge unerlaubter Einreise nach § 14 I Nr. 2 AufenthG während ihres gesamten Aufenthaltes in Deutschland vollziehbar ausreisepflichtig nach §§ 50 I, 58 II Nr. 1 AufenthG (§ 95 I Nr. 2 a) AufenthG). Es war auch keine Ausreisefrist gesetzt worden (§ 95 I Nr. 2 b) AufenthG), die noch nicht abgelaufen wäre, und es lag auch keine Aussetzung der Abschiebung (Duldung) vor (§ 95 I Nr. 2 c) AufenthG). Die Vorbereitung auf die Ausreise nach Kanada steht dem unerlaubten Aufenthalt nicht entgegen, weil die Ausreisepflicht nach § 50 III Satz 1 AufenthG eine sofortige Ausreise in den Herkunftsstaat oder einen Drittstaat, in den die Iraner legal einreisen dürfen, erfordert hätte.

bbb) Beihilfe

(1) Bezugstat unerlaubte Einreise

An der Einreise war die Tatverdächtige jedoch nicht beteiligt. Ein Einschleusen nach § 96 I Nr. 1 AufenthG ist daher nicht feststellbar.

(2) Bezugstat unerlaubter Aufenthalt

Es liegt jedoch eine Betreuung und damit Unterstützung und Förderung des unerlaubten Aufenthaltes während der Wartezeit bis zur Ausreise Richtung Kanada vor. Die Übernahme von Ausreisepflichtigen, die Organisation ihrer Unterbringung und Übernachtung und Übergabe an Abholer zur Ausreise stellt eine Förderung des konkreten unerlaubten Aufenthaltes unter Missachtung der Ausreisepflicht dar (BGH, Urteil vom 26.05.1999 – 3 StR 570/98). Insoweit hat die Tatverdächtige rechtlich relevante Aufenthaltsbeihilfe geleistet.

ccc) Schleusermerkmal

Die Beihilfe zum unerlaubten Aufenthalt wird nach § 96 I Nr. 2 AufenthG nur dann zur Schleusung, wenn das Schleusermerkmal des Erhaltens oder Sichversprechenlassens eines Vermögensvorteils erfüllt ist. Unter einem Vermögensvorteil ist jede günstigere Gestaltung der Vermögenslage zu verstehen (BGH, Beschluss vom 12.12.2017 – 3 StR 303/17), also jede materielle Besserstellung oder Zuwendung. Im Hinblick auf den eindeutigen Wortlaut des § 96 I Nr. 2 AufenthG ist es erforderlich, dass der Täter den Vorteil selbst erhält. Eine Drittzuwendung reicht nicht aus, es sei denn, der Täter erlangt dadurch einen mittelbaren Vorteil oder wird dadurch von Verbindlichkeiten gegenüber dem Empfänger freigestellt (BGH, Beschluss vom 12.12.2017 – 3 StR 303/17). Im vorliegenden Fall ist jedoch keine dieser Voraussetzungen erfüllt. Zwar kann eine als geldwert gehandelte – auch illegale – Dienstleistung wie die Schleusung von Mutter und Bruder ebenso einen Vermögensvorteil darstellen wie die Ersparnis von Aufwendungen, hier in Höhe eines Schleuserlohns in Höhe von 46.000 Euro. Jedoch war die Tatverdächtige nicht rechtlich verpflichtet, für die Einwanderungshilfe zugunsten Mutter und Bruder einzustehen. Deren Einschleusung wie auch das Ersparen des Schleuserlohns ist daher weder mittelbarer Vorteil für die Tatverdächtige noch Freistellung von rechtlich relevanten Verbindlichkeiten. Dass sie es als moralisch-familiäre Verpflichtung empfand, ihren Angehörigen den Zugang nach Deutschland zu ermöglichen, reicht nicht für die Annahme eines Vorteils (BGH, Beschluss vom 12.12.2017 – 3 StR 303/17). Daraus folgt eine Strafbarkeitslücke für die Gewährung eines fremdnützigen Vorteils, also für Drittzuwendungen (Winkelmann in Bergmann/Dienelt, 2018, § 96 AufenthG, Rdnr. 8).

Das Schleusermerkmal „zugunsten Mehrerer“ ist auf die Einreisebeihilfe nach § 96 I Nr. 1 b), 2. Alt. AufenthG beschränkt, für die Aufenthaltsbeihilfe ist es nach § 96 I Nr. 2 AufenthG ohne Bedeutung.

bb) Zwischenergebnis

Der objektive Tatbestand ist nicht erfüllt.

b) Ergebnis

Es liegt kein Schleuserdelikt vor.

2.) Gewerbs- und bandenmäßiges Einschleusen nach § 97 II AufenthG

Wenn der Grundtatbestand nicht erfüllt ist, kann auch keine darauf aufbauende Qualifikation erfüllt sein. Im Originalfall war seitens der Staatsanwaltschaft wegen der Ersparnis von 46.000 Euro durch mehrere Handlungen und die komplizenschaftliche Einbindung in eine aus mehr als zwei Tätern bestehende, dauerhaft zusammengeschlossene Schleusergruppierung gewerbs- und bandenmäßiges Handeln nach § 97 II AufenthG zur Anklage gebracht worden. Ohne Grundtatbestand können jedoch die Qualifikationen aus den §§ 96 II Nr. 1, Nr. 2, 97 II AufenthG nicht erfüllt sein.

3.) Beihilfe zum unerlaubten Aufenthalt

Es bleibt daher bei einer Beihilfe zum unerlaubten Aufenthalt nach § 27 StGB i. V. m. § 95 I Nr. 2 AufenthG.

Ergänzende Hinweise

Die Ausreise und Einreise in den Drittstaat Kanada ist keine schleusungsrelevante beihilfefähige Haupttat. Lediglich die Ausreise aus Deutschland zur Einreise in einen anderen Unions- oder Schengen-Staat ist nach § 96 IV AufenthG zu behandeln wie eine Einreise nach Deutschland, sodass auch die Beihilfe dazu eine Schleusung darstellen kann. Ein Beispiel dafür wäre die Übergabe der unerlaubt Aufhältlichen an einen Fahrer im Überseehafen Rostock oder am Skandinavienkai Lübeck-Travemünde zur Ausreisehilfe nach Schweden. Insoweit wäre aber ein Vorteil erforderlich, weil § 96 IV AufenthG nur die vorteilsbezogene Schleusung (§ 96 I Nr. 1 a) AufenthG) in Bezug nimmt, nicht das Schleusen zugunsten Mehrerer.

Der Fall berührt auch das Problem der Strafbarkeit der Angehörigenschleusung. Das Originalurteil lässt offen, ob die Schleusung der Angehörigen gelungen ist. Falls ja, würde dieses den Verdacht einer Tat nach § 26 StGB i. V. m. § 96 I AufenthG begründen. Problematisch ist insoweit jedoch, dass die Tatverdächtige selbst den Vorteil – ihre Dienstleistung – für die Familienschleusung leistet, wobei zugleich auch das Merkmal „zugunsten Mehrerer“ erfüllt ist. Problematisch ist weiterhin, dass im Schleusertatbestand ein Angehörigenprivileg, anders als beim Verleiten zum Asylmissbrauch in § 84 V AsylG, nicht vorgesehen ist.

6.2 Legendierte Schleusung

Der Schleusung durch Förderung der legendierten Einreise und des legendierten Aufenthaltes kommt kommt polizeiliche Bedeutung in zwei Fällen zu: bei der Visa-Erschleichung und bei der Schein-Ehe. Die Schleusung durch Visa-Erschleichung wurde im Fall 17 beim Thema Schengen-Visum Typ C und Inanspruchnahme des unzuständigen Konsulats behandelt. Der nachfolgende Fall greift die Rechtsprobleme bei der Tatbestandssystematik des Erschleichens eines Aufenthaltstitels und der zur Schleusung qualifizierten Beihilfe dazu anhand eines Sachverhaltes zur Schein-Ehe-Vermittlung auf.

Fall 35 – Vermittlung von Schein-Ehen (BGH, Beschluss vom 30.05.2013)

Sachgebiete

Erschleichen eines Aufenthaltstitels, Täterschaft und Beihilfe zu Falschangaben, Einschleusen von Drittstaatsangehörigen, gewerbs- und bandenmäßiges Einschleusen

Originalfall

BGH, Beschluss vom 30.05.2013 – 5 StR 130/13

Sachverhalt

Der Sachverhalt wird stark vereinfacht dargestellt und auf die grenzpolizeiliche und landespolizeiliche Sicht umgeschrieben:

Tatverdächtiger TV 01 ist Sachbearbeiter in der Ausländerbehörde Dresden. Er beurkundet gegen einen Geldbetrag von 700 Euro, kostenlose sexuelle Dienstleistungen und Urlaubsfinanzierungen wahrheitswidrig, dass eine deutsche Ehepartnerin des vietnamesischen Tatverdächtigen TV 02 vor ihm persönlich erschienen und die Bereitschaft zur Herstellung der ehelichen Lebensgemeinschaft erklärt hat. TV 01 ist bewusst, dass die – nie persönlich vorstellig gewordene – Ehepartnerin keine Herstellung der ehelichen Lebensgemeinschaft anstrebt und TV 02 auch nicht kennt. Dann leitet TV 01 diese beurkundete Erklärung an den für die Erteilung der Aufenthaltserlaubnis zuständigen Sachbearbeiter weiter. Auf den auf Ehegattennachzug gerichteten Antrag von TV 02 und auf der Grundlage der Erklärung von TV 01, auf die der Antrag Bezug nimmt, wird eine Aufenthaltserlaubnis für den Ehegattennachzug erteilt. Dabei ist TV 01 in eine Tätergruppierung integriert, die aus Dolmetscher, Unterstützer bei der Visabeschaffung, Ehepartnervermittler und Unterkunftsbeschaffer besteht und die Betreuung von einreisewilligen Vietnamesen vom Visumantrag bis zur kollusiven Beschaffung einer Niederlassungserlaubnis und Scheidung der Schein-Ehe nach einigen Jahren gegen hohe Geldbeträge von bis zu 22.000 Euro je Person betreut und sich zum fortgesetzten gewinnorientierten Vorgehen verabredet hat. Prüfen Sie im Gutachtenstil, wie sich TV 01 strafbar gemacht hat.

Lösungsvorschlag und Entscheidungsvorschlag

1.) Erschleichen eines Aufenthaltstitels nach § 95 II Nr. 2, 1. Alt. AufenthG

TV 01 hat vorsätzlich falsche Angaben gemacht, um einem anderen, TV 02, einen Aufenthaltstitel zu verschaffen. Seine Tathandlung ist rechtswidrig und schuldhaft begangen.

2.) Gewerbs- und bandenmäßiges Einschleusen nach §§ 96 I, 97 II AufenthG

a) Tatbestand

aa) Grundtatbestand § 96 I Nr. 2 AufenthG

aaa) Objektiver Tatbestand

(1) Haupttat

Eine tatbestandsmäßige und rechtswidrige Haupttat seitens TV 02 liegt in der Abgabe von Falschangaben im Antrag auf Erteilung der Aufenthaltserlaubnis und in der Benutzung der von TV 01 beurkundeten unrichtigen Erklärung, indem er in seinem Antrag darauf Bezug nimmt, um sich die beantragte Aufenthaltserlaubnis zu beschaffen. Damit liegt eine Haupttat nach § 95 II Nr. 2, 1. Alt. AufenthG vor. Diese ist eine beihilfefähige Haupttat im Sinne des Schleusertatbestandes nach § 96 I Nr. 2 AufenthG.

(2) Beihilfe

Durch die Falscherklärung hat TV 01 die Angaben im Antragsverfahren von TV 02 bestätigt, dessen Antragsziel damit unterstützt und daher Beihilfe geleistet.

(3) Schleusermerkmal

Nach § 96 I Nr. 2 AufenthG wird die Beihilfe zur Schleusung, wenn TV 01 gegen Erhalt oder Sichversprechenlassen eines Vermögensvorteils gehandelt hat. Unter einem Vermögensvorteil ist jede günstigere Gestaltung der Vermögenslage zu verstehen (BGH, Beschluss vom 12.12.2017 – 3 StR 303/17), also jede materielle Besserstellung oder Zuwendung. TV 01 hat für sein Vorgehen einen Vermögensvorteil in Form von Gewährung von Geldleistungen und geldwerten Dienstleistungen erhalten.

bbb) Subjektiver Tatbestand

TV 01 hat mit Vorsatz gehandelt.

bb) Qualifikationstatbestand § 97 II AufenthG

aaa) Gewerbsmäßiges Handeln nach § 96 II Satz 1 Nr. 1 AufenthG

Es besteht der Verdacht gewerbsmäßigen Handelns. Gewerbsmäßig handelt, wer sich aus fortgesetzter Tatbegehung eine nicht nur unerhebliche und nicht nur vorübergehende Einnahmequelle eröffnen will. Dieses Qualifikationsmerkmal kann, da es ein subjektives Merkmal ist, bereits bei der ersten Tat gegeben sein (BGH, Urteil vom 24.10.2018 – 1 StR 212/18).

Nach der Sachverhaltsdarstellung hat TV 01 in der Absicht dauerhafter Einnahmeverschaffung gehandelt. Daher liegt der Qualifikationstatbestand des gewerbsmäßigen Handelns nach § 96 II Satz 1 Nr. 1 AufenthG vor. Da die Absicht dauerhafter Einnahmeverschaffung die Gewerbsmäßigkeit begründet, ist auch der subjektive Qualifikationstatbestand erfüllt.

bbb) Bandenmäßige Begehung nach § 96 II Satz 1 Nr. 2 AufenthG

Infolge der Eingliederung in eine aus mehreren Personen zusammengesetzte Täterstruktur könnte der Verdacht bandenmäßigen Handelns bestehen. Unter einer Bande ist eine Mehrheit von mindestens drei Personen zu verstehen, die sich dazu verabredet haben, weitere im Einzelnen ungewisse und noch ungeplante, rechtlich selbstständige Taten derselben Deliktskategorie zu begehen (Bergmann in Huber, 2016, § 96 AufenthG, Rdnr. 40). Eine solche Verbindung folgt aus der Sachverhaltsdarstellung. TV 01 hat seine Tathandlungen auch in seiner Eigenschaft als Mitglied dieser Bande begangen und daher den Qualifikationstatbestand nach § 96 II Satz 1 Nr. 2 AufenthG erfüllt. Auch die innere Tatseite in Bezug auf seinen Beitrag als Bandenmitglied liegt vor.

ccc) Gewerbs- und bandenmäßige Begehung nach § 97 II AufenthG

Die Kombination gewerbsmäßigen und bandenmäßigen Begehens stellt eine eigenständige Verbrechensqualifikation nach § 97 II AufenthG dar.

b) Rechtswidrigkeit und Schuld

Mangels Rechtfertigungs-, Entschuldigungs- und Schuldausschlussgründen ist das Tatverhalten von TV 01 rechtswidrig und schuldhaft begangen worden.

c) Zwischenergebnis

TV 01 steht im Verdacht, sich wegen gewerbs- und bandenmäßigen Einschleusens von Drittstaatsangehörigen nach §§ 96 I, 97 II AufenthG strafbar gemacht zu haben.

3.) Konkurrenzen

Rechtsproblematisch ist, dass TV 01 zugleich in täterschaftlicher Begehung den Tatbestand des § 95 II Nr. 2 AufenthG in fremdnütziger Form verwirklicht und eine Schleusung in Form der Beihilfe zur Tat des § 95 II Nr. 2 AufenthG von TV 02 begangen hat. Diese Problematik ist Gegenstand der Entscheidung des BGH vom 30.05.2013.

Zunächst ist der Täter, der fremdnützig Falschangaben zur Beschaffung eines Aufenthaltstitels „für einen anderen" macht, wegen eigener Täterschaft nach § 95 II Nr. 2 AufenthG strafbar. Zugleich liegt aber Beihilfe zur Aufenthaltstitelbeschaffung des Antragstellers durch

Unterstützung dessen eigener Falschangaben im Antrag auf Erteilung eines Aufenthaltstitels vor. Grundsätzlich hat die Täterschaft nach § 95 II Nr. 2 AufenthG Vorrang vor der zugleich damit begangenen Beihilfe zur Tat nach § 95 II Nr. 2 AufenthG des Antragstellers. Dadurch entsteht jedoch die Problematik eines Wertungswiderspruchs: Der Täter, dessen Tatbeitrag schwerer ist (eigene Täterschaft nach § 95 II Nr. 2 AufenthG), macht sich in geringerer Weise strafbar als der Gehilfe zur Tat nach § 95 II Nr. 2 AufenthG, der durch den Vermögensvorteil zum Schleuser nach § 96 I Nr. 2 AufenthG wird.

Dazu führt der BGH in seinem Urteil vom 30.05.2013 aus:

„Indessen sieht der Gesetzgeber den Kern des Schleusungsunrechts in entgeltlichen oder wiederholten Beihilfe- und Anstiftungshandlungen. Er hat deswegen in § 96 I AufenthG in selbständigen Tatbeständen die Beteiligung zur Täterschaft erhoben. Nach dem eindeutigen Gesetzeswortlaut kommt es dabei darauf an, ob der Täter des § 96 I AufenthG durch seinen Beitrag (gegebenenfalls auch) zu den dort in Bezug genommenen Straftaten Hilfe geleistet oder zu ihnen angestiftet hat."

Genau dieser Tatbeitrag trifft aber auf TV 01 zu, indem er, so der BGH, „den Erklärungen der im aufenthaltsrechtlichen Verfahren aufgetretenen Scheinehepartner zum Bestand der ehelichen Lebensgemeinschaft durch Bestätigung deren persönlicher Anwesenheit und damit verbundene Vorspiegelung selbst vorgenommener amtlicher Prüfung höheres Gewicht verliehen hat. Demgegenüber kann im Hinblick auf die Verselbständigung der Schleusungstatbestände nicht ausschlaggebend sein, ob der Betroffene, wenn er nur nach § 95 II Nr. 2 AufenthG verurteilt würde, als Teilnehmer oder (auch) als Täter zu bestrafen wäre. Dass der Gesetzgeber solche »doppelgesichtigen« Handlungen durch eine enge Anknüpfung an die Entscheidung für oder gegen eine Täterschaft hinsichtlich des isoliert betrachteten § 95 II Nr. 2 AufenthG aus den Schleusungsdelikten ausgrenzen wollte, liegt gänzlich fern. Eine Interpretation in diesem Sinn wäre geeignet, nicht auflösbare Wertungswidersprüche hervorzurufen."

Im Ergebnis hat sich TV 01 wegen gewerbs- und bandenmäßigen Einschleusens von Drittstaatsangehörigen nach §§ 96 I, 97 II AufenthG strafbar gemacht.

Ergänzender Hinweis:

Tatobjekt des § 95 II Nr. 2 AufenthG kann vom Tatbestandswortlaut her nur ein Aufenthaltstitel i. S. v. § 4 I Satz 2 AufenthG sein (dazu auch Fall 17). Eine Aufenthaltskarte nach § 5 I FreizügG/EU (s. o., Fall 25, Dokument 2) ist im deutschen Rechtsverständnis kein Aufenthaltstitel und kann daher auch kein Tatobjekt nach § 95 II Nr. 2 AufenthG sein. Einschlägig ist insoweit der Straftatbestand nach § 9 I FreizügG/EU. Der Straftatbestand des § 9 I FreizügG/EU ist von der Tatbestandsstruktur her dem § 95 II Nr. 2 AufenthG vergleichbar. Im Gegensatz zu § 95 II Nr. 2 AufenthG ist § 9 I FreizügG/EU jedoch keine Bezugstat und Haupttat für § 96 AufenthG.

Anhang – Aufbauschemata für Prüfungsfälle

Die nachfolgenden Aufbauschemata für Prüfungsfälle sind Vorschläge des Autors – die jeweilige Unterrichtspraxis am Fachbereich der jeweiligen Fachhochschule oder Hochschule der Leserin oder des Lesers hat Vorrang.

A.1 Außengrenze: Einreisekontrolle, Einreiseverweigerung (Art. 6 I, 14 I SGK)

1.) Statusfeststellung

a) EU-Staatsangehöriger oder Staatsangehöriger von Island, Liechtenstein oder Norwegen: Unionsrechtlich freizügigkeitsberechtigte Person i. S. v. Art. 2 Nr. 5 SGK, Reiserecht nach § 2 FreizügG/EU, Einreiseverweigerung nur unter den Voraussetzungen des § 6 I FreizügG/EU

b) Staatsangehörige der Schweiz: Entsprechend a) nach § 28 AufenthV, FreizügÜbk EU/Schweiz

c) Familienangehörige einer der unter a) oder b) genannten Staatsangehörigen nach § 3 I FreizügG/EU: wie a) und b)

d) Drittstaatsangehörige: Status nach Art. 2 Nr. 6 SGK, Einreisevoraussetzungen nach Art. 6 SGK, Einreiseverweigerung nach Art. 14 SGK

2.) Einreisevoraussetzungen nach Art. 6 I a) bis e) SGK

a) Reisedokument (Pass oder Passersatz)

aa) Anerkennung als Grenzübertrittsdokument

bb) Gültigkeit drei Monate über geplante Ausreise hinaus, in begründeten Fällen kann hiervon abgesehen werden (Art. 6 I a) i) SGK)

cc) Ausstellung in den letzten zehn Jahren (Art. 6 I a) ii) SGK)

b) Visum, Visumbefreiung oder Aufenthaltstitel

aa) Schengen-Visum Typ C, sofern gem. Anhang I EUVisaVO visumpflichtig (Verifizierung im VIS nach Art. 8 III b) SGK), oder

bb) kein Visum, sofern gem. Anhang II EUVisaVO oder als Inhaber eines Dienstpasses oder Diplomatenpasses oder eines RAW 1951 visumfrei, ab ETIAS-Betriebsaufnahme ETIAS-Genehmigung erforderlich, oder

cc) nationales Visum Typ D oder nationaler Aufenthaltstitel

c) Zweck-Mittel-Nachweis

aa) Beleg für Aufenthaltszweck: z. B. Hotelbuchung, sonstiger Unterkunftsnachweis (z. B. Airbnb), touristische Rundreisebuchung, private Einladung, geschäftliche Einladung, Messeeintrittskarte, Sprachkursbuchung, medizinischer Behandlungstermin, Rückreiseticket (Art. 6 III SGK) – bei Inhaber eines Visums Typ C: Abgleich Ausstellerstaat mit Reiseverlauf zur Frage, ob der Visumantrag in dem nach Art. 5 I VK zuständigen Konsulat gestellt wurde (Fall 13 bis Fall 17) bb) Nachweis finanzieller Mittel: je nach Aufenthaltszweck, Vorauszahlung, Einladung, Verpflichtungserklärung – im Zweifel für Deutschland 45 Euro je Tag (Art. 6 IV, 39 SGK), Inhaber von Diplomatenpässen sind vom Nachweis befreit (Anhang VII Nr. 4.1 SGK)

d) SIS-Abfrage negativ: Keine Ausschreibung zur Einreiseverweigerung

e) Nationale Datenbank-Abfrage und Gefahrenprognose negativ

f) Verfügbarstellung der eDaten ab EES-Betriebsaufnahme

3.) Einreiseverweigerung nach Art. 14 I SGK

a) Nichterfüllen einer der Einreisevoraussetzungen aus Art. 6 I a) bis e) SGK (s. o., 2.))

b) Kein Vorbehalt aus Asylrecht oder Recht des internationalen Schutzes

aa) Einreiseverweigerung nach § 18 II Nr. 2 AsylG oder

bb) Flughafenverfahren nach § 18a AsylG, Art. 31 VIII RL 2013/32/EU (Fall 30)

c) Nichtvorliegen eines Ausnahmetatbestandes nach Art. 6 V a) bis c) SGK

aa) Inhaberschaft eines nationalen Aufenthaltstitels oder nationalen Visums nach Art. 6 V a) SGK (Fall 28)

bb) Fall für Erteilung eines Ausnahme-Visums nach Art. 6 V b) SGK (Fall 19)

aaa) Art. 35 a) VK: Voraussetzungen nach Art. 6 I a), c), d), e) SGK erfüllt

bbb) Art. 35 b) VK: Unvorhersehbarer zwingender Einreisegrund ohne Möglichkeit eines Visumantrages im Konsulat nach Art. 35 VK

ccc) Art. 35 c) VK: Rückkehr- oder sonstige Ausreiseabsicht

ddd) Art. 36 VK: Sonderregelung für Seeleute

eee) Standardgebühr nach Art. 16 I VK: 60 Euro, abweichend 35 Euro für Drittstaatsangehörige von Vertragsstaaten von Visaerleichterungsabkommen:

(1) Albanien (nur mit konventionellem Pass, visumfrei mit ePass)

(2) Armenien

(3) Aserbaidschan

(4) Bosnien und Herzegowina (nur mit konventionellem Pass, visumfrei mit ePass)

(5) Georgien

(6) Kap Verde

(7) Republik Moldau (nur mit konventionellem Pass, visumfrei mit ePass)

(8) Montenegro (nur mit konventionellem Pass, visumfrei mit ePass)

(9) Nordmazedonien (nur mit konventionellem Pass, visumfrei mit ePass)

(10) Russische Föderation

(11) Serbien (nur mit konventionellem Pass, visumfrei mit ePass)

(12) Ukraine (nur mit konventionellem Pass, visumfrei mit ePass)

cc) Humanitäre Gründe

4.) Einreiseverweigerungshindernisse

a) § 15 IV Satz 2 AufenthG: Inhaber einer Aufenthaltsgestattung (§ 55 AsylG)

b) § 15 IV Satz 1 AufenthG: entsprechend § 60 I–III, V, VII, IX AufenthG

5.) Unterbringung

a) § 15 VI AufenthG: Unterbringung im Transitbereich, nach 30 Tagen gerichtlicher Beschluss

b) § 15 V AufenthG: Zurückweisungshaft, eigenständiges „Sonderregime" ohne Feststellung von Fluchtgefahr (BGH, Beschluss vom 12.04.2018 – V ZB 162/17; Fall 32)

6.) Zuständigkeit, Verfahren, Form

a) Zuständigkeit: Grenzpolizei nach § 71 III Nr. 1 AufenthG

b) Verfahren: Anhörung und Stempel nach Anhang V Teil A SGK

c) Form: Schriftform, Vordruck nach Anhang V Teil B SGK

A.2 Binnengrenze/Inland: Aufenthaltsbeendung (§§ 50 I, 57–59 AufenthG)

1.) Statusfeststellung: Wenn Drittstaatsangehöriger (s. o., A.1, 1.)), weiter unter 2.)

2.) Feststellung der Ausreisepflicht nach § 50 I AufenthG

a) Nichtvorliegen des erforderlichen Aufenthaltstitels: Erforderlichkeit i. S. v. § 4 I Satz 1 AufenthG, Aufenthaltstitel erforderlich, soweit nicht durch EU-Recht oder Rechtsverordnung etwas anderes bestimmt ist

aa) EU-Recht: Anhang II EUVisaVO, Art. 20 I SDÜ

bb) Rechtsverordnung

aaa) § 16 AufenthV: Nach Sichtvermerksabkommen

bbb) § 18 AufenthV: Inhaber RAW 1951 oder RAW 1954 (Fall 6)

ccc) §§ 19, 20 AufenthV: Inhaber dienstlicher Pässe (Fall 2, Fall 24)

ddd) § 22 AufenthV: Schüler auf Schülersammelliste

eee) §§ 23–25 AufenthV: Ziviles Flugpersonal, ziviles Schiffspersonal (Fall 8)

fff) § 29 AufenthV: Grenzüberschreitendes Leisten oder Inanspruchnehmen von Hilfe in Katastrophen-, Unglücks- oder Notfällen

b) Kein sonstiges Aufenthaltsrecht, z. B. aus § 55 AsylG

3.) Bereitschaft zur freiwilligen Ausreise

a) Freiwillige Ausreise gesichert

aa) Zielstaat Herkunftsstaat, anderer Drittstaat: Rückkehrentscheidung (Art. 6 I RL 2008/115/EG), Ausreisefrist nach § 59 I AufenthG (Art. 7 I RL 2008/115/EG)

bb) Zielstaat EU-/Schengen-Staat, in dem ein Einreise- und Aufenthaltsrecht besteht: Ausreiseaufforderung nach § 50 III Satz 2 AufenthG (Art. 6 II RL 2008/115/EG)

b) Freiwillige Ausreise gesichert: Durchsetzung durch Zurückschiebung oder Abschiebung

4.) Durchsetzung der Ausreisepflicht

a) Vollziehbarkeit der Ausreisepflicht: Polizeirelevant § 58 II Nr. 1 AufenthG nach unerlaubter Einreise gem. § 14 I AufenthG, insbesondere § 14 I Nr. 2, Nr. 2a) AufenthG

b) Maßnahmen

aa) Zurückschiebung

aaa) § 57 I AufenthG: Abfangaufgriff, nur an der Außengrenze

bbb) § 57 II 1. Alt. AufenthG: Intra-Schengen-Zurückschiebung als Ausnahme von der „sur place"-Rückführung nach Art. 3 Nr. 3, 6 I RL 2008/115/EG in Vollzug eines bilateralen Abkommens mit anderem Schengen-Staat (Art. 6 III RL 2008/115/EG) – Vertragsstaaten:

(1) Belgien

(2) Bulgarien

(3) Dänemark

(4) Estland

(5) Frankreich

(6) Lettland

(7) Litauen

(8) Luxemburg

(9) Niederlande

(10) Norwegen

(11) Österreich

(12) Polen

(13) Rumänien

(14) Schweden

(15) Schweiz

(16) Slowakei

(17) Tschechische Republik

(18) Ungarn

ccc) § 57 II 2. Alt. AufenthG: Dublin-III-Aufgriffsfall, insbesondere bei Eurodac-Treffer für anderen Dublin-Staat auf der Grundlage der Eurodac-Behandlung nach § 49 IX AufenthG, Art. 17 Eurodac-Verordnung (Fall 31)

bb) Abschiebung

aaa) Kein Fall einer Zurückschiebung

bbb) Freiwillige Ausreise nicht gesichert oder Ausreise aus Gründen der öffentlichen Sicherheit zu überwachen

ccc) Ausreisefrist

(1) gesetzt (§ 59 I Satz 1 AufenthG) und abgelaufen oder

(2) Entscheidung, keine Ausreisefrist zu setzen (§ 59 I Satz 2 AufenthG)

5.) Gewahrsam

a) § 62 V Nr. 1 AufenthG: Dringende Gründe für Annahme eines Haftgrundes (Fall 22, Fall 31)

aa) § 62 III Satz 1 Nr. 5 AufenthG: Fluchtgefahr

bb) § 2 XIV AufenthG: Konkrete Anhaltspunkte

b) § 62 V Nr. 2 AufenthG: Richterliche Entscheidung nicht im Voraus zu erlangen (Spontanaufgriff)

c) § 62 V Nr. 3 AufenthG: Fluchtgefahr im engeren Sinne

6.) Zuständigkeit

a) Zurückschiebung

aa) Grenzpolizei gem. § 71 III Nr. 1 AufenthG

bb) Landespolizei gem. § 71 V AufenthG

b) Abschiebung

aa) Ausländerbehörde gem. § 71 I AufenthG

bb) Landespolizei gem. § 71 V AufenthG

cc) Grenzpolizei

aaa) Aufgriff im Einreisegrenzraum nach unerlaubter Einreise (§ 71 III Nr. 1 a) AufenthG)

bbb) Aufgriff in anderem Grenzraum nach unerlaubter Einreise (§ 71 III Nr. 1 b) AufenthG)

c) Gewahrsam

Die für den Haftantrag zuständige Behörde:

aa) Ausländerbehörde gem. § 71 I AufenthG

bb) Landespolizei gem. § 71 V AufenthG

cc) Grenzpolizei gem. § 71 III Nr. 1 e) AufenthG

A.3 Außengrenze/Binnengrenze: Visa-Annullierung, Visa-Aufhebung (Art. 34 VK)

1.) Zielgruppe: Inhaber eines Schengen-Visums Typ C

2.) Voraussetzungen

a) Visa-Annullierung nach Art. 34 I VK: Visa-Erteilungsvoraussetzungen bei Visa-Erteilung nicht erfüllt

aa) Art. 21 I VK i. V. m. Art. 6 I a), c), d), e) SGK

bbb) Risikoanalyse: Keine Gefahr rechtswidriger Einwanderung, Ausreisebereitschaft

b) Visa-Aufhebung

aa) Visa-Erteilungsvoraussetzungen nicht mehr erfüllt oder

bb) Antrag des Visum-Inhabers

3.) Zuständigkeit

a) Ausländerbehörde gem. § 71 I AufenthG

b) Grenzpolizei

aa) Außengrenze: Im Zusammenhang mit einer Einreiseverweigerung gem. § 71 III Nr. 3 a), 1. Alt. AufenthG

bb) Binnengrenze: Im Zusammenhang mit einer Zurückschiebung gem. § 71 III Nr. 3 a), 2. Alt. AufenthG oder einer Abschiebung gem. § 71 III Nr. 3 a), 3. Alt. AufenthG, wenn die Voraussetzungen des § 71 III Nr. 1a) oder 1b) AufenthG vorliegen, also bei Grenzraumaufgriff und unerlaubter Einreise, hier nach § 14 I Nr. 2a) AufenthG

A.4 Unerlaubte Einreise (§ 95 I Nr. 3 AufenthG)

1.) Täterqualifikation: Drittstaatsangehörige

2.) Tatbestand

a) Objektiver Tatbestand

aa) Tathandlung: Einreise, Vollendung nach § 13 II AufenthG

bb) Rechtlicher Status der Einreise: Unerlaubt nach § 14 I Nr. 1 oder Nr. 2 AufenthG

aaa) § 14 I Nr. 1 AufenthG: Ohne gültigen und anerkannten Pass nach § 3 I AufenthG

(1) Gültigkeit: Analog § 11 I PassG

Praxisrelevante Ungültigkeitsgründe:

(a) Ablauf der Gültigkeitsdauer (§ 11 I Nr. 3 PassG analog)

(b) Fehlende Unterschrift (§ 11 I Nr. 2 i. V. m. § 4 I PassG analog)

(c) Unbefugte Veränderung (§ 11 I Nr. 1, 2. Alt. PassG analog)

(2) Anerkennung: Gemäß Anerkennungslage durch das Bundesministerium des Innern (BMI) nach § 71 VI AufenthG: Veröffentlicht im Bundesanzeiger vom 25.04.2016 (Fall 7, Fall 28)

(3) Ausnahme: Befreiung von der Passpflicht

(a) Befreiung durch Verfügung des Bundesministeriums des Innern (BMI) nach § 3 II AufenthG

(b) Befreiung in Katastrophen-, Unglücks- oder Rettungsfällen nach § 14 AufenthV

(c) Befreiung auf der Grundlage des Durchreiserechts nach Art. 6 V a) SGK (Fall 28)

bbb) § 14 I Nr. 1 AufenthG: Ohne erforderlichen Aufenthaltstitel nach § 4 I AufenthG; Aufenthaltstitel erforderlich, soweit nicht durch EU-Recht oder Rechtsverordnung etwas anderes bestimmt ist

cc) EU-Recht

aaa) Anhang II EUVisaVO (Fall 1, Fall 2, Fall 21, Fall 23)

bbb) Art. 20 I SDÜ (Fall 22)

ccc) Art. 21 I und Art. 21 IIa SDÜ (Fall 26, Fall 27)

ddd) Visabefreiung kraft Visaerleichterungsabkommen der EU mit Drittstaaten dd) Rechtsverordnung

aaa) § 16 AufenthV: Nach Sichtvermerksabkommen

bbb) § 18 AufenthV: Inhaber RAW 1951 oder RAW 1954 (Fall 6)

ccc) §§ 19, 20 AufenthV: Inhaber dienstlicher Pässe (Fall 2, Fall 24)

ddd) § 22 AufenthV: Schüler auf Schülersammelliste

eee) §§ 23–25 AufenthV: Ziviles Flugpersonal, ziviles Schiffspersonal (Fall 8)

fff) § 29 AufenthV: Grenzüberschreitendes Leisten oder Inanspruchnehmen von Hilfe in Katastrophen-, Unglücks- oder Notfällen

b) Vorsatz (§ 15 StGB)

3.) Rechtswidrigkeit

4.) Schuld

5.) Persönlicher Strafaufhebungsgrund: § 95 V AufenthG i. V. m. Art. 31 I GFK (Fall 33)

Zusatz: Liegt ein Aufenthaltstitel vor, der durch Bestechung, Kollusion (rechtswidriges einvernehmliches Zusammenwirken) oder Drohung beschafft oder durch Falschangaben erschlichen wurde, ist § 95 VI AufenthG anwendbar, der die Tathandlung mit dem illegal beschafften Aufenthaltstitel dem Handeln ohne Aufenthaltstitel nach § 95 I Nr. 3 AufenthG gleichstellt.

A.5 Unerlaubter Aufenthalt (§ 95 I Nr. 2 AufenthG)

1.) Täterqualifikation: Drittstaatsangehörige

2.) Tatbestand

a) Objektiver Tatbestand

aa) Tatverhalten: Aufenthalt (Unterlassen der Ausreise, daher echtes Unterlassungsdelikt)

bb) Weitere Umstände des Aufenthaltes

aaa) § 95 I Nr. 2 a) AufenthG: Vollziehbare Ausreisepflicht (§§ 50 I, 58 II AufenthG)

bbb) § 95 I Nr. 2 b) AufenthG: Ausreisefrist gewährt (§ 59 I Satz 1 AufenthG) und abgelaufen oder keine Ausreisefrist gewährt (§ 59 I Satz 2 AufenthG)

ccc) § 95 I Nr. 2 c) AufenthG: Keine Aussetzung der Abschiebung

b) Subjektiver Tatbestand: Vorsatz (§ 15 StGB), bei Fahrlässigkeit: Ordnungswidrigkeit nach § 98 AufenthG

3.) Rechtswidrigkeit

4.) Schuld

5.) Persönlicher Strafausschließungsgrund: EuGH-Rechtsprechung „El Dridi“, „Achughbabian“ und „Sagor“ zur Auslegung der EU-Rückführungsrichtlinie – Vorrang des Rückkehrverfahrens vor jeder anderen Maßnahme, sodass eine Strafvorschrift, aufgrund derer eine Freiheitsstrafe verhängt werden könnte, den Zielen der Rückführungsrichtlinie entgegensteht.

Zusatz: Liegt ein Aufenthaltstitel vor, der durch Bestechung, Kollusion (rechtswidriges einvernehmliches Zusammenwirken) oder Drohung beschafft oder durch Falschangaben erschlichen wurde, ist § 95 VI AufenthG anwendbar, der die Tathandlung mit dem illegal beschafften Aufenthaltstitel dem Handeln ohne Aufenthaltstitel nach § 95 I Nr. 2 AufenthG gleichstellt.

A.6 Erschleichen eines Aufenthaltstitels (§ 95 II Nr. 2 AufenthG)

1.) Täterqualifikation

a) Deutsche

b) Drittstaatsangehörige

c) Staatsangehörige der Schweiz

d) EU-Staatsangehörige nach §§ 1, 11 I FreizügG/EU

e) Staatsangehörige von Island, Liechtenstein und Norwegen nach §§ 11 I, 12 FreizügG/EU

2.) Beschaffung nach § 95 II Nr. 2, 1. Alt. AufenthG (Fall 35)

a) Tatbestand

aa) Objektiver Tatbestand

aaa) Tatobjekt

(1) Falsche Angaben oder

(2) unvollständige Angaben

bbb) Tathandlung

(1) Abgeben oder

(2) Benutzen

dieser Angaben

bb) Subjektiver Tatbestand

aaa) Vorsatz (§ 15 StGB)

bbb) Absicht

(1) Tatobjekt

(a) Aufenthaltstitel

(aa) Schengen-Visum Typ C (§ 4 I Nr. 1 i. V. m. § 6 I Nr. 1 AufenthG, Art. 24 VK)

(bb) Nationales Visum Typ D (§ 4 I Nr. 1 i. V. m. § 6 III AufenthG, Art. 18 SDÜ)

(cc) Aufenthaltserlaubnis (§ 4 I Nr. 2 i. V. m. § 7 AufenthG)

(dd) Blaue Karte-EU (§ 4 I Nr. 2a) i. V. m. § 19a AufenthG)

(ee) ICT-Karte (§ 4 I Nr. 2b) i. V. m. § 19b AufenthG)

(ff) Mobile ICT-Karte (§ 4 I Nr. 2c) i. V. m. § 19d AufenthG)

(gg) Niederlassungserlaubnis (§ 4 I Nr. 3 i. V. m. § 9 AufenthG) (hh) Erlaubnis zum Daueraufenthalt-EU (§ 4 I Nr. 4 i. V. m. § 9a AufenthG)

Nicht dagegen:

Flughafentransitvisum Typ A (kein Aufenthaltstitel)

Aufenthaltskarte (§ 5 I FreizügG/EU) – diese unterfällt § 9 I FreizügG/EU

(b) Duldung (§ 60a AufenthG)

ccc) Gegenstand der Absicht

(1) Beschaffung des Tatobjekts

(2) Verhindern des Erlöschens (§ 51 I AufenthG) oder einer Beschränkung

ddd) Begünstigter der Absicht

(1) Eigennützige Alternative: Absicht, Tatobjekt für sich zu beschaffen

(2) Fremdnützige Alternative: Absicht, Tatobjekt für einen anderen zu beschaffen

b) Rechtswidrigkeit

c) Schuld

3.) Gebrauch nach § 95 II Nr. 2, 2. Alt. AufenthG (Fall 17)

a) Tatbestand

aa) Objektiver Tatbestand

aaa) Tatobjekt

(1) Aufenthaltstitel (s. o., 1. Alt.) oder

(2) Duldungsbescheinigung

bbb) Tathandlung

Gebrauch: Zugänglichmachen für die Wahrnehmung der Zielperson, z. B. Vorlage des Aufenthaltstitels, Vorlage des Passes mit dem mit Falschangaben beschafften Visum

bb) Subjektiver Tatbestand

aaa) Vorsatz (§ 15 StGB)

bbb) Absicht der Täuschung im Rechtsverkehr: Absicht, ein rechtserhebliches Verhalten zu veranlassen, z. B. die Gewährung der Einreise zu erreichen oder eine Aufenthaltsbeendung abzuwenden

b) Rechtswidrigkeit

c) Schuld

Zusatz: Eine Tathandlung des „Erschleichens“ ist in § 95 II Nr. 2 AufenthG nicht vorgesehen, trotzdem hat sich der umgangssprachliche Begriff der Visa-Erschleichung und des Erschleichens eines Aufenthaltstitels etabliert. Fehlt es an einem der Tatbestandsmerkmale des § 95 II Nr. 2 AufenthG, so kann § 95 VI AufenthG anwendbar sein, der Einreise und Aufenthalt mit einem durch Falschangaben erschlichenen Aufenthaltstitel durch Verweisung auf § 95 I Nr. 2, Nr. 3 AufenthG unter Anwendung dieser Tatbestände stellt (Fall 17).

A.7 Einschleusen von Drittstaatsangehörigen (§§ 96, 97 AufenthG)

1.) Täterqualifikation

a) Deutsche

b) Drittstaatsangehörige

c) Staatsangehörige der Schweiz

d) EU-Staatsangehörige nach §§ 1, 11 I FreizügG/EU

e) Staatsangehörige von Island, Liechtenstein und Norwegen nach §§ 11 I, 12 FreizügG/EU

2.) Grundtatbestand § 96 I AufenthG

a) Objektiver Tatbestand

aa) Haupttat

aaa) Taten

(1) Unerlaubte Einreise nach § 95 I Nr. 3, II Nr. 1 a) AufenthG oder

(2) Passloser Aufenthalt nach § 95 I Nr. 1 AufenthG oder

(3) Unerlaubter Aufenthalt nach § 95 I Nr. 2, II Nr. 1 b) AufenthG oder

(4) Illegale Erwerbstätigkeit durch Inhaber eines Visums Typ C nach § 95 Ia AufenthG oder

(5) Erschleichen eines Aufenthaltstitels nach § 95 II Nr. 2 AufenthG

bbb) Tatmerkmale

(1) Tatbestand, in subjektiver Hinsicht Vorsatz

(2) Rechtswidrigkeit

Nicht erforderlich: Schuld (daher auch strafunmündige Kinder schleusungsfähig)

Unerheblich: Persönliche Strafaufhebungs- und Strafausschließungsgründe: § 95 V AufenthG i. V. m. Art. 31 I GFK, EuGH-Rechtsprechung zur EU-Rückführungsrichtlinie

bb) Teilnahmehandlung: Anstiftung oder Beihilfe

aaa) Anstiftung (§ 26 StGB): Hervorrufen des Tatentschlusses zur Haupttat

bbb) Beihilfe (§ 27 StGB): Jedes Fördern der Haupttat

cc) Schleusermerkmal

aaa) Haupttat unerlaubte Einreise

(1) Erhalt oder Sichversprechenlassen eines Vorteils (§ 96 I Nr. 1 a) AufenthG): Jede materielle oder immaterielle Zuwendung oder Besserstellung

(2) Wiederholte Begehung (§ 96 I Nr. 1 b), 1. Alt. AufenthG): Mindestens zweite Tatbegehung

(3) Zugunsten Mehrerer (§ 96 I Nr. 1 b), 2. Alt. AufenthG): Mindestens zwei Drittstaatsangehörige

bbb) Sonstige Haupttaten

Erhalt oder Sichversprechenlassen eines Vermögensvorteils (§ 96 I Nr. 2 AufenthG): Jede günstigere Gestaltung der Vermögenslage (BGH, Beschluss vom 12.12.2017 – 3 StR 303/17), nur materielle Besserstellung

b) Subjektiver Tatbestand

Vorsatz hinsichtlich aller Tatbestandsmerkmale

3.) Qualifikationstatbestände

a) § 96 II AufenthG

aa) Gewerbsmäßige Schleusung (§ 96 II Satz 1 Nr. 1 AufenthG): Auf dauerhafte, nicht unerhebliche Einnahmequelle aus fortgesetzter Begehung gerichtet (BGH, Urteil vom 24.10.2018 – 1 StR 212/18)

bb) Schleusung als Mitglied einer Bande (§ 96 II Satz 1 Nr. 2 AufenthG: Eine Bande ist der Zusammenschluss von mindestens drei Personen, die sich zur fortgesetzten Begehung rechtlich selbstständiger, im Einzelnen noch ungeplanter Taten zusammengeschlossen haben (Bergmann in Huber, 2016, § 96 AufenthG, Rdnr. 40, 43)

cc) Bewaffnete Schleusung (§ 96 II Satz 1 Nr. 3, Nr. 4 AufenthG):

aaa) Nur auf die Einreise-Schleusung bezogen (Haupttat: § 95 I Nr. 3, II Nr. 1 a) AufenthG)

bbb) Tatobjekt

(1) Schusswaffe (§ 96 I Satz 1 Nr. 3 AufenthG): Eigener strafrechtlicher Begriff (Bergmann in Huber, 2016, § 96 AufenthG, Rdnr. 45, 51)

(a) Geschoss wird durch einen Lauf getrieben (wie Anlage 1 Abschnitt 1 UA 1 Nr. 1.1 WaffG)

(b) Auch Gas- und Schreckschusswaffe, wenn Austritt von Gas oder Explosionsdruck nach vorne

(c) Im Unterschied zum WaffG ist Funktionsfähigkeit erforderlich

(2) Andere Waffe (§ 96 I Satz 1 Nr. 4 AufenthG): Eigener strafrechtlicher Begriff (Bergmann in Huber, 2016, § 96 AufenthG, Rdnr. 46, 49)

(a) Waffen im technischen Sinne: Gegenstände, die geeignet und bestimmt sind, gegen Menschen zu Angriffs- und Verteidigungszwecken eingesetzt zu werden (weitergehend als der Begriff in Anlage 1 Abschnitt 1 UA 2 Nr. 1.1, 1.2 und 1.3 WaffG, da hier auch Messer und E-Impulsgeräte erfasst werden, die im WaffG unter Anlage 1 Abschnitt 1 UA 2 Nr. 2.1 und 2.2 WaffG fallen)

(b) Waffen im nichttechnischen Sinne: Gegenstände, die ohne Zweckentfremdung geeignet sind, gegen Menschen zu Angriffs- und Verteidigungszwecken eingesetzt zu werden (Bergmann in Huber, 2016, § 96 AufenthG, Rdnr. 49; Winkelmann in Bergmann/Dienelt, 2018, § 96 AufenthG, Rdnr. 17)

ccc) Tathandlung: Beisichführen

(1) Begriff: Waffe steht dem Täter in irgendeinem Tatstadium (Versuch, Vollendung, bis zur Beendung) zur Verfügung (Bergmann in Huber, 2016, § 96 AufenthG, Rdnr. 52)

(2) Unabhängig vom Führen i. S. v. Anlage 1 Abschnitt 2 Nr. 4 WaffG

(3) Unabhängig von der Zugriffsbereitschaft i. S. v. Anlage 1 Abschnitt 2 Nr. 13 WaffG

(4) Qualifikation anwendbar bis zur Beendung der Einreise (Bergmann in Huber, 2016, § 96 AufenthG, Rdnr. 54)

ddd) Subjektives Merkmal: Verwendungsabsicht bei Nr. 4, nicht bei Nr. 3

dd) Viktimisierende Schleusung (§ 96 II Satz 1 Nr. 5 AufenthG)

aaa) Gefährliche Schleusung: Abstrakte Lebensgefährdung reicht aus (BGH, Urteil vom 24.10.2018 – 1 StR 212/18)

bbb) Unmenschliche oder erniedrigende Behandlung: Erzeugen von Gefühlen der Angst, Ohnmacht und Minderwertigkeit (BGH, Urteil vom 24.10.2018 – 1 StR 212/18)

ee) Schleusung unbegleiteter Minderjähriger (§ 96 II Satz 2 AufenthG):

Unbegleiteter Minderjähriger ist gem. Art. 2 m) RL 2013/32/EU, Art. 2 e) RL 2013/33/EU, Art. 2 j) VO (EU) Nr. 604/2013 (Dublin-III-VO) ein Minderjähriger, der ohne Begleitung eines für ihn nach dem einzelstaatlichen Recht oder den Gepflogenheiten des betreffenden EU-Mitgliedstaates verantwortlichen Erwachsenen in das Hoheitsgebiet eines EU-Mitgliedstaates einreist, solange er sich nicht tatsächlich in der Obhut eines solchen Erwachsenen befindet, einschließlich eines Minderjährigen, der nach Einreise in das Hoheitsgebiet eines EU-Mitgliedstaates dort ohne Begleitung zurückgelassen wird.

b) § 97 II AufenthG: Gewerbs- und bandenmäßiges Einschleusen

c) § 97 I AufenthG: Einschleusen mit Todesfolge

4.) Rechtswidrigkeit

5.) Schuld

Stiwortverzeichnis

A

B

D

E

F

G

H

I

J

K

L

M

N

R

S

T

V

W

Z